国体と天皇の二つの身体

未完の日本国家物語

長崎浩

月曜社

目次

はじめに　9

第一章　日本国体の戦前戦後　憲法と国体

（一）帝国憲法と国体　19

二つの憲法、二つの国体　19　欧化と国体　21　憲法体制と国体　22
明治憲法体制、天皇・内閣・議会　24　国家の危機と国体の顕現　26　国体と政体　29
政治体の幻想　31　現人神信仰　33　国体論が政争に　35　蓑田胸喜　38

（二）戦後憲法の受肉　41

日本国憲法の制定　41　護憲国民運動の勝利　43　国体の喪失と獲得　46
惰性態としての国体　48　天皇、戦後国体の象徴　50　アメリカを卒業する　52

第二章　天皇とプロレタリア　里見岸雄

日本国体は不変だ　55　政体は変更、国体は無窮　59　天皇君臨は明々白々　61

北一輝の国体論 63　社会主義の脅威に急かされて 64　人格的共存共栄の道 68
天皇国体論批判 70　社会主義を国体化せよ 73　国体社会主義 75
階級意識から国体意識へ 78　万世一系、この天祐を利用せよ 80

第三章　国民大覚醒の捨て石　五・一五事件

分水嶺としての五・一五事件 83　国民大覚醒の捨て石に　陸軍士官候補生 86
要は桜田門だ 90　天皇の尊厳は血筋にあらず 92
国体は国法を超越する　国家防衛権 95

第四章　ついに国家たりえず　国体明徴運動

（一）発端 100
奇妙な安定期 100　「合法無血のクーデター」 103　明らかなる反逆 106
浮上する国体 107　議会と言論と 110　一身上の弁明、満場粛として 112
支配の奥の院 116　平沼騏一郎 118　朕を機関説扱いするのか 120

（二）始末 121
美濃部処分へ 121　困ったもんだと検察 123　美濃部不起訴への反発 125
またも美濃部弁明 127　情状酌量という決着 129　政府再声明と事件の結末 130

（三）総括　132
現状維持か現状打破か　136　ファッショ化の内紛　140　知識階級の沈黙　139
七花八裂の日本国家　141　天皇親政は独裁せず　143　ついに国家たりえず　146

第五章　戦争・内戦・叛乱　国体論とフーコー
『愚管抄』、フーコー、国体論　149　歴史の政治的言説　151　歴史の名による階級闘争　154
法・主権－政治的言説の近代　156　近代にたいする戦争そして叛乱　158

第六章　虚焦点　中世の天皇
『愚管抄』　162　天皇の身体　165　血統の凝縮　167　朝廷というポリス　169　九条兼実の天皇　172
虚焦点としての天皇　173　不在の天皇という空虚　176　神皇正統記　178　継体の正理　180
神器の継承　182

第七章　王の二つの身体　現人神の分裂
中世政治神学　185　王と二つの身体　187　自然的身体と政治的身体　188
不可分の単一体　189　王は国体の頭　190　王は死なない　191　政治体の方へ　192

キリストの模倣者、正義の似姿 194　王は国家有機体の頭 197　王朝の連続性 200
擬制としての王冠 201　威厳は死なず 202　分離できない天皇の身体 203
祭祀天皇の威力 206

第八章　青年将校たち　二・二六叛乱の四日間

(一) 日本の二月革命 208
(二) 皇軍相撃がなんだ 212
(三) 我々は戦争術の技師ではない 221
(四) なにが大権私議だ 228
(五) 軍部をたおせ 236
(六) 万斛の恨を呑む 244

第九章　天皇信仰の永続革命　三島由紀夫

(一) 天皇 249
五・一五から二・二六へ 249　天皇制下の直接民主主義 251　一路平等に直参せよ 253
輪中意識の激発 255　天皇のザインとゾルレン 258　二人の天皇 261　現人神 265
(二) 蹶起 267

英霊の声　267　恋狂いに恋して　269　右往左往する日本国家　273　蹶起の四日間　276
（三）待つ　278
待つことの衝迫力　278　永続革命　281　死を賜る　283
（四）国家　286
動揺するブルジョアジー　286　例外状況　288　主権者の決断　290　決断する天皇　292
国家たりえず　295　自滅　298
エピローグ　みやびとテロ、そして日本の平和
合わせ鏡　300　みやび　春の雪　302　テロ　奔馬　303　俗悪　暁の寺　305
悪意　天人五衰　308　日本の平和　309
むすびに代えて　312

はじめに

歴史の名の下にかくも夥しい人身の濫費を正当化したと、かつてキルケゴールがヘーゲルを非難したことがある。戦争と革命の歴史とて同じことだ。かねて私は歴史による人身の濫費について、主として左からの革命に関心を寄せてきた。しかし革命は左翼だけのことではなかった。日本の近代史でも、万世一系の天皇・万国無比の日本国体の理念が、政治青年や国軍兵士たちの献身を喰らいながら増殖したことがあった。私は北一輝から二・二六叛乱に至る右傾の革命主義者たちの系譜を主題にして、かつて『超国家主義の政治倫理』や『日本の過激派』を書いた。もう昔のことになる。

この間にポストモダンから現在に至るまで「日本の平和」が行き渡り、しかし同時に、平和ニッポンが重い惰性となって政治を拘束するようになっている。どんな方向であれ政治の尖鋭な対立と急激な変革は未然に押し止められる。その基底に戦後日本国家の「国体」を見るとしたらどうであろうか。むろん、戦前昭和とはまるで違っているが、それでも国家が国体を欠いて成り立つことなどありえない。戦後の国体も国民運動を通じて国民に受肉されたものであること、この点も変わらない。本書で私は、国体の観念をことさらに野蛮な軍国昭和の特異現象だと見なすことはしない。この観点で国体論の戦前戦後を通覧した。第一章である。

たしかに今では国体は死語に等しい。だが戦前昭和だって同じこと、国体の語は跳梁して国民を駆り立てたが、「曖昧模糊としてつかみがたい」。「思ふに一億国民の心の一つ一つに国体があり、国体は一億種ある」とは三島由紀夫の言葉である（「二・二六事件と私」）。だが三島は続けて指摘する。「万世一系の天皇は同時に八百万の神を兼ねさせたまひ、上御一人のお姿は一億人の相ことなるお姿を現じ、一にして多、多にして一、しかも誰の目にも明々白々のものだったのである」。そうだ、たしかに、戦前昭和の国体には天皇がましました。

それでは、戦前昭和の国体と天皇の観念はどのように関係していたのだろうか。実のところ、日本国体（論）の内で天皇の位置と性格とは時勢の赴くところ微妙にシフトしていった。時勢の赴くところとは国内外の危機の進展であり、同時にまたこれに対応した右傾勢力の蜂起の展開であった。それまで「微妙な運営的調和」を保とうとしてきた明治憲法体制が、そのアクターそれぞれにおいて分裂状態が慢性化する。加えて、ロシア革命がボリシェヴィキ・コミンテルンの脅威となって浸透してくる。こうした中で、かの日蓮主義者田中智學の三男である里見岸雄の『天皇とプロレタリア』（昭和四年）が、一大センセーションをもって迎えられた。里見は「科学的国体論」を標榜しており、この線で観念的国体論をなで斬りにするとともに、「社会主義を国体化せよ」とプロレタリアに呼びかけたのである。

里見国体論では「人格的共存共栄の道」としての国体に天皇は「従属する」、「天皇も亦国体に服従したまう」。日本の国体論の歴史では、明治天皇を「維新革命の大首領」に祭り上げた青年北一輝の国家共同体論の系譜に連なるものであったろう。言い換えれば、国体における天皇その人に比重がかけられてはいない。天皇機関説とも論理的には近親的なものであった。そして里見国体論は五・一五叛乱における陸軍士官候補生たちに明らかな理論的影響力を及ぼしている。

本書では第二章で里見国体論をたどるとともに、その反映を五・一五事件の青年たちに読み取っている。「天皇の尊厳は血族にあらず」、「我々は皇位継承者たる人間にこの自覚を要請する」などの言辞をそこに聞くことができる。彼らの蹶起は支配階級打倒に向けて国民の大覚醒を呼びかける「捨て石」、つまりは前段階蜂起と自認されていた。それでいて、五・一五事件は明治憲法体制の蓄積を解体する転換点になっていくだろう。これが本書第三章である。

次いで昭和十年の国体明徴運動になると、しかし国体と天皇の関係が明らかに転移する。この運動は初め美濃部達吉の天皇機関説をやり玉に挙げたものだが、実のところ美濃部を「当て馬」にして、明治憲法体制の暗黙の合意を突き崩そうとするものだった。逆説的にもこの運動は、体制権力がいかに天皇機関説になじんでいるかを広範に露呈させることになった。そのため、その名も天皇機関説撲滅からすぐに国体明徴の反政府運動に転化する。前者で天皇その人を明治憲法体制公認の機関説から救い出し、後者でほかならぬ国体の内に現人神天皇を据え直そうと意図したのである。本書の第四章は国体明徴運動を跡付ける。その詳細というより、この運動が顕在化させた体制内の「七花八裂」の分裂状況、そして国体論における天皇の転位を浮き彫りにすることを意図している。そしてここで、機関説天皇と現人神天皇、そして昭和天皇ご本人という天皇の三重の観念が浮上することになるだろう。

次いで翌年早々、日本国体は未曾有の二・二六叛乱に出くわす。

二・二六叛乱の青年将校たちの天皇像は、国体の本義明徴を前提にしつつも、むしろ現人神天皇その人に肉薄せんとするものだった。実際、彼らと国体明徴運動とのかかわりは薄い。そして蹶起の四日間、彼ら叛乱軍は天皇のご裁可とご嘉納をひたすら待って潰えた。昭和天皇はこれに反して即時断固鎮圧であり、ここに天皇その人が彼我「二人の天皇」として尖鋭に分裂敵対する事態が現出した。機関説天皇と親政を理念とする現人神天皇である。五・一五事件とは対照的に軍当局による処罰は有無を言わせず、二・二六叛乱の主役たちは「万斛の恨みを呑んで」死んでいった。

だが、彼らの「万斛の恨み」とは何であったろうか。「二・二六事件のスピリット」だとして、この蹶起を一個のロジックに突き詰めていったのが、戦後の三島由紀夫の二・二六叛乱論であった。国体でなくひたすら天皇その人に肉薄するロジックである。もう機関説天皇にしろ天皇親政にしろ、現実の天皇の存在など関係がない。生物学を趣味とする天皇の日常にも関係ない。それでいて、叛乱の衝迫力を受けて現人神天皇の身体が先鋭な矛盾を宿すに至り、そこから蹶起をご嘉納し、かつ蹶起に死を賜るのだという奇怪な論理である。左翼もびっくりの、三島由紀夫の「天皇信仰の永続革命」であった。本書第九章はいくつかの筋から三島のロジックを追ったものであり、このロジックがかえって二・二六叛乱における天皇と蹶起将校たち双方の機微に触れている。私はそう思っている。そのために叛乱の四日間の実際を最低限押さえておく必要があり、本書第八章「青年将校たち」は私の旧著『超国家主義の政治倫理』（一九七七年）から再録した。

戦前昭和の国体（論）のうちで天皇の観念がいかに推移したか、以上が本書のあら筋である。それにしても、その後ポツダム条約受諾と敗戦に直面して、日本の当局者はただ一点「国体の護持」に固執したのだったが、ここで国体とはその実天皇その人の処遇のことに縮約される。周知のことである。先に猖獗を極めた日本国体の本義はどこへ行ったのか。日本の国家物語は未完のまま放擲されたのである。

さて、本書では国体明徴運動（第四章）と二・二六叛乱論（第八、九章）の間に、やや視野をずらした三本の論考を置いている。国体論も天皇論もその神話的起源を政治言説に仕立てるという構成になっている。戦前昭和の国体論のことを政治神学と呼んだのは橋川文三であるが、神学である以上、昭和の天皇の政治が万世一系・天壌無窮の神話的歴史に結び付けられる。政治が歴史化し歴史が政治化される典型的な一例であろう。このアナクロ過激が近代の国家主権と法体系をその外部から食い破ろうとする。これは日本国体では当たり前のことと見逃しがちであるが、西欧の近代国家論（自然状態と契約説）ではとうに克服した物語のはずである。だがそうではないのだと、ミシェル・フーコーの講義（一九七六年）が語っている。歴史的政治的言説が反動貴族の種族戦争論になった。これ以降、戦争こそが政治なのだ。国民国家内部の異なる集団としての「種族」、この種族間の戦争（内戦）こそが主権と法の論理をはみ出す政治である。フーコーによるこうした議論がすぐる「一九六八年の世界革命」にたいする応答であるのは明白である。種族間戦争のように一見アナクロで過激な議論が、かの１９６８のみならず国体・天皇論の叛乱にまで通底するものとして、私はフーコーを読んでいる。第五章に略述した。

総じて、本書で私は国体と天皇の観念が端的に露呈する事件として、五・一五や二・二六の軍事叛乱とその周辺を洗っているが、なぜこんなウルトラ反動の叛乱などに左翼の過激派と同等の関心を払うのか。これは私の叛乱論に関わることであるが、同じことはフーコーの戦争論にだって言える。左右を問わず内戦の言説こそが近代の主権・法権力に端的に抗する「政治」なのだ。であれば、この政治への関心に左右の差別はない。

第六章「虚焦点」は日本中世の天皇、これは本書の中休みにもと、院政期の天皇の在り方を慈円の『愚管抄』、九条兼実の玉葉、それに北畠親房の神皇正統記から抜き書きしたものである。院政期の天皇はすべて子供である。政治的には無の存在というしかないが、それでもその存在自体が朝廷政治にとっては欠かすことができない。摂政はもとより上皇（院）とてもこの身体に入れ替わることができない。そして、各種儀礼を通じた朝廷の政治はこの無の存在に向けて収斂し、かつこの身体の一点から放射していくべきものであった。虚焦点と名付けるゆえんである。赤ん坊天皇の身体と虚なる政治中心とが未分化に存在していた。だからまた、悪徳の天皇がそのままに天皇位を保つことはなく、年齢にかかわらずに廃位された。

二人の天皇、あるいは天皇の二つの身体と言えば、ただちにカントーロヴィチの『王の二つの身体』に思い及ぶだろう。自然的身体と政治的身体とが王その人の身柄に分離しかつ合体している。西欧の法理論では、政治的身体が団体（国体）として次第にその自然的身体を包み込むようになり、政治的身体としての王は次代に受け渡されて王は死なない。他方、その自然的身体のほうは本人のエピソードや歴史物語を残しながらも、一代限りで死んでいく。そして西欧の歴史では、王の政治的身体が単独法人として永続するようになっていくというのであった。美濃部達吉の天皇機関説（天皇は国家法人の首長）の到達点もこれと同じである。カントーロヴィチを日本の天皇と対照させながら読んだのが第七章「王の二つの身体」である。

そもそも、日本の天皇は「二つの身体」以前に現に現人神でありそうでなければならなかった。ここで神とは超越神ではなく天皇の自然身体と一体のものであり、二つの身体の分離し難さこそが戦前昭和の国体と天皇の観念をかくも錯綜させ、国体論過激派をあれほどに錯乱させた根源になる。この乱れた糸を解きほぐそうとして構想されたのが三島由紀夫の「天皇信仰の永続革命」のロジックであったろう。本書の最終章（第九章）である。

結局のところ、日本国体における天皇の観念は、「王の二つの身体」として了解しうるにはあまりに錯綜した経験であった。たしかに、天皇における二つの身体の分離は明治憲法体制公認のものであったが、他方で国体論によればその自然的身体は同時に現人神でなければならない。現人神信仰は天皇親政を叫んで憲法体制・機関説天皇を絶えず脅かした。それればかりか、この現人神は叛乱に直面してそれ自身の身体の内に端的な矛盾を覚醒すべき存在である。矛盾が炸裂して叛乱が永続革命となる。これが三島由紀夫のロジックだった。にもかかわらず、以上を通じて昭和天皇ご自身は終始断固として機関説天皇であった。国体といい天皇といい、一体何がどうなっていたのだ。

さてこうして本書のあら筋をあらかじめたどってみたが、つまるところ私の前著『幕末未完の革命　水戸藩の叛乱と内戦』に連結するものになったかもしれない。そう言えば、水戸の会澤正志斎の『新論』こそは明治維新からの国体論のバイブルとなったのだった。その会澤たちの試みを「未完の革命」と決めつけた以上は、続く明治憲法体制の顛末につなげなければおさまらない。でもそれでいて、本書のサブ・タイトルは「未完の日本国家物語」である。最近の昭和史研究にならって、日本国家の戦前昭和が精神主義と軍国主義の一本道をたどって破滅に至るなどとは見なさない。むしろ努めて、時代のアクターたちのそれぞれに不統一と争いを見て来た。それだけに一層、国体（論）における天皇の比重が高まり、それがまた新たな争いの種になる。打って一丸の日本国家などどこにいたのか。

日本には天皇が今もおられる。そして、戦前昭和とは別物とはいえ、現代日本の国体も国民の意識下にわだかまっているというのが私の意見である。今後この社会にも例外状況が訪れるとして、そこに新たな日本国家物語が始まるかどうか。そして国体と天皇をめぐるもつれた糸を解きほぐし、あるいは一刀両断にすることできるだろうか。

本書は前著『叛乱を解放する』に続いて阿部晴政氏と月曜社の神林豊氏のお世話になった。重ねてお礼を申し上げたい。

国体と天皇の二つの身体　未完の日本国家物語

第一章　日本国体の戦前戦後

憲法と国体

二つの憲法、二つの国体

国体など今日では死語である。そうでなくとも、戦前昭和における天皇信仰の発狂状態のことと受け取られるだろう。あるいは、せいぜい国柄などと言い換えられて、外国とは違う国民性の特徴を指している。それなのに私は国体と言う。憲法以下の国家の主権と法秩序が国民に受容され定着しているとして、その政治的かつ倫理的な根拠をたずねる時、探索が遭遇する国民の精神が国体である。逆に、憲法体制が揺らぐとき国体が露呈する。国体とは一国家を国家たらしめている集合精神である。「国に体がなければどうして国でありえようか」と会澤正志斎が断言し、国体という言葉を発明した。「国体は国の眼目であり政体は眼目達成の方法」（加藤弘之）とされて政体と区別すべき国体である。政治史を動かす根底に国体なるものがわだかまっている。

とすれば、国体の精神に遭遇するには、国家がその命運を問われるような政治的事件、端的に戦争と革命を調べるにしくはないだろう。その時に国民に死ねと命じる、逆に生きる衝動となる、それが国体である。私は敢えて後者、国民の元気の源としての欲望をも国体と名指す。前者の例として昭和一〇年の国体明徴運動を、後者の事件として戦後一九六〇年の安保条約反対の国民運動を想起しよう。国体明徴は五・一五と二・二六の両事件に挟まれた時期、日本国家の危機に刺激されて舞い上がった運動だった。明治以来の憲法体制の行き着いた地点でかえってこれを解体してしまう。その先はもう政治による制御不能の状態で国体が日本国家を破滅の淵まで追いやっていった。

一方、安保闘争を国体に関係づけるには説明が必要だろうが、戦後憲法がこの国民運動を契機として国民に定着することを想起されたい。この国民運動は、戦後国民が新たな国民として受肉する契機となったとともに、明治維新以降百年の近代化を総括することになった。その元気を以て経済高度成長と大衆消費社会の六〇年代を切り開いたのだった。戦後国民の国体の発露でなくて何だろう。それとともに今日では、こうして形成された国体が逆に、重大な政治的決断にたいしては何であれ、重い惰性体として立ちはだかっているのである。「進んで国のために戦うか」。ギャラップ調査（二〇一九年）によれば、イエスは日本では一一パーセント、世界六〇ヶ国で最下位だという。これが日本の平和である。

以上のような趣旨に沿って、まずは日本国体の戦前と戦後とを概観しておこう。戦前昭和の国体明徴運動や青年将校団による叛乱については、別項を立て詳論する。

欧化と国体

欧化、欧化、欧化だ。大日本帝国憲法の発布（明治二二年、一八八九）から明治末年にかけて、帝国大学から欧州への国費留学生が続々帰国して、それぞれが帝大教授として憲法学を講じるようになった。その代表として美濃部達吉（一八七三年生れ）を上げるとすれば、帰国は明治三三年になる。これら帝国大学教授連が帝国憲法（明治憲法）の解釈を確定していった。彼らが教育して、憲法を運用すべく毎年卒業生を官界や法曹界へと送り出していた。明治憲法を作成した伊藤博文や井上毅にしてみれば、これら帝大教授とその生徒たちがこの憲政を盤石のものにしてくれるはずだったろう。

だが、欧化でなく国体、国体、国体だ。昭和も一〇年になれば、第六七回帝国議会の貴族院本会議において、予備役中将にして男爵の菊池武夫議員が美濃部達吉攻撃に立った。「一体、ドイツの学問のあれは輸入品でございましょう」、「みんなドイツに行って学んできた者が、説が無いから種をお売りになる。何もえらい独創なんぞ言う頭はみじんもない。学者の学問倒れで、学匪となったものでございます。私は名付けて学匪と申します」。悪名高い天皇機関説事件であり、国体明徴運動の始まりであった。憲法公布から四五年がたっている。国体明徴の一撃は、明治憲法体制が最終的に定着しそこねたことを白日にさらしたのだろうか。憲法体制の受肉にとって国体とは何なのだ。

坂野潤治の『近代日本の国家構想』を読むと冒頭に、明治六年欧米視察から帰国した木戸孝允の意見書が引かれている。これには少々驚かされたのでここに使わせてもらう（仮名を平仮名に改めた）。「文明の国に在ては、君主ありと雖ども其の制を擅《ほしいまま》にせず、有司たる者も亦一致協合の民意を保し、人民猶其超制を戒め、議士なる者有て事毎に検査し、有司の意に随て臆断するを抑制す。是政治の美なる所以なり」。君主は専制に陥らず、内閣有司は民意を尊重し、そして人民と国会議員は有司専権を抑えて文明国の「政治の美」を実現しないといけない。近代立憲政治の要諦がほとんど網羅されている。これが明治の憲政構想の始まりだった。

憲法体制と国体

だが、憲法とは世紀にわたる一国民の労作だとヘーゲルがどこかに書いていた。ありていに言って、天下り憲法が国民に受肉され定着するには時間がかかる。定着の契機として、政治的事件を経験することもあるかもしれない。条文解釈や運用の仕方にその後紆余曲折があるだろうし、その過程で修正があり改憲があるかもしれない。近代憲法では時の権力者の恣意や作為によるのではなく、憲法が「一国民の労作」として国民により再獲得され、憲法体制（憲政）として国民のビヘイビアに定着する。あるいは逆に、定着し損ねて憲法は改定あるいは廃棄されることもあるだろう。廃棄の場合にも、戦後憲法がそうだったように、新たな憲法は定着するまでに国民の労作という過程を再度踏まねばならない。国民が特有の歴史を踏んで憲法を受肉する。受肉するとは無意識にも国民の行動がこれを身に着けることだ。そして通常、一国民の労作という歴史過程ではそれにふさわしい国民運動が一事件として経験される。この国民運動の性格の内に、憲法がどのように国民の労作なのかを逆にうかがうことができる。

憲法とは世紀にわたる一国民の労作である。いま、この労作を駆動する国民精神のことを国体と呼んでみよう。国体とは国柄といわれるように、外国と比べてそれと気づかれるとしても、普段は国民の意識に上るようなことではない。ところが、憲法が受肉される過程で経験される国民運動では、国体精神が露わに自覚的に経験される。国体という言葉が使われないとしても、国体精神が国民運動を特徴づける。そういうことが起こる。

日本の近代はこれまでに二つの憲法を経験してきた。この過程で国民運動と呼べるのは、日本帝国憲法では国体明徴運動に極まる国体精神の発狂状態であるが、これはむしろ明治憲法体制という労作の破壊行為と見ることもできよう。次いで戦後民主憲法である。世界大戦の敗戦の結果占領軍に押し付けられた憲法が文字通り国民精神に定着するには、戦後民主主義運動と経済の戦後復興とが必須のことであったが、このことを端的に示したのが一九六〇年の安保闘争に他ならない。ここで発揮された日本国民の国体精神は同時に国民を大衆消費社会の享受へと解き放つことになった。この運動を経験することを通じて、戦後日本憲法は国民に受肉するとともに国体精神は国民の無意識に沈殿することになる。平和憲法の改憲に代表されるような政治の厳しい革新の試みは、右であれ左であれ、今やこの戦後国体という巨大な惰性態を前にして立ちすくむほかないのである。

対外的には大日本帝国憲法の制定がそもそも日本の欧化の基軸となるものだった。維新以来、欧米列強との不平等条約を改めることが歴代明治政府の課題であり、そのためには対等な交渉ができる文明国として、憲法が必要であった。また、日清日露戦争の勝利以降、帝国主義列強の一角に食い込んで国威を張るにも野蛮国であってはならない。とはいえ、憲法は発布すれば定着するというものではない。欧化の象徴であればなおのことである。国内の課題がそれこそ山積している。

いま大日本帝国憲法発布（明治二二年）以降に絞るとして、憲法体制の定着には天皇、内閣、そして議会の三者とその関係につき、憲法解釈と現実の一致を実現しなければならない。三者のうち天皇については、憲法第一条で「大日本帝国は万世一系の天皇之を統治す」と天皇主権を定め、第四条で天皇の統治権総覧は「此の憲法の条規に依り之を行う」とある。天皇に統治権がありかつこれを憲法が制約すると読める。しかし他方で、行政、軍の統帥と編成、さらに外交は「天皇大権」に属する（第一〇条から一三条）。しかも（軍令を除いて）天皇は政治的に無答責、つまり政治に巻き込まれこれに侵されることを防止しなければならない（第三条「天皇は神聖にして侵すべからず」）。これらを整合的に運用するには内閣の輔弼権限を拡張していく必要がある。憲法の制定者たちはそう考えた。一朝一夕にはいかない難題であることを自覚していたであろう。

実際、国務大臣の単独責任から内閣の全体責任制が確定されるのは、やっと明治四〇年になってからである（公式令）。明治維新の王政復古の時はまだ幼少だった天皇が政治的に自立し、かつ立憲君主のビヘイビアを身に着けることが必要だ。伊藤博文など元勲の教育によって、天皇は次第に政権担当者との間の上奏（奉告）と裁可の立憲的関係に慣れていったという。宮中奥深くで育った天皇を国民の眼前に連れ出すことも重要であり、神社への行幸ばかりか地方への巡行が全国をカバーしていった。御真影が配られた。宮中を含めて衣食住の上からの欧化が図られ、ファッションにまで及んだ。

第二に内閣（行政）であるが、これは維新の功労者による藩閥政府が握ってきた。内輪で首相を指名し天皇が裁可する内閣が、憲法制定以降も続く。とはいえ、憲法体制下では内閣は天皇との関係ばかりか、衆議院の議員・政党と渡り合っていかねばならない。維新以来の藩閥への反発と自由民権運動とが憲法の前史をなす。このトラウマもあり、藩閥政府は以降も議会と政党からの干渉を排除したい。「超然内閣」である。そして、板垣派自由党を取り込んで「官民調和内閣」ができるのが日清戦争後、明治二九年の伊藤博文内閣のことになる。そして、明治三三年には伊藤の立憲政友会が結成され、日露戦争後にはこれと藩閥（山県閥の軍と官僚）とで、それぞれの政権が運用される。桂太郎と西園寺公望が交替で首相を務める桂園時代が明治末年まで続く。明治の御代では議会多数党による議院内閣制は遂にならず、代わって、政友会と藩閥による明治憲法体制がここに定着し、つかの間の安定期を迎えることになる。桂園時代を二大政党制が曲がりなりにも定着したとみるか、それとも議会第一党による政党内閣制の最終的挫折であったのか。

いずれにしても、明治一〇年代の自由民権運動とその志はこうして敗北の歴史を刻むことになった。憲法発布後の最初の議会では民党各派が過半数を占めたが、これが直ちに政党内閣制をもたらすはずもなかった。「板垣の裏切り」があったろうが、運動の基盤になっていた地方地主たちが米価の高騰の時勢とともに政治から退場したことが大きかった。それに、憲法発布の大赦によって釈放された大勢の左派自由党員が、議会政党としての自由党を分裂させるかたちで、この運動は潰えていった。危機の時代にはいつも、党内の左翼反対派をコントロールすることが党の肝要の政治になる。後の大正デモクラシーの後期にも、今度はロシア革命に鼓舞された社会主義派がデモクラシーの分裂を引き起こした。この教訓は戦後の昭和に至っても変わらない。

国家の危機と国体の顕現

以上に記したことは明治憲政史として知られる経過の私なりの短い要約である。大日本帝国憲法がはらむ齟齬や混乱はまた明治の政治史のそれであった。そして、政治史を動かす基底には日本の国体なるものがわだかまっていた、そう私は仮定している。一国家の本質、法秩序の歴史的かつ倫理的な根拠、国家を国家たらしめるものと言われる国体である。明治憲政史は同時に近代の日本国民とその国体の自覚と形成の歴史である。憲法体制の定着過程を駆動していたのも形成途上のこの国体と欧化との軋轢であった。

こうして時代は大正に入る。たしかに、明治憲法体制の定着過程はまだ続く。男子普通選挙制が遂に施行される（大正一四年）。政友会に加えて民政党が登場して二大政党制にもとづく政党内閣制が名実ともに定着するかに見えた（昭和二年）。ここに明治憲法は近代立憲君主制として受肉を完了したかに思われた。大正デモクラシーの成果である。ロシア革命（大正六年）の影響が波及してきて、明治憲法体制が知ることのなかったマルクス－レーニン派が登場するまでは、このように言えたであろう。

だが、内外の危機の時代が始まる。日清日露の戦争では国民皆兵義務の下に大量の国民が戦地に動員された（地上戦で一〇九万人）。戦意高揚のために国民であること日本人であることが高唱される。日本人が初めて国民になったのである。「吾れ書窓を開いて、歓迎の万歳が誠に王者の軍を迎ふる桀紂の民なることに思ひ到りて、涙雨の如き時あり」と書いたのは若い北一輝だった。北は日露戦争から帰還せるこの日本国民が「労働的軍隊」として、普通選挙制の下で社会民主主義を実現することを期待したのだった。弱年の早とちりであったろう。

背景には急激な産業化と都市化の波が押し寄せていた。だが、農村の封建共同体出自のプロレタリア都市大衆にとって、これが言い知れぬストレスとなっていたはずである。いまだ産業労働者には組織されず、都市民衆の大多数が職人、徒弟、日雇い職工など、単身で独身の男子であった。マルクスならルンペンプロレタリアと呼んだ者たちである。封建社会で染み着いた習俗、つまり自然性が各人において軋み声を上げる。日露戦争の講和問題を巡って最初の都市暴動を引き起こしたのは彼らである。他方で、金融恐慌に引き続いて、米国発の経済大恐慌が波及してきて、労働争議と農村争議とがピークを迎える。資本家にとっても為政者にとっても、ロシア革命とボリシェヴィキ・コミンテルンの脅威が過剰なまでに警戒された。後に見るように、里見岸雄の

『天皇とプロレタリア』（昭和四年）にうかがえる通りである。

実際、昭和に入れば維新運動が過激化して、まさに国体明徴運動のその年に陸軍省軍務局長永田鉄山暗殺事件が発生した。下手人相沢三郎中佐の裁判が昭和維新派の関心を集めている。そして翌年が二・二六事件になる。

また一方では、帝国主義的侵略熱が欧米列強を後追いする形で高じていった。日清日露戦争の勝利を踏み台にして、第一次大戦にかこつけて中国進出を図る。満州国建国宣言が昭和七年のことである。政権と軍部だけのことではない。万邦無比の国体を掲げた海外進出、領土拡張熱はまたとりわけて民衆のものであった。メディアが「国民大衆」を構築して、日本の生命線・民族の血と汗の結晶を守れと国民的熱狂を扇動する。そこにどんな集合的欲望が沸騰していたか。立憲君主制の定着と安定化にとって、本来歓迎できることではなかったはずだ。憲政によるコントロールをはみ出てあふれ出す。しかも、この心性を育てたのは日清日露戦争を乗り切った明治憲法体制そのものだったのだ。

時代は大正から昭和へ。明治憲法体制にとっては初めての国民大衆のデモクラシー熱、次いでナショナリズムに直面することになる。そのどちらにしてもたんに常套句で呼んでも意味はない。デモクラシーもナショナリズムも一国民に特徴的な無意識を呼び出してそれを試練にかける。たんに制度でもその解釈思想でもない。運動の実際でもない。そこに顕在化し自覚される集合心性を仮に国体と呼ぶのである。憲法体制はここに国体とその顕現に直面して、改めて命運が試練にかけられることになる。それが憲法体制の完成定着になるのか、それとも崩壊につながるのか。

国体と政体

昭和維新や国体明徴の運動を引き起こす時期には、国体という言葉はすでに符牒と化しており、使う人ごとに重点の置き方がずれる。三島由紀夫ではないが「一億の心に一億の国体があった」。これにたいして法的には、つまり明治憲法の公的解釈では、治安維持法裁判の大審院判決（昭和四年）の国体定義が唯一のものである。いわく、「わが帝国は万世一系の天皇君臨し統治権を総攬し給うこと」、これが国体である。帝国憲法には第一条「大日本帝国は万世一系の天皇之を統治す」、また第四条に「天皇は国の元首にして統治権を総攬し此の憲法の条規に依り之を行う」とある。これと大審院の定義を対比すれば、「万世一系の天皇」という主体は同一、ただし天皇は国を「統治す」でもなく、かといって「憲法の条規に依り」立憲諸機関の決定を裁可するだけのものでもない。天皇は「君臨し統治権を総攬」するのだという。「統治す」とは言わない。これを「君臨すれども統治せず」と立憲的に読む人もいたけれども、英国流のこの見方は国体主義者が到底納得することではない。万世一系の天皇、そしてもっぱらこの天皇が統治する国だというのが、国体主義の国体観念であった。

大審院の国体定義はもとより法秩序に必要な憲法の運用、つまり「政体」に属する規定である。美濃部達吉などはむしろ、憲法解釈に国体概念は無意味だとしていた。憲法は天皇の統治の運用を示すのであって、これは国体でなく「政体」の規定である。主権は国家にあり天皇は国家の最高機関として憲法に従って主権を行使する。ところが国体主義は法制度としての政体でなく、いわばその歴史的かつ倫理的根拠となるはずの国民の集団精神の在り処を求めている。明治憲政史のその動因を国体の覚醒に求めている。こうして昭和に入れば、美濃部憲法論の国家法人説と天皇機関説、この洋風で無礼な言葉にたいして反発が避けられない。これでは天皇は「株式会社の社長」ではないかと、言葉尻を捉えた非難が世論の劣情を刺激する。美濃部にたいするこの誹謗中傷が当時の民心を捉えていく、その民心にまで思いを致すことが必要になる。軍人と右翼に刺激され挑発された国民の集合的メンタリティーにまで、国体論は届くものでなければならない。政体論ではもう収まりがつかない。

国体とは憲法体制の解釈と運用のことではない。国民各人の意向でもその総和でもない。国民個々の言動を超越した「一般意志」であり、この意志は時にそれ独自の生命を発揮する。普段は法秩序の下に隠れ民心の奥にわだかまったままのこの抽象物が、にわかに目に見え感じ取れると思えるのが時代の危機に他ならない。民衆の言動の奥に無意識にも堆積したこの心性とは、では、戦前昭和期の国体論では何であったろうか。大正期に入って明治の欧化は急激な都市化をもたらした。ルンペンプロレタリアからなる都市市民を作り出していた。この急激な都市化とルンプロ化とが民衆の伝統的心性と習俗とを抑圧し、そのストレスが無意識の欲動を解き放つばかりに高めていたとしたらどうか。英国など西欧では、君主は君臨すれど統治せずの近代立憲制が定着するには、それなりの時間と血なまぐさい抗争を経てきている。戦前昭和の日本にそんな歴史の濫費が許されたろうか。すでに帝国主義の圧力が内外ともに高じてもいるのである。ボリシェヴィキ・コミンテルンからの危険が迫っている。そんな中で抑圧された民衆の欲動がはけ口を見出す。そこに国体論の狂騒を見たいと思う。

政治体の幻想

国体論とは明治憲法体制の下で抑圧されてきた民衆の欲動の表現だとする。であれば、長く民衆に根付いてきた習俗、つまり人倫がその自然性を氾濫させる危険性が国体の言説にはつきまとう。ここで自然性とはむろん天然自然のことではない。風土の内に習俗として根付いてきた民衆の身体性が、そのものとして表面化する。すでに日露戦争後の日比谷暴動などに観察された制御不能の自然力がこの予兆だったのではないか。この意味での民衆の自然力はいつも政治体にとって厄介な条件であり続ける。憲法の解釈論あるいは政体論とはいえども、政治体の根拠を求めればそこに直面するはずの民衆の自然である。ただその自然性が歴史により異なった現れをするというにすぎない。国体と国体論とを政治体のこの基底に見定めたい。

美濃部達吉の国家法人説の根にはもともと団体論があるのだという（長尾龍一『日本憲法思想史』、講談社学術文庫、一五七頁）。つまり政治体（ポリス）の自立だ。西洋の法理論における団体論を踏まえた上で、君主機関説は「国家が一つの団体であるとすることから生ずる当然の結果」だと美濃部は述べている（『憲法講話』）。団体とはその構成分子を離れて独立なる単一体としての存在を有し、かつ存続する。団体は単一なる意志の力と生命をもち目的を遂行する。天皇がその人格的代表者であれば、君主の最終形態とも言うべき「単独法人」になる（後述、カントーロヴィチ『王の二つの身体』）。一種の言語矛盾である。団体を国家に見れば国家有機体説に近く、天皇はその頭脳であり人民は細胞だということになる。

では、美濃部の団体論の淵源には民衆のどんな自然性が想定されていたろうか。法は国家による制定法だけではない。習慣法ですらない。法の拘束を意識しこれに従い自ら遵守すること、この正義の意識もまた法源である。いやむしろここに、「人間自然の天性、自然の規範と秩序」が存する。自然により与えられた力、自然力による制約は国家とていかんともし難いのだと、美濃部は認めている。そして、これこそが美濃部にとっては自然法であるという。ここから直ちに自然状態の国家契約説を容認することはしないが、自然の絶対的自由という思想の根本は疑いなく真理であり、専制に対する自由と人間解放の歴史が始まった。この民主思想は世の普遍的動向、世界の滔々たる趨勢として民心を動かしていると。

このように、美濃部には国体論があった。それなのになぜ国体明徴運動の目の敵にされ、征伐されねばならなかったのか。分かれ道は「人間本性の自然力」の把握にある。美濃部はこれが自然法を基礎とした民主思想の滔々たる世界史の流れに繋がると信じている。だが、近代世界でもなお、これとは別の自然力が危機に際して氾濫することを政治は知らねばならなかった。例えばの話ハンナ・アレントのフランス革命批判をわれわれは知っている。フランス革命は貧民労働者を街頭に呼び出したが、ひとたび呼び起こされた彼らの力は不可抗力的に革命そのものを押し流していった。「彼らは、抗しがたいもの、大地の力のように見えた」（『革命について』志水速雄訳、ちくま学芸文庫、一七〇頁)。人間本性の自然そのものの把握に分かれ道がある。ロシアで言えば「人民の嵐のような自然力」(トカチョフ)だ。この「大地の力」が自然法を自覚させ国家を自由と人権の尊重に導くなどと、頭から信じることなどできようか。大衆の劣情だとして無視するまですませるのか。

あの昭和の危機の時代に、国民の自然力という基底的なメンタリティーが美濃部の天皇機関説を葬ったのだ。天皇は社長だとの言葉尻でもない、天皇機関説の法理の詮索でもない。美濃部達吉その人の存在、この博士にして帝大教授が代表する憲政の欧化主義エリートたち、その抜きがたいリベラルと個人主義の臭いこそ、鬱積した民心の自然力の反感と反発を挑発していたのである。帝国議会での天皇機関説弾劾にたいして、美濃部は二度にわたって一身上の弁明を試みたが、国体明徴運動の火に油を注ぐだけだった。美濃部が挑発したのは、美濃部法理論の当否などをそっちのけにして浮上した民心の自然力だった。そして、明治憲法体制の定着をどん詰まりで挫折させたのもまた、基底的にはこの自然力の発現であったろう。

現人神信仰

もとより、大日本帝国憲法の運用者たちは、急速な欧化に置き去りにされる民心への配慮を怠ってはいなかった。まさにここのところで、天皇という存在の位置と性格とが国体論の焦点に浮上するのである。当初は信教の自由の下で耶蘇教の浸透が心配の種だったが、対抗して神道を国家宗教に仕立て上げることには失敗した。次いで、君に忠・親に孝の封建儒教道徳を現人神天皇とその赤子との君臣一家論、家族国家論として再生させた。とりわけ狙いは教育と軍隊にあり、それぞれ教育勅語「我が臣民、克《よ》く忠に克く孝に、億兆心を一にして」（明治二三年）と、軍人勅諭「朕は汝等軍人の大元帥なるぞ」（明治一五年）として、以降に拳々服膺されることになる。いずれも政府機関でなく現人神天皇自身からの呼びかけであり、したがって天皇を宗主とする一個の国民的信仰を育て上げようと意図されたものであった。

もう一つある。憲法第三条「天皇は神聖にして侵すべからず」は制作者の意図からすれば天皇の無答責を担保する条文であり、欧州の立憲君主国の憲法の引き写しである。政治的言動を制約するとともに、天皇を政治に巻き込み政治に汚すことがなきようにしなければならない。ところが昭和に至れば、これは素直な日本語のままに「天皇は神様だ」という読みにすり替えられて、信仰として強要されるようになる。

しかし他方では、万世一系の天皇という神話的観念と君臣一家論を統合することは、もともと論理的に無理がある。憲法に成文化することなどできるものではない。元来、会澤正志斎の国体論でも上代神話と儒教的君臣道徳との接ぎ穂には苦労している。可能な統合の観念はただ国家共同体（ポリス）の政治的かつ宗教的な倫理にしかないであろう。会澤言うところの、臣民から上御一人にいたる「億兆心を一にした」共同体である。名分の別はあれ皆が等しく天皇に直参する赤子だ。一君万民、君民共治だ。これが教育勅語になる。いわゆる明治の顕教である。立憲的な君主制の大急ぎの定着にはこれを必要とした。だが、現人神天皇への信仰共同体というこの国家の性格が、その内で時に制御し難い人心の自然力の解放につながるかもしれない。民心を発狂状態に導くかもしれないのだ。

それゆえ、信仰共同体は憲法体制の定着にとって両刃の剣である。憲法に沿って立憲体制を注意深く着地させようとしてきた憲政の営みを、無に帰することになるかもしれない。実際、大正から昭和にかけて憲法体制が危機に陥っていく。天皇信仰の基底的な力がここに顕在化する。私は五・一五事件と二・二六事件にもこの意味での国体観念の跳梁を見ることができると思うが、ここでは両事件に挟まれた昭和一〇年の国体明徴運動に短く寄り道しておきたい。（詳しくは第四章）

国体論が政争に

国体明徴運動は帝国議会における天皇機関説糾弾から始まり、これが院外の政治団体や在郷軍人など軍関係を巻き込んで広がった。この運動は全体としてその政治的意図が見え見えであり、民心の動員も深いものだったとは言えない。昭和一〇年一年間の一場の狂騒に終わり、続いて発生する二・二六叛乱の前座として最近では真面目に取り上げる歴史学者も少ない。そこでざっと経過を追うが、まず貴族院議員の菊池武夫が「金甌《きんおう》無闕なる皇国の国体を破壊するような」憲法解釈があるとして、美濃部達吉などの著作をやり玉に挙げた。明治憲法の根幹に関する解釈論争が表舞台で演じられるかに見えたが、要は、天皇機関説は天皇の主権を否定する学説であり、これは「明らかなる反逆」だということだった。

次いで他の議員たちも糾弾に立ち上がるようになる。矢面に立った時の首相は岡田啓介であったが、二度にわたって「天皇機関説のような憲法解釈は日本の国体に合致しない」と答弁して事態をやり過ごそうとした。だがその間に機関説攻撃は衆議院に波及し政友会主導により決議案が満場一致採択された。貴族院では建議を決議するに及んだ。文部省も参入した。続いて陸海軍大臣、そして帝国在郷軍人会（会員三〇〇万人）の声明へと展開する。教育総監の真崎甚三郎が師団長会議の場で「我が国体観念上、絶対に相容れざる言説」だと訓示する。真崎と言えば皇軍派の親玉であり、機関説排撃が二・二六事件に繋がっていくことを示している。議会外では蓑田胸喜の国体擁護連合会など、国体主義者の団体が民衆扇動に乗り出していった。機関説撲滅同盟の「決議　一、政府は天皇機関説の発表を即時禁止すべし。二、政府は美濃部達吉およびその一派を一切の公職より去らしめ、自決を促すべし」。「いやしくも真の日本国民たるものはこの際、死力を尽くして彼らの掃討撲滅に従わなければならない」。気ちがい沙汰と言うべき悪宣伝であった。

岡田啓介は海軍出身で政党人でない。五・一五事件を契機に政党内閣制が断絶した後に、議会多数派の政友会を差し置いて任命された首相である。民政党などが岡田支持に回った。ここに政友会が国体明徴に便乗して岡田を追い詰めようと画策する。内務省の主導で美濃部の主要著作は出版法違反で発禁処分になる。これら一連の成り行きにたいして、大学教授たちも論壇も沈黙を守った。こうして追い詰められた岡田内閣は、閣議決定を経て二度にわたり「国体明徴声明」を

発した。二度目の政府声明に言う、

そもそも、我が国における統治権の主体が天皇にあることは、我が国体の本義にして帝国臣民の絶対不動の信念である。帝国憲法の上諭並びに条章の精神も、またここに存するものと拝察する。

いわゆる天皇機関説は、神聖なる我が国体に悖《もと》り、その本義をはなはだしく誤解するものであるが故、現にこれを芟除《さんじょ》しなくてはならない。政教その他百般の事項すべてが、万邦無比なる我が国体の本義を基とし、その神髄を顕揚したものでなくてはならない。

政府は右の信念に基づき、ここに重ねて意図を闡明《せんめい》し、国体観念をさらに明徴にし、その実績を収めるため全幅の力を発揮することを決心する。

この第二次政府声明が発せられたのは一〇月一五日のことだったが、これを契機に軍部と在郷軍人会がさらなる政治介入を嫌って手を引くことになる。運動は自然消滅に向かう。だがこれに踵を接して二・二六事件が迫っていた。文部省による「国体の本義」(昭和一二年)や「臣民への道」(昭和一六年)がダメを押すことになるだろう。以上の天皇機関説撲滅・国体明徴運動は、大日本帝国憲法発布以降半世紀にわたる憲法体制の歴史に終止符を打つことになった。憲法体制挫折の表舞台となった。だが、明治憲法体制の有終の美とはとても言えまい。有終の美が演じられたとすればそれは昭和の青年将校運動だった、というのが私の見方である。

簑田胸喜

天皇機関説事件は美濃部達吉ら教授博士たちにたいする糾弾を通じて、時の岡田内閣を追い詰める政略だった。国会議員、民間右翼団体、軍部、それに政友会が国体明徴の名の下に結託してこれに乗っかった。政治的には見え透いた、つまらない事件だった。だがその背後に、何か思想的に見るべきことはなかったのか。私はそう思って簑田胸喜の論説を読んでみた。『天皇機関説攻撃論集』として編まれたものである（監修・解説　小川一樹、デザインエッグ社、二〇一九年）。事件の影の仕掛け人と評された簑田胸喜だ。一八九四年熊本県に生まれ、自身も東京帝国大学法学部政治学科の出で、上杉慎吉の指導を受けて国粋的学生団体で活躍した。昭和に入ってからは雑誌「原理日本」を創刊して論陣を張った。前記の論集は昭和一〇年の同誌の機関説攻撃文を集めたものである。以上の経歴からして簑田の美濃部機関説論駁には、政治家とは違う何かしら理論的特徴が出ているのではと私は予想してみた。

ところが、簑田の論評は美濃部などの著書を引用してはその不敬を繰り返し罵倒する。自分の憲政論などはさておき、とにかくしつこく相手を誹謗中傷する。国体明徴運動の政治家・軍人などがそのまま使えるような相手にたいするレッテル張りである。政治的野心は別として、簑田胸喜をかくまでも狂奔させた美濃部憲法学への反発とは何だったのか。

そうした中で私の注意を引いたのは、中心問題つまり天皇機関説の是非ではない。大日本帝国憲法はすなわち一字一句日本国体だという簑田の頑固な思い入れのことだった。憲法イコール国体の恒等式である。そもそも我が憲法は欽定・勅諚の「おほみことのり」ではないか。明治天皇が「先帝の助けを祈願し、併せて朕の現在及び将来に臣民に率先して、この憲章を実行して、これを誤ることの無いようにする」ことを誓い、あわせて「朕の現在及び将来の臣民は、この憲法に対して永遠に従順の義務を負うべき」と告げたのである。

それ故、原理的に絶対不変、金剛不壊の「不磨の大典」として、我ら国民は帝国憲法の「文字」「言葉」を奉戴し謹解し、その聖意に反しないことを努めようとすることこそ意志すべきである。「決して文字のみによることはできず」と（美濃部博士は）言うが、絶対に「文字」「言葉」を離れて、どこに憲法があるのか？ 歴史とは「文献的精神史」であり、「言葉の世界」としての「精神の国」である。特に、「憲法」はそれ自身、「詔勅」として「承詔必謹」の精神により、ありがたく受け取らなくてはならないのである（九頁）。

「ありがたく受け取るばかり」、これでは憲法学に立つ瀬がない。憲法条文の解釈とその運用論が美濃部らの憲法学なのだから。あまつさえ美濃部は臣民（議会）の発議による憲法改正まで口にしている。憲法学はそもそも国体紊乱なのだ。これでは天皇機関説事件もまともな論争にはなりようがない。隠れた対立点は憲法でなくむしろ美濃部の国体論にあった。

先には美濃部の天皇機関説の基底には団体論があることに触れた。国家という団体の精神を法源とする政体機関、その機能論と運用学が憲法学だ。憲法学そのものとその法源とは切り離して捉えねばならない。法源とは「社会の一般人の心理を支配する力」「社会心理」である。先に触れた「人間自然の本性」であり、国法の倫理的（規範的）根拠のことだと了解しよう。とすれば、条文はそのままでも国法は時代の社会心理とともにその解釈も変わるし、変えるべきなのである。では、我が国体はどうなのか。美濃部にとって国体とは「わが帝国が開闢以来萬世一系の皇統を上に戴いて居ることの歴史的事実と、わが国民が皇室に対して世界に比類なき崇敬忠順なる感情を有することの倫理的事実とを示す観念」だという。「そのとおり！」と簑田胸喜だって同意するだろうが、美濃部はすぐ続けて国体観念は「現在の憲法的制度を示すものではない」として、国体と憲法をただちに切り離す。

繰り返すが、人間自然の本性は時代とともに変わる。欧米を見よ、現代にあってこの本性は社会性と理性にもとづく正義の規範力として発揮されている。この力を汲み上げる形でこそ憲法の条文は解釈され、運用されねばならない。国体観念によるわが国の君主政体は将来にわたって変わることはない、だがその運用は変えていかねばならない。後者が美濃部にとって憲法学なのだが、簑田はこの二元構造を初めから拒否する。憲法の君主主権はすなわち我が国体だ。憲法は不磨の大典だ。美濃部はその憲法学に欧化時代の社会心理が速やかに追いついてこれと合体することを期待したであろう。だが、市民《ブルジョア》革命にしろ国民革命にしろ、大正デモクラシーの夢に消えた。美濃部憲法学にはその法源が追いついていかない。昭和に入って、まさしくこのギャップが簑田胸喜らによって突かれたのだった。攻守ところを変えるとはいえ、戦後の日本国憲法の改憲論者にとっては、これは不吉な前兆である。

とはいえもとより、明治憲政史を遍歴し大正デモクラシーの下で頂点に達した明治憲法体制が、昭和のこの時点で突如として途絶えたのではない。政治家にも軍人にも、憲政に従おうと意図した者は太平洋戦争突入の時期にまで絶えることはなかった。その彼らが沈黙し、憲法体制は無責任体制と化して日本国家は世界大戦にはまり込んでいくことになる。明治憲法体制の受肉は未完のまま潰えた。

（二）戦後憲法の受肉

日本国憲法の制定

大東亜戦争の敗戦から昭和五二年までの六年近くにわたり、日本は占領軍により主権を剝奪された状態にあったが、早くも四六年には旧憲法が廃棄され新たな日本国憲法が発布された。施行が翌年である。大日本帝国憲法の改訂版たることは許されなかった。敗戦に際して日本が受諾したポツダム宣言にはこうある。第一二条、将来の日本の政治体制は「日本国国民の自由に表明せる意志に従って」定める。だから、新憲法の制定も日本国民の自由の意志によらねばならない。そして日本国がポツダム宣言を受諾した以上、この時点で日本は天皇主権を捨て去り人民主権を容認したのだ。これが八月革命説である。しかしもとよりこれは法的屁理屈であって、人民による革命を意味するものではない。反対に、新憲法は主権なき状態で占領軍が日本に強制したものだ。新たに一から起草された憲法草案は、マッカーサー元帥と占領当局（民生局）の手になるものであった。文字通り「押し付けられた」憲法だというのが周知の見方になっている。だからこの憲法は独立とともに法的に失効するはずだ。改めて旧憲法の復活とその改正という手順を踏まねばならない。そうでないとすれば、主権を回復した日本の下で自主憲法が制定しなおされなければならない。

八月革命説と押し付け憲法説、しかしいずれにしても、発布し施行すれば憲法は完成などというものではなかった。明治憲法がドイツの真似事だなどと騒ぐどころではない。独立の達成とともに破棄して新たに「自主憲法」を制定しなければならない。そうでなくとも、日本国憲法は「憲法改正」という課題を初めからしょい込んだままに施行された。これが日本の政治に定着し、国民に受肉されるにはそれこそ「世紀にわたる」労力を必要とするかもしれない。課題は大日本帝国憲法の場合と同様だが、事態はそれどころではないのだった。

もちろん、占領下の五年間は日本国憲法定着の試行錯誤でもあったろう。いわゆる戦後改革の数々が占領軍から矢継ぎ早に強制され、あたふたとこれに順応することを国民は強いられた。労働小作争議と反政府デモが一挙に解禁された。軍隊が消滅し民主教育が急遽浸透したことは、まさしく明治憲法発布後の軍人勅諭と教育勅語と同断かつ好対照をなすことだった。だがそれにしても、占領下の六年間は日本国憲法を「国民の世紀にわたる労作」たらしめるに十分どころではなかった。むしろ、独立はこの作業の本当の開始を意味したのである。独立とともに、「憲法改正」そして「日米安全保障条約改訂」が日本政治の二大課題として焦点化された。

この課題達成のために、以降、日本国民の新たな国体がどのように形成され作動することになったか。この点も、明治憲法と国体論とのからみとパラレルのことと私は受け取っている。たしかに、戦後の国体などといえば伝統的な用語法にはそぐわないが、ここでは国体論を天皇教に限定しない。明治維新この方、そのために死ぬと観念させる国体ばかりが国体ではない。国体は国の成り立ちであり国民の集合的心性である。美濃部達吉の帝国憲法論を借りれば、「制定法の制定後、社会事情の変化があり、一般国法の基礎精神の変遷があり、社会の正義感情の進展がある場合には、制定法の文字は変更されなくても、その解釈が変更されるべきことは当然」である(『憲法撮要』)。時にこの「正義感情」が目に見える形で浮上して、憲法の文字を新たに了解しなおす。この経験がなければ、およそ国民が国民になり憲法体制を受肉するなどということはありえない。ただの風化である。いくら「日本は自己欺瞞の天才」(ジョセフ・グルー)だとしても、国体の形成なしには憲法はいつまでも「押し付けられた戦後憲法」のままであるしかない。それでいて明治憲法の場合とは違って、今回は国体の発露が戦後の国民と憲法体制の破滅に導かなかったのはどうしてか。

護憲国民運動の勝利

経済白書が「もはや戦後ではない」と宣言したのは戦後十年が過ぎた年(一九五六年)のことだった。前年には保守合同と左右社会党の統一があり、この保革二大政党の対立を軸に新しい政治過程が始まった。いわゆる五五年体制であるが、私の見方では通説と違ってこの戦後政治過程は六〇年安保闘争をもって終了する。そして、この戦後政治過程における対立軸こそが憲法改正と日米安保条約改定だったのである。年表を短く要約する。早くも五三年には岸信介が吉田内閣の憲法調査会長に就任して、戦後憲法の改正の動きが始まる。焦点は再軍備と戦後改革の見直しに置かれた。天皇の元首化、参議院の一部推薦制、知事公選制の廃止、さらに集会・結社・言論の自由など国民の諸権利の見直しに及んだ。そしてこの時点では世論の三〇パーセントが改憲賛成であり、反対の二五パーセントを上回っていたのである（朝日新聞、五五年一一月）。

だが、これでは戦後平和憲法にたいする文字通りの反動であり、「逆コース」だ。対抗して、社会党と総評などを中心に憲法擁護国民連合が結成される（一九五四年）。統一された社会党は議席を伸ばし五八年の総選挙では一六六議席とピークを付けた。そして、安保条約改訂阻止国民会議の結成となる、一九五六年のことである。片や憲法と安保の改定、対抗して護憲の国民運動、「逆コース」対「平和と民主主義を守れ」の政治過程が形を成していった。

ところで、この時期になるともう私自身の体験の範囲に入ってくる。だからということもあって、私はこの政治過程に特別の関心を持ち度々論評してきたのだが、憲法と安保すなわち戦後憲法体制にしぼってもう少し要約を続ける。（詳しくは私の『叛乱の六〇年代』所収の論文を参照されたい。）

安保改訂阻止国民会議は最盛期には一、六三三団体が加盟し、六〇年の安保国会に至るまで第一次から第一九次までの統一行動を展開した。統一行動の日には全国主要都市で街頭デモが行われる。総評の春闘にタイミングを合わせることもあった。議会内での与野党対決がこれに並行して展開され、街頭行動を盛り上げた。こうして、運動のピークとなる六〇年六月には参加者は全国で五八〇万人と、日本の政治史上空前絶後の規模に膨れ上がった。結果として、安保改定は阻止できなかったものの米国大統領の訪日予定はキャンセルされ、改憲反動の岸内閣は打倒された。戦後政治過程における国民運動は勝利したのである。この勝利は思えば明治以来百年の欧化（近代化）を完結する国民革命であった。

「もはや戦後ではない」時期の政治過程の背後では、戦後の経済高度成長が驚くべき勢いで進行していた。五六年の経済白書の宣言自体がこれを告げ知らせるラッパであったことはことわるまでもない。経済高度成長は続く六〇年代をかけて、戦後の日本社会を根底から変えていった。戦後憲法の定着と国民によるその受肉は、高度経済成長のもたらした社会が可能にした。まさにこのことが自他ともに自覚されたのが、安保闘争における護憲の国民的勝利に他ならない。というのも安保闘争のピークの一カ月には、条約改定のことはそっちのけにして運動は「キシヲタオセ」一本に絞られた。指導的知識人もまた呼びかけた。「民主か独裁か、これが唯一最大の争点である。そこに安保をからませてはならない」（竹内好、六月四日）。こうして戦後の国民と知識人とが「平和と民主」の闘いに勝利したのだった。勝利を通じて、戦後国民は国民になり、知識人は戦後知識人になることができた。これは戦後憲法が受肉された一瞬でなくて何であろう。

ここで話の趣を少し変えよう。江藤淳の評論『成熟と喪失』（一九六七年）は小島信夫の小説『抱擁家族』（一九六五年）を批評したものだが、そこにこんな言葉がある。

『抱擁家族』は明らかに昭和三〇年代の社会心理に底流する深い喪失感を反映している。私はこの文章の最初の部分で、日本の農耕社会が近代産業社会に移行しはじめたのは日露戦争直後のことだといった。だとすれば昭和三〇年代は、まさに日本全国が「近代化」あるいは「産業化」の波にまきこまれて、ついに近代工業国に変貌をとげた時代である。

「ついに近代工業国に変貌をとげた時代」とは、ことわるまでもなく高度経済成長時代のことである。だが、この時代の社会心理に「深い喪失感」が底流しているなどと、江藤はどうして感じ取ったのだろうか。先の安保闘争では江藤は若手の芸術家の集まり「若い日本の会」の代表格だった。「もし、ここでわれわれが勝てば、日本人は戦後はじめて自分の手で自分の運命をえらびとることができるのではないか」。これが当時の江藤の言葉である。明らかに、江藤もまた安保国民革命の一翼にいたのである。それなのにわずか数年後に、われわれは「まさに前代未聞の変化と喪失の時代を生きつつある」などと、江藤はなぜ時代にたいする暗い感慨を吐露することになるのか。江藤の言う「喪失の時代」は、本当は前代未聞の「獲得の時代」、つまりは高度経済成長に支えられた大衆消費社会、その裏返しの表現ではなかったか。

『成熟と喪失』は副題を「〝母〟の崩壊」としている。母とはつまり農耕社会のうちにやすらってきたわが国民の自然性のことである。日露戦争直後に始まり、戦前昭和には「万古不易の国体」として前代未聞の破壊力を見せた自然性が、敗戦とともににわかに姿を隠す。それがいま「置き去りにされた者」たちを不安と自己破滅の衝動に追い込んでいる。崩壊し喪失したのはつまりは明治百年のわが日本の国体ではないか。喪失がいま前代未聞の極点に達しているのだとしたら、その反面で別の国体が勝利したということではないのか。それが六〇年安保国民革命の勝利の意味ではなかったか。

こんな風に江藤淳の評論を読むとき、私はいつもある誘惑を抑えきれない。高度成長社会に「置き去りにされた者」と対極にある一女性のビヘイビア、これを引き合いに出すことである。安保闘争に積極的に参加するようになった二七歳の新劇女優のことだ。一連の闘争が終了したその日の彼女の日記にこうある。

六月二〇日――

今朝の午前零時、安保条約改定は自然成立となる。日本中をあげての反対運動も政府をうごかすまでには至らなかった。午前十一時、いそいでアパートに帰り、四日ぶりに銭湯に行く。私はいそがしかった。私の日常生活の基準はこんていから破壊され、破壊されたことを私はうれしがっていた。久しく眠っていた私のからだのあらゆる機能が、一度に身ぶるいして眼をさまして来たような、爽快な気持ちだった。私はそのことに、自分のエゴイズムを感じていた。しかしそれは自分でもどうするわけにも行かない、本能のようなものだった。

（石川達三『充たされた生活』、一九六一年）

このようにして、まぶしい夏の朝に、安保闘争を終えた国民はエゴイズムの本能に急かされるようにして、大衆消費社会の巷へと散っていったのである。さあ、私はいそがしいのだ。私の日常生活の基準は根底から破壊された。江藤淳の評論の「崩壊と喪失」が明治以来の国体のことだとすれば、石川達三のヒロインのからだに身ぶるいして眼をさまして来たのは、紛れもなく「もはや戦後ではない」時代の国民の欲望であり心性であった。占領軍に「押し付けられた」戦後憲法は、このような心性に支えられて初めて国民に受肉された。仮にこれを戦後日本の国体と呼ぶのである。

以上をあえてパターン化すれば、明治憲法体制は欧化に置き去りにされた者たちの反動により崩壊し、対照して、戦後憲法制定に先を越された日本国民は旧憲法の喪失感などものともせずに、憲法体制をわがものにしていった。こう言えようか。

惰性態としての国体

安保闘争による岸内閣の打倒はとりもなおさずその改憲意図の挫折であった。以降万年与党として同じ自民党の政権が続くにもかかわらず、改憲の企てはタブーであり続ける。改憲の眼目はとりわけ軍備と戦争の放棄の九条であるが、これに手を付ける改憲などもう誰も本気にしていない。現在に至るも、口では改憲を唱えてもその実施を信じている者は誰もいない。せいぜい九条改正とはお門違いの「お試し改憲」が政治日程に上ることはあるかもしれないが、それですら「改憲」の二文字の下に国論を二分するかもしれないのである。日本国憲法は個々の条文の解釈や改変の問題でなく、いまや、戦後国民の国体という巨大な惰性態のうちに埋め込まれている。大衆消費社会と生活の現状維持という惰性態が戦後憲法体制を抱え込んで離さない。それが重大な政治的決断を抑止している。

いまでは自衛隊という立派な軍隊を持ちながら、なお憲法第九条に抵触しないとする国民的な自己欺瞞に、政治は手を付けることができない。その必要を国民は認めない。五五年以降の戦後政治過程とその頂点で六〇年安保国民革命が勝利した。国民革命は大衆消費社会への水門を開きその奔流と一つになったこと、ここに戦後国体が形成された。そして、いまに至ってはこれが眠れる巨人のごとくに政治に立ちはだかっている。しかしそれでいて、いざ自民党から改憲が提起されるなら、いたずらに寝た子を起こしてしまうに違いないのだ。国会で三分の二を占める与党ですら、この事態は本能的に避けたいのである。

一九七〇年に陸上自衛隊東部方面総監部を占拠して自決する前の年、三島由紀夫が期待していた。左翼学生たちの暴動が自衛隊の治安出動を促し、これを契機に憲法改正の政治が動き出すのだと。だが、「この日に何が起こったか。政府は極左勢力の限界を見極め、戒厳令にも等しい警察の規制に対する一般民衆の反応を見極め、敢えて「憲法改正」という火中の栗を拾はずとも、事態を収拾しうる自信を得たのである。治安出動は不要になった……」。蹶起当日の三島の檄文にこう書かれている。左翼の激しい街頭暴動ですら政府に憲法改正を促すことができなかった。防衛庁バルコニーでの三島の演説は自衛隊員たちの物笑いになるだけだった。

天皇、戦後国体の象徴

戦後の日本国憲法体制のうちで、天皇の存在はどうなったのか。戦前昭和の国体では天皇はその核心であったが、御本人は立憲君主として憲法体制の遵守に務めたとされている。だが、それが国民の目に触れることはなかった。戦後の日本国憲法では、天皇は政治的権能をすべて失い国民統合の象徴、つまりは日本国体の象徴として存在すべきものとなった。戦前戦後を問わずこれぞ日本国体における天皇のあるべき姿だと見なす論者も少なくない。里見岸雄、津田左右吉、和辻哲郎などの諸氏を上げることができるだろう。実際、戦後の皇室は「国民の天皇」として象徴天皇の務めを果たしてきた。言ってみれば日本国体の象徴の位置を維持してきただろう。戦後憲法体制の定着という観点では、変化したのは天皇でなく国民の方なのである。国民はいまさら「天皇の元首化」などを望まない。

では、天皇御自身はどうか。去る二〇一六年の八月八日、平成天皇の「お気持ち」表明の映像が一一分間、七〇年目の玉音放送のように流された。高齢のためもうこれまでのようには「象徴天皇の務め」を果たせない、生前退位を望むとのお気持ちである。ここで象徴天皇の務めとは主として災害の被災地への訪問、それに何より、太平洋戦争の死者を弔う慰霊の旅の二つである。二つとも憲法が規定する公務には属さない。それでいてこのような務めがいまでも年のうちで七割を越える日々を占めているのだという。

「平成天皇が今や日本人でただ一人背負っているのは、日本の戦後民主主義あるいは社会民主主義である」。お気持ち放送を聞いての、これが私のいささか場違いの感想である（「第三勢力の徘徊」、『叛乱を解放する　体験と普遍史』に収録）。天皇が遵守しようとしてきたのが戦後日本の国体の精神である。これにたいして政治家も国民もいまでは「平和と民主」の務めを天皇に押し付けて、それぞれに生活を享受したり貧乏に苦労したりしている。先の戦争の惨禍を忘れ、戦後民主主義を自分流に受肉するとともに、その使命と英霊の声とを忘れた。だが、国民がどうあろうが、「日本ではどうしても記憶しなければならないことが四つある」。終戦記念日、広島と長崎の原爆の日、そして沖縄戦終結の日だと平成天皇は述べたことがある。

さてこうして、天皇は代変わりして令和の天皇になる。二〇一九年の五月、五九歳の新天皇が即位したが、その際の短いお言葉にも連呼されているのは国民である。「常に国民を思い、国民に寄り添いながら、憲法にのっとり、日本国および日本国民統合の象徴としての責務を果たすことを誓い、国民の幸せと国の一層の発展、そして世界の平和を切に希望いたします」。この新たな「国民の天皇」が平成天皇の言動を継承するものかどうか、むろん分からない。それは天皇の問題はなく、国民の動向いかんにかかっている。

戦後の国体に関してもう一つ触れるべきは米国との関係である。対米植民地にも等しい日本の国民は安保闘争に勝利することを通じて、「中学生程度には」アメリカを卒業することができたというのが私の感想である。ここでまた先の『充たされた生活』を引用するが、これも安保闘争のピーク、五月二〇日の日記である。ヒロインは時間が空いたので街の映画館に入る。

アメリカ映画の派手なラブ・シーンなどが馬鹿くさく見えて、何の共感もなかった。私はやはり日本人であり、日本の民衆のひとりだった。民衆の憤りが、いつの間にか私の心にも火をつけていたようだ。

「私はやはり日本人――」。この意味で安保反対の国民運動は、敗戦以降今日に至るまでほとんど唯一の日本民衆のナショナリズムの発露となった。もとより、日米安保条約反対といっても運動自体は反米闘争でなく、先にも触れたように「民主か独裁か」の闘争としてピークを迎えたのだった。ただ、時の米国大統領の秘書官が空港でデモ隊に包囲され、挙句は大統領自身の訪日予定がキャンセルされた。当然のことながら、米国では「東京暴動」と呼ばれて反米闘争と見なされた。これが国民の心性に染み込まないはずがなかったのである。外から観察すれば、安保闘争は反米ナショナリズムの国民運動だった。ナショナリズムこそが国体を自覚させる。

安保闘争は六〇年の六月二〇日にピタリと終息して、「黄金の六〇年代」と称された大衆消費社会の洪水が国民の胸の高さにまで浸水してくる。この時代に「消費社会型のアメリカニズム＝ナショナリズムが確立していく」と見るのは、吉見俊哉の『親米と反米』（二〇〇七年）である。家庭生活の電化を通じて「主婦」が構築され、他方で男たちは「誇り高きメイドイン・ジャパン」という技術主義的なナショナル・アイデンティティを再構築しえたからだという。アメリカニズム＝ナショナリズムという奇怪な等式が、この時期の日本の国体について言いえて妙とするべきであろう。もう一つ引用する。

淳一によってしか与えられない歓びを知った今でも、彼のコントロールの下に〝従属〟ではなく〝所属〟していられるのも、ただ唯一、私がモデルをやっていたからかもしれなかった。

田中康夫『なんとなく、クリスタル』（一九八〇年）

「淳一によってしか与えられない歓びを知った」。これはもちろん日米関係についての作者の当てこすりである。モデルをやっていた、つまりはアメリカニズム＝ナショナリズムの消費社会で稼いでいるからこそ、対米「従属」でなくアメリカのコントロールの下で自由主義陣営に「所属」していられるのだ。この二つの言葉を作者はわざと〝　〟でくくっている。

ことわるまでもないが、私は以上で戦後日本の国体が、その顕在期と惰性化を通じて、アメリカをなしにできたなどと言うつもりはない。実際問題として今後の国際関係は計り知れない。日本国体のアメリカとのかかわりがこれで済むのかどうか。アメリカの核の傘の下で国際関係を政治的軍事的になしにできた状態がいつまで維持できるのか。とりわけ不可避のグローバリゼーションの下では、それゆえにますます国民国家は自国の民生に配慮せざるをえない。それが再びナショナリズムの攘夷路線を通じて新たな国体を育てるのかどうか。そもそも日本国民の元気がよみがえるのか、よみがえるべきなのか。国体の二文字は敗戦とともに死語と化したかに見えて、戦後七十年を底流してなお国民の心性にわだかまっているのだと思う。

第二章　天皇とプロレタリア

里見岸雄

日本国体は不変だ

かつて、国体が一個の観念として国民に威力を振るうことがあった。端的に国体のために死ぬことができる、死なねばならない。私が関心を持つのはそのような国体観念の発露である。今日でもいわゆるナショナリズムのうちに顔をのぞかせる。国家の法や制度の在り方に直ちには解消できないところで、国体が政治になる。国家が国体として観念されるのであり、そこに政治的なものが端的に露呈する。これが例外状況であり、例外状況における国体が以下の関心の的になる。

日本近代の国体論はとりわけ戦前昭和の時期に猛威を振るった。国体明徴としてよく知られていることだが、ここではまずは搦め手から国体の政治論にアプローチしてみる。戦前のことではない。大東亜戦争の敗戦後、米国から押し付けられた新憲法をめぐる議論である。混乱の中からもう押し止めようもなく、主権在民の戦後民主主義が我が国に扶植されていく。そうした中で孤軍奮闘、戦前戦後を通じて「我が国体は不変」だと論陣を張った人がいた。里見岸雄（一八九七－一九七四）である。その後急速に忘れられ、今では知る人もいないだろう。かの日蓮主義者田中智學の三男であり、昭和初期から科学的国体論、国体科学を唱えて沢山の著書がある人だ。その戦後の作品『天皇とは何か』（昭和二八年）のうち、まだ占領下の昭和二五年に書かれた論考「資料　国体は変更されたか」から、論点を拾い出してみる（以下引用は展転社版、一九八九年による）。里見はここで、政体の変革はあったが、日本の国体は帝国憲法と戦後憲法との間で何ら変更はないのだと力説している。

国体と政体、この区別と混同にこそ国体論の混乱の根源がある。むしろこの混乱のうちに、国民を死に至るまで使嗾する国体観念の威力が顔をのぞかせている、私はそう考えてきた。そこで以下、里見の議論を国体と政体との関連に焦点を合わせて点検していくが、その前に念のため、関連する新旧両憲法の規定を対比しておく。

帝国憲法　第一条　大日本帝国は万世一系の天皇之を統治す
　　　　　第四条　天皇は国の元首にして統治権を総攬し此の憲法の條規に依り之を行う。
日本国憲法　第一条　天皇は日本国民統合の象徴であり、この地位は日本国民の総意に基づく。
　　　　　第四条　天皇はこの憲法に定める国務のみを行い、政治に関する権能を有しない。

一見するところ、両憲法の間で日本国の国体は根本から変更された。実際、新憲法をめぐる貴族院での学者たち、宮沢俊義や南原繁など錚々たる面々がそのように確認しており、ジャーナリズムが扇情的に喧伝していたところである。里見は『天皇とは何か』を刊行して、学者の「ノンキな法理論」だとしてその一々に論駁を展開する。一例として横田喜三郎の著書『天皇制』にたいする里見の論難を見よう。横田によれば、戦前戦後を問わず国体論は「法律的政治的な意義と一般的精神的な意義」の二つに分けられる。前者の国体は「新憲法によって明らかに、完全に変革した」。これはすべての人が一致して認めるところである。他方、一般的精神的な意義の国体は「ほとんど変革したというのが正当である」として、横田は次のように続けている。

この意義の国体は、万世一系の天皇が君臨し、統治するということを中心的な要素とし、その上に、それから派生したところの、いろいろな精神的と倫理的の内容を含んだものであるが、中心的な要素は、新憲法によって全く失われることになった。それから派生した問題は、ただちになくなるわけではないが、なにぶんにも中心的要素が失われたのであるから、当然に重要な影響を受け、やがてはいちじるしく弱くなり、うすくなるにちがいない。(里見、二五二頁)

総じて、新憲法により政体はもとより天皇中心の国体も根本的に変革され、旧来の国体観念もやがては消滅するだろうと横田は言うのである。だが、と里見は反駁するのだが、国民通念としての国体がこれにより一変したなどとは国民の誰も考えてはいない。国民はそもそも横田のごとく国体を二つに区別などしていない。むしろ漠然と「天皇陛下を中心に仰いでいる国柄」というぐらいに観念している。例えば天皇大権が失われていた徳川時代などでも国体がなかったなどとは考えず、「国体は建国以来ずっと現存していたと信じているのである」。だがそうだとしても、国民通念のこの国体観も新憲法の下でやがて薄れていくに違いないというのが、戦後の横田喜三郎などの予測なのだった。対照的なことに、里見の予想は正反対である。もしも国民通念上の国体が変革されるとなれば、「今日といえども、はたまた未来といえども、決して平穏では済まないだろう」（二五六頁）。「天皇奉戴者が、新しい意識の下に、熱烈なる思想戦や啓蒙運動を起こすであろう」（二八四頁）。いや、国体が新憲法により一変したのだと国民が感じたとすれば、学者たちのノンキな議論など一蹴して、「それこそ、全国的な流血の惨事が勃発するのは火を見るよりも明らかなことである」。国体変革に関する戦後知識人の言い草のごとく、「今日のような傾向がますます助長されて行き、後へ戻ることはなかろうなどと独断しお調子に乗っている者は、おそらく、日本民族生命社会の鉄則に成敗さるべき運命にある」（七二頁）。

私が以上でまず、国体観の将来について里見と戦後憲法学者の予測を取り上げたのは他でもない。戦後新憲法のその後の運命から見て、予測が当たったのはどちらの方だったろうか。明らかに敗戦後の混乱期を抜けて、戦後憲法体制が国民に受容されていった。敗戦により失われてしまった国民の自己理解が、再び新たに国民として受肉したのだと言ってもいい。たしかに天皇は国民統合の象徴として新憲法にも受け継がれた。だが、帝国憲法に表現の一端を見たような国民的観念「民族精神」としての国体は、横田の予測したように、否応もなしに「弱まり薄れて」いったのである。まして国体観念の発狂状態などはすでに消えている。そうでありながら里見が想定したような流血の惨事は起きなかった。日本民族の生命社会の鉄則により戦後知識人が成敗されることもなかった。里見の想定したような国体の下での国民は、端的に失せたのである。

流血の惨事のもとになるような国体は失せた。里見が危惧した「極右的反動の抬頭」など国民により淘汰されてしまった。天皇中心の国民の通念は残ったとしても、それが国体の観念として発火することはありえなかった。里見の議論が観念右翼の国体護持とは違って国体科学を唱えていただけに一層、以上のコントラストは著しいものに思える。日本民族の国柄が今日何であるとしても、国体はない。いや眠り込んでいる。政府があるだけなのである。そして私は、やれ民主主義だ国民の天皇だと唱える国家のこの現状を、いいことだとは思っていない。

なお、以上の里見の議論には米国が影すら見せていないが、まだ占領下で書かれた著作だという事情を指摘するにとどめておく。

政体は変更、国体は無窮

さて話を戻そう。里見とて戦後国体の将来を頭から信じていたのではあるまい。「日本人も敗戦前には、すこしはしっかりしたところのあった国民だったが、一旦戦争に敗けたとなったら、だらしのないことはなはだしいものがある。猫も杓子も何かというと民主主義を振り回して、……」と述懐している。だからあくまでも学理的に、国体科学として新旧憲法における国体変更問題を論じようとしたのである。

国体の観念はそのままでは法律の言葉になじまない。初めてこれが国法に取り入れられたのはかの治安維持法だったという。大正一四年になってのことである。その第一条は「国体を変革し又は私有財産制度を否認すること」を刑罰の対象にしている。里見岸雄が戦前から繰り返し批判しているように、国体と私有財産制度とが同列に並べられている。当時は無政府主義者運動の過激化と社会主義思想の勃興期、これに慌てふためいて「ブルジョア政治家」が公布したものだと里見は述べている（『天皇とプロレタリア』昭和四年、引用は展転社版、二〇一八年、三五頁）。さすがにこれではということだったのだろう、昭和三年に改正され国体変革と私有財産制否認とは項が分けられたが、しかし同じく治安維持法の第一条に並列された。国体変革の方が最高刑が死刑と断然重く、後者との間に差別を設けたのである。「日本国体は断じて私有財産制度と混同されるべきものにあらず」というのが、里見の批判であった。治安維持法が赤狩りに猛威を振るったのは言うまでもないが、判例として確定されたのが昭和四年と六年の大審院判決であり、ここでは国体とは「日本帝国は万世一系の天皇君臨し統治権を総攬し給うこと」とされた。法律上の国体の定義である。そしてもとより治安維持法は戦後廃止されたのだから、ではこれが定義する国体もまた棄てられたのか。新憲法の下で国体は変革されたのかという先の問題が、法制上の問題として以上のように議論されたのだった。

治安維持法・大審院判決そして国民通念と、つまり国法上と古来の通念という二つの国体があった。横田喜三郎の言う政治的と精神的の二つの国体である。新憲法は古い国体観念を二つながら廃棄したのか。これにたいして里見が持ち出すのが国体と政体の区別である。国法で用いられた国体という用語は政体（統治形態）のことであって、日本古来の国体と意義が同一ではない。古来国体には主権の在り処、天皇大権などという用法は見られない。たしかに明治維新前後の短い期間には天皇大権が押し出された。しかしその後国体の語からこの意義は薄れ、道徳的精神社会的な大本綱維という意味が強化され、ついに教育勅語の「国体精華」の用法が確立されたのである。たしかにまた、昭和軍国主義下では天皇大権が強化されたが、国民の国体観は依然として古来の意味を根幹としていた。戦後憲法で主権在民になったとしても、それは統治形態の変更であってただちに国体の変革ではない。国民にとってはたかだか戦前国体の一部が変わっただけだと里見は主張した。

天皇君臨は明々白々

里見がここで論拠としたのが美濃部達吉による政体と国体の区別である。大体が、戦後新憲法による国体変更を主張した憲法学者、政治学者はほとんどが美濃部学派である。美濃部学派は憲法を論じるに国体の語を避けて政体で通すことを主張してきた。この伝でいけば新憲法は国体変更でなく政体を変更したにすぎない。里見はそう強調した。国民統合の象徴という規定は天皇が君主でなくなり国民の一員になったことを示すのではない。「天皇は今日依然として明々白々君臨しておられる」。主権・統治権総攬の有無などは政体のことであり国体とは関係がない。大審院の判決はこうも告げている――「万世一系の天皇を君主として奉戴することが我が国の国体なり。換言すれば万世一系の天皇を戴く君主政が我が国の国体なり」と。これは新憲法の下でも変わりなく、「万世一系の天皇を戴く君主制が厳存する」。万世一系の文言が憲法の条文から消されたとしても、天皇であることは万世一系のことだと、国民は何の疑いもなく受け取っている。これが里見の主張であった。

美濃部の天皇機関説では主権は国家にあり、天皇は国家の最高機関である。帝国憲法第四条では、主権は国家にあり天皇は国の元首であって国の統治権を総攬する。だが里見の見解ではこれはすべて政体（国家機関）の話であって、天皇その人の存在は別のことである。また、同第一条、万世一系の天皇の統治、だがこれも主権の所在とか統治権とかの権力の問題とは関係ない。つまり日本固有の国体、国家の究極的基盤即ち日本民族の生命体系を告げるものだ。この意味で政体を規定する第四条とは全く別の性格のものである。

同様に、新憲法第一条の国民統合の象徴も同じ意義のものであり、天皇は天皇であって国家ではない。万世一系の文字が消されても皇統の無窮は不変不動である。国民統合には権力的政治的意味はなく、しろしめすということ、すなわち日本民族の社会が天皇により究極的に統一されていることを規定している。要は主権の所在がどのように変更しようが、国体は微動だにしない（二七八頁）。むしろ、「この敗戦後の濁世もかろうじて究極的統一を保っているのであるから、権力的意味の除かれた純粋な、社会的、真理的、倫理的な天皇統治も現実に実在している。結局、新旧両憲法の第一条とも、「権力的政治のはるか奥底に存する民族社会自定の不文法」として、本質上異なるものではない。

さてこのように、里見岸雄は一方で治安維持法の大審院判決の国体を政体との混同だとして、戦後の政体変更は自明のこととする。そして返す刀で、新旧両憲法の第一条を政体から引き離して国体の告知として読む。この意味で戦後変更されたのは政体であり、国体は微動だにしていない。繰り返すが、このような不変の国体観念が戦後民主主義派にたいして「流血の惨事」「成敗の運命」をもたらすはずであった。依怙地にすぎない天皇主義者と違って、里見は法理論上の議論を踏まえて以上のように論じたのだったが、日本国体の運命という点で見通しを決定的に誤ったのである。

北一輝の国体論

日本国家論において国体を政体と区別する議論は、つとに青年北一輝が展開したところである。私はかつてこの点に注目して北の『国体論及び純正社会主義』を論評したことがあり詳細はそちらに譲るが、里見の国体論に関連していくつかコメントしておきたい。北は美濃部機関説を下敷きにして書いている。「政体は統治権運用の機関なるを以て、国家は其の目的と利益に応じて進化すべし。而もその如何に進化すべきかにつきては、国体論とは係りなき問題なり」。他方で政体に対比して、国体は国家共同体のことであり国家は一個の実在の人格として観念されねばならない。ここで国家とは北流の社会主義国家を指していたが、この点はむろん別としても筋は里見岸雄の議論も同じである。そして、政体が民主制であろうが専制であろうが、政治的法的権力の所在に関係なく、その究極の倫理的根拠として国体がある。天皇がいる。だから国体の観念は時の政治権力にたいする仮借ない批判の根拠になりうる。新憲法体制にたいする里見の異論がこれだ。それこそ国民の反乱と流血の惨事を呼び起こすかもしれない。しかし他方で、国体論は政体の現実から目をそらす目くらましとして働くこともできる。戦後の里見の国体論は軍国主義の国民的経験と無関係のごとくに展開されている。しかし、敗戦という近代日本国民の未曾有の体験を前にして、日本固有の国体を呼び覚ますことにどれだけのリアリティがあったろうか。結果は戦後民主主義派の完勝、行き過ぎたとも言うべき圧勝に終わったのである。

関連してもう一つ、戦前昭和の国体論ではこれが万邦無比だと唱えられたことである。八紘を一宇として我が国古来の国体は世界を覆う。国体論は皇統連綿無窮の時間軸に加えて、夜郎自大の空間論も備えていたのである。この点につき戦後の里見の国体論は口を拭っているがそのことではない。政体と強いて区別して国体の観念が跳梁するのは国家の対外危機、尊王攘夷や鬼畜米英の局面でのことだ。天皇の下に億兆心を一にして国難を乗り切ること、これが国体の観念になる。観念が肥大化すれば八紘一宇にもなるだろう。繰り返すが、こんな国体の観念は里見の予測を裏切って戦後日本から消滅した。

社会主義の脅威に急かされて

さてここから、さかのぼって戦前昭和期の里見岸雄の国体論と天皇論を点検しよう。里見は昭和三年と四年にそれぞれ『国体に対する疑惑』と『天皇とプロレタリア』を刊行した。両書はセンセーションを巻き起こし、たちまち大ベストセラーとなった。時代はあたかもマルクス主義と無産者運動とがつかの間の頂点を迎えていた。ロシア革命由来のボリシェヴィキ・コミンテルンの脅威が背後から忍び寄っている。それなのに対抗勢力ときたら幽霊さながら、アナクロ観念的国体論を振りかざすばかりではないか。時代の先鋭な危機感が国体科学の里見に両書を書かせたのだった。いわく、

テンポ、テンポ、現代社会のテンポは超高速度だ。マルキシストは、驚くべきテンポを以て、現日本のあらゆる社会層に突進しつつある。……無産階級擁護の社会運動ほど、現代に適切なる正義はない。（『天皇とプロレタリア』、一三、五三頁）

攻撃軍（左翼思想の国体否定）は、きわめて精鋭なる最新式の理論を武器とし、加うるに之又頗る熱烈なる感情の城郭を併せ有し、進出突貫の勢まさに舌を巻くべきものがある。これ恰も、タンク、機関銃、毒ガス、飛行機等の武器を使用する攻撃軍に対し、防衛軍（国体論皇室論）は正宗、正村の名刀をひきぬいて牙城を死守せんとするが如きものである。（『国体に対する疑惑』、以下引用は展転社版、二〇〇〇年、二六二頁）

実際、里見は大正一四年以降の労働者のストライキ件数と参加人数を列挙している。農民に里見の関心は希薄だが、小作騒動がピークを迎えるのも同じくこの時期のことだ。結果を知る者から見れば、当時かような里見の警戒感はいささか過剰に過ぎたものということができよう。左翼

はじきに息の根を止められた。ところがこれに踵を接して、例えば海軍青年将校と陸軍士官候補生による五・一五事件が起きる。昭和七年のことだ。彼ら青年たちが異口同音、符牒のように繰り返すことになる合言葉が財閥、政党、そして特権階級の打倒なのだった。国体護持、里見のいわゆる防衛軍が分裂して、自陣営から国体侵害階級に敵対する過激派が蹶起する。里見は蹶起を扇動も示唆もしていない。両者に組織的な連携も恐らくなかった。しかしそれでも、彼ら青年将校たちは里見の二書を読んでいるし里見派と呼ばれる者もいた（後述）。里見の国体理論が観念的国体論に対立する構図が、蹶起とその攻撃目標との関係と同型だったのは明らかだ。私の関心は危機の国体論にあり、だから後に五・一五や二・二六事件の主役たちをもこの観点で評価するつもりでいる。その際の国体論の理論的ベースに里見の理論を使いたい。そう思って、以下で里見岸雄のセンセーショナルな二書に寄り道するのである。

国体論には一般に二通りのアプローチがある。天皇あるいは国家共同体のどちらかに重点を置く論考である。両者はもとより排他的でも矛盾するものでもないのだが、国体論を駆動する背景の事情に明らかな差異がある。あらかじめ両極端の例を取り上げておくが、まずは天皇論からのアプローチ。これには里見も半ば呆れながら触れている筧《かけい》克彦（東京帝大教授）の『神ながらの道』（一九二六年）がある。

皇国は神随らことあげせぬ国なりと申し伝えて居ります。其の意味は、素直にすらすらと成長しつつある国で、ひねくれて居る国でないと申すことにもなり、天然自然のままなる国で人為のからくりを超越して居ると申すことにもなります。言葉を更えて申上げますれば、神々の御要求其の儘を本質として成立発達しつつある国にて、大君は総ての本源たる大御神様の御延長に在わしまし、皇族より国民に至るまで一人残らず神様に外ならぬ国でございます。

これでは里見の危惧する通り、マルクス主義者の「思う壺」に陥るほかない国体論と言うべきだろう。「思想的老人」のたわ言もここまでくればむしろご愛敬だ。日本国体は神ながらに天然自然のまま、人為を超越してすらすらと成長しつつある。現今の国体の窮状、従って国家改造の逼迫感などどこ吹く風である。里見は苛立っている。

他方、国家共同体論から発する国体論の先端には北一輝の国家論がある。明治維新革命が打ち立てたのは社会主義国家共同体である。天皇は、つまり明治天皇のことだが、この革命の「大首領」だとするのである。大首領が皇孫の天皇である必然性はここにはない。これは『国体論及び純正社会主義』時代のことだが、後には国家改造のために戒厳令を布く「国民の天皇」がこれに当たる。なお、北の『国体論』の方は発売直後に発禁となり、昭和の青年たちがすぐに読めるようなものではなくなっていた。実際五・一五の被告たちなどにもほとんど読まれていなかった。

実は当時、里見がマルクス主義者の思う壺だと危惧する国体論にはもう一つ、治安維持法上の国体があった。先に言及したところだが、すでにこの時期に里見は口を極めて治安維持法の「国体資本主義論」を論難している。「資本主義と日本国体とは全然別者だ。資本主義と国体とを同一視させる資本家、同一視する無産階級これ共に根本的に打倒さるべきである」（二七頁）。「天皇とプロレタリア」という主題からして当然のことだが、この国体資本主義論と先に見た観念的国体論とが、里見による「国体観念の革命」のターゲットであった。

では里見自身の国体論は奈辺に位置していたろうか。国体資本主義ではもちろんなく、といってもっぱら天皇論からする国体論ではない。里見は北一輝の国体論に触れてはいないが、明らかに、これは国家共同体論の系譜にある国体論なのだった。次の引用を見よう。

人格的共存共栄の道

国体はどこにある？　神社の中にあるのか。御真影宝庫の中にあるのか。それとも国民の信仰観念の中にあるのか。いや、まるで見当違いである。我が国体こそは、実に、吾々国民の日常の生活そのものの中にあるのだ。三度の食事の中に、工場の中に、炭坑の中に、電車の動くところに、乃至あらゆる国民の社会生活の中に生々として動いていなければならぬ人格的共存共栄の道、それが日本国体だ。（『天皇とプロレタリア』、一九頁）

ここに出てくる「人格的共存共栄」の共同体観念こそ、里見国体科学のスローガンである。人格的とはもとより共同体を天皇が代表し統制することを表しているが、同時に、国家共同体自体が一個の「実在の人格」（北一輝）として振舞うことをも含意している。そして、天皇はといえば概念的にも現実的にも、国体に従属する存在である。天皇からでなく何よりも国家共同体からする里見の国体へのアプローチを、『国体に対する疑惑』から引用しておく。

万世一系にばかり捉われてはならない。皇統の内容に尊厳なる国体があり、この国体と共に栄え国体の生きたる儀表《ぎひょう》（手本）人格としての連続なればこそ、仰いで神聖なる君とするのだ。（一八頁）

国体は即ち日本民族が国家生活に約して樹立したる普遍妥当なる人生の指導原理であり又統制原理であるから、天皇も亦国体に服従したまう。国体に服し、国体を発揮し、国体を護持する最高の君長が天皇なるが故に、天皇神聖なのである。（二四頁）

広く人類の社会生活に於ける共存共栄の原則たる「道」を日本国体と名づけ、その道義実践の中心統制の人格的存在を日本天皇と為し、この吾人の生活の統制者に対して、その統制を全国民、乃至全人類の為に達成せしむべく助力するのが、我が日本の忠義だ。（七五頁）

日本国体の前には抑も階級等という考え方が成立しないのである。それは階級を超越し、国民をあげて実行すべき道である。（八一頁）

ここでは里見の天皇論は後回しにして、まずは人格的共存共栄の道から見た「混沌たる観念的国体論」批判を列挙する。国体という言葉は奈良朝から使われているが、徳川時代に論議が最も盛んであった。だが、「思想国難」の声に煽られて、まさに国体論の黄金時代の感を呈しているのが今日である。しかも、そのほとんどが信仰であり観念なのだ。やれ日本主義だ国体主義だとがんがん言ったところで、「民衆の生活、民衆の思想にピンと来ない様なナマヌルイ国体論」ではどうにもならない。たとえば筧博士の神ながらの道、社会の実相とは無関係で、ただ「高天原を眺めている」だけの人たちだ。また、君民一致の国体を提唱する叫び声がある。遺憾ながらこれにはその実がない。理論的で具体的な方法を欠いている。先鋭な階級対立の現実を見ないノンキな父さんたちだ。例えば、「国民的一致とは何ぞ。そは総ての日本国民が、国民的に思慮し、我が皇室を中心として、国民的に一致し、而して世界に向かつて国民的に活動する事である」(徳富蘇峰)。無産階級の言語を絶する窮状を直視せよ。「汝等無産階級よ、もつと腹を空かせて忠義しろ」とでも言うのか。

天皇国体論批判

共同体倫理を重視する里見の国体論が批判するのはもうひとつ、万世一系の天皇論に凝り固まった皇室国体論である。皇室は神胤ゆえに、神器の継承のゆえに、代々天皇の治徳のゆえに、血統の連綿のゆえに、すなわち皇統は真理の人格化だから、皇統は道統だ——と繰り返されている。

里見は古代以降の関連文献を網羅的に引用しているが、すべて天朝の神話から説き起こし、万国無比の国柄のことあげに至るという構文であると言う。特に、江戸時代の国学の系統にこれが著しい。一例だけ引用するが貝原益軒である。「夫れ本邦の帝胤、万世伝へ継いで易らず、此一事吾が国の一大美事万世不易の法とすべくして、中華と諸夷との及ばざる所以なり」（慎思録四）。

こうして何ページにもわたって万世一系文献を引用した末に、里見は結論する。「以上長々と列記した退屈極まる諸文献は、唯無意味に引用したのではない。如何に古来の天皇論が、今日の我々の生活にとって、無関係に近いものであるかを、実例で示さんがためである」（!）。第一、万世一系皇統連綿が万国無比だというが、今日まで王統連綿三千年のアビシニアがアフリカの一角に実在しているではないか。万世一系、神胤、また三種の神器といい、「今までのねぼけた学者や思想家によって、さも有りがたそうに、説き立てられたモヤシのような観念論」だ。どれも国民の現実的生活に無頓着な、無用の長物だ。「みんなまとめて掃きだめの中へでも捨てて了え」（二一〇頁）。

次に、天皇は現人神だとする信仰がある。「大君は神にしませば」（柿本人麿）と歌われたように、これはよほど古くからあるわが国人の信仰である。他方、信仰である限り今日の合理主義者や左翼にとっては何の意味もない。天皇といえどもただの自然人じゃないかと。だが、と里見は切り返すのだが、天皇は神聖にして侵すべからずとは憲法にもある規定だが、たんに天皇の法的無答責を示すものではない。「天皇は神聖不可侵」とは日本の民族的信仰生活の法文化だと見なければならない。それも歴史的に天照大神以来の皇孫であり、かつ倫理的に民族共同体の統制者としての天皇である。

ここではこうして、里見の天皇論も現人神信仰を介して先の皇室天皇論へと戻っていくように見える。神話でもたんなる伝承でもない、現に天皇は神として仰ぎ見られるべき存在である。この歴史的事実と民族の倫理は里見にも否定し難い。ただし、天皇神聖といっても日本における神観念は西洋のゴッドとは違う。超越神ではなくまさに現人神であり、「生活関係の極致に思わず神として崇められたもの」に他ならない。日本では多神教的かつアニミズム的神々の世界はただ一神、天照大神により統率代表されるという性質を持っている。この天照の神格は皇室の先祖であり、かつ国家統治の先天的意志主体を表す人格である。皇室による統治の総攬がかくて天照大神の神格と統合される。それゆえ、国民にとっては「天皇神聖は古来の伝統的実感そのものである」。

里見は天皇神聖に関して長々と文献考証をした末に、統治総攬の事績が民衆に把握されるなかでこそ天皇神聖が自覚されることを強調する。全国民協力一致、人民が責任的に皇運翼賛するところに天皇神聖は確保される。「人民の皇運扶翼を内容としない天皇神聖はない」。「天皇神聖は恒に、君民協力一致してゆく実生活の過程の中に実証すべきものだ」。これなどは明らかに、臣民からの扶翼自体を頭から拒絶する自然的国体論への反駁であった。それとともにこのようにして、天皇論を通じてもう一度、里見は君民一致、共存共栄としての国体論のほうに返っていくのである。次の引用によく表れている通りだ。

日本の国民の中に、一人でも、天皇神聖に対して邪想をいだく者があれば、それは国民全体の大責任であって、どこかに、社会的欠陥があるのではあるまいかと反省し、以て日に新たにして又日々に新たなる無窮の皇運を創造しようと考えねばならん。この要諦を忘れていかに古文書や古歌などを引証して天皇神聖論を試みても、これみな去年の暦、昨日の食に過ぎない。国民は、もう一日も早く、恐るべき観念論の中毒から解放されなければならぬ。（二六六頁）

社会主義を国体化せよ

観念的な天皇信仰から国体論を救い出すべき問題がもうひとつある。忠義のことだ。封建時代の名分論では君に忠と親に孝の忠孝一致が強調された。今日でも君臣関係はあたかも親子のごとく、また一家族のごとくに見なされている。三千年一日のごとき忠義論から横文字の忠誠論まで、ほとんど狂気の沙汰としか思われないほどにあふれかえっている。しかもこれら忠義論は「くだらなく煩雑なばかりで、少しも国民の実生活のうるおいにも、滋養分にもなっていない」（一九六頁）。

里見はこのように国体論から君臣一家論を切り離すのだが、本書でのこの議論もまた「忠」なる言葉の博引傍証から始まる。まず古代、わが国における忠の本義は「天皇にたいする忠」ということであった。この本義は平安朝あたりから変化して主従関係における忠義へと移っていく。ことに徳川時代になれば、これに儒教道徳による理論づけがおこなわれて忠孝一致論となる。そして後期水戸学では、各階層の名分論を積み上げて、忠義の対象が徳川将軍からもう一度天皇へと収斂することになるだろう。そして現代では忠君愛国論になる。徳富蘇峰の言うところを聞こう。

皇室中心主義の帰着する所は忠君也。日本中心主義の帰着する所は愛国也。忠君愛国は偶然に生ずるものにあらず、必ず其の淵源なかるべからず。吾人は之を一に祖宗の宏謨《こうぼ》（大きな計りごと）に溯りて求むるを以て最も確実に且つ根拠ある断定と認む。然も此の忠君や日本帝国を一家として、皇室を家長として然る也。（『国民小訓』）

されどと、ここでまた里見は反論するのだが、この現代において忠の道徳哲学が国民を忠化しえているだろうか。そうだとしたら、忠義を封建道徳ないしは資本主義道徳だと断じて、身命を賭してこれに抗争する者たちがいま激増しているのは何故なのだ。里見がここで指摘しているのはもちろん社会主義の影響のことである。大学や小中学校の先生たちの説く古来の忠義論が無能だという証拠ではないか。忠義論が国民の実生活にいかなる滋養にもなっていないと断ずる所以だ。君臣一家論はしかし、他ならぬ「教育勅語」の天皇信仰を支える論理になっているはずだが、里見のこれにたいする論及はない。

以上のような観念的国体論の体たらくに対比して、今や社会主義思想が発生すべくして発しており、いかなる弾圧にも屈せず社会主義の運動は燎原の火の如くに燃え広がっている。ことに資本主義制度が完成されたとされる大正七年以降、社会主義運動はもはや撲滅し得ざる強固な基盤を築くに至っている。わが国から社会主義思想を駆逐し撲滅すること、これは絶対に不可能なのだ。

里見岸雄はこのようにここで再び、わが国の社会主義への警戒感を喚起している。これは観念論的国体論と天皇論に警告するために故意にする誇張だろうか。そうではあるまい。むしろ社会主義の思想と運動が昭和初年のこの時期に、国体論に与えた衝撃と危機感だと素直に受け取っておきたい。では、国体論はこれとどう闘うべきか。里見は書いている。「然らばどうするか。ただそれを国体によって摂取し消化して了うの外に道はない」。だから、「予は断然叫ぶ。社会主義を日本国体化せよと」(二〇三頁)。やれやれ。

国体社会主義

さて、里見岸雄の『天皇とプロレタリア』は続いて第三章、「国体観念の革命と国体の現実社会的把握」と題して、里見自身の国体論が正面から展開される。まず国体の「科学的定義」として、次の二通りの文章を示している。

定義1「国体とは日本国家の社会的構成形態及び行動とそれの規範的把握とである」。
定義2「より通俗的に具体的に云うと、日本の国体とは万世一系の天皇を主師親として有機的

に結成された社会生活そのものと、その中に把握した生活の規範即ち法則（或いは道）」である。（二〇八頁）

少々分かりにくいが、初めの定義1では日本国家共同体の構成と行動、そして国家を共同体たらしめている倫理規範が国体である。これは共同体というものの形式的定義そのものであっていわば内容がない。とりわけこの国体に「天皇」が登場しないのは特徴的だ。対照的に定義2では、日本国体は天皇を主・師・親として結集する有機体だと特定されており、天皇中心へ向けた人民の生活規範に日本国体の特色があるとする。

人格的共存共栄への道という里見の国体についてはは先にも紹介したが、ここで人格的とは定義2にある「万世一系の天皇を主師親」とすることに他ならない。だが、もう一つの天皇抜きの定義1と重ねて見れば、この共存共栄共同体そのものが一個の人格として行為することをも示そうとしている。一君万民の国家共同体であり、そこに中間階級、従って階級対立は存在しえない。共同体において天皇は主であり師でありそして親であるが、一君万民の国体という人格を駆動する力こそ臣民の扶翼にある。天皇ではない。よく生きるとはポリス的に生きることだという、アリストテレス以来の政治学の伝統を、里見もまた踏まえていることがうかがえる。政治の倫理、倫理としての政治なのである。国体思想とは「日本国体を以て、人生の指導、統制の原則と為し、全世界の国、人、社会を、この法則によって統制する最高の人倫世界を物的並びに心的に実現する主義だ」。これは『国体に対する疑惑』からの引用である（二〇一頁）。

関連してこちら『国体に対する疑惑』からなお少々摘要してみる。万世一系は何故尊いのか。万世一系だから尊いのではない、王統連綿だけのことなら他にエチオピア王国にも例がある。先にも引用したところだが、尊厳ある国体と共に栄え国体の生きたる模範的人格として連綿なればこそ、天皇は仰いで神聖とするのだ。先にも引用したように、「天皇も亦国体に服従したまう」。確かに個々の天皇は自然人であるには違いない。だが、皇統連綿ということを背景として初めて、自然人としての天皇の器量と卓越した業績が評価できる。逆に歴代天皇の誰かにその瑕疵をあげつらうことは無意味なのだ。天皇はゴッドと違い現に現人神でましますが、「もっと重要なる要素は天皇道統の一貫的存続」なのだ(二二頁)。天皇その人の身柄というより、万世一系の皇統道統そのものに表現される威厳と尊厳に、国体があると見るのである。「王の二つの身体」(カントーロヴィチ)ではないが、明らかに里見の天皇は自然存在から政治的概念の方に傾いている。

では何故、国民は天皇に忠義を尽くすべきなのか、天皇のために死ぬことができるのか。天皇は自然人でもまた国家官吏の最高位というのでもない。国民各自の各種の生活形式を統一する生活形式の人格化だ。模範だ。これを国民生活の儀表者という。国民の自我の自然発展の極致に仰ぎ見る人格、それが天皇だ。したがって、最も深き意味において理解されたる国体観念から自覚的に構成されるのが、天皇にたいする忠義なのである。「自覚の反映としての使命感より迸《ほとばし》るが如くに出できたる真の自我の表現が天皇に対する忠義だ」。名分論的封建道徳による君臣一家論が忠の根拠ではないのである。「我が国体観念に基く忠義は必然的に人のたどるべき道である。日本国民たる者の宿命である」。忠義とは「共存共栄の唯一最高の倫理」だ(六八〜七五頁)。

階級意識から国体意識へ

しかしながら、かえりみて我が国体の現状はどうだ。里見は診断する。「今日の日本は自国の国体を忘れている病気の日本である。これを全快させなければ真の日本はない。……国体に根拠するあらゆる改造を断行して、その諸制度を根本的に立て直す必要がある」。この任務こそ、国民による皇運扶翼に託されているのだと、里見のアジテーションは高揚していくのであった。臣民と無関係に皇運の天壌無窮があるのではない。皇運扶翼という臣民たるものの本務が必要でないなら、「以て天壌無窮の皇運を扶翼すべし」という教えが出てくる道理はない（一三九頁）。「天壌無窮の神勅があるから、周囲の事情がどうあろうとも、ひとりでにそうなるなどと考えているボンヤリした霊感的尊王主義では糞の役にも立たない」。役に立たないどころではないのだ、現状を直視せよ。

現代日本は資本主義制度の国家である。一方には働いても働いても食えない人間が残酷に鞭うたれている。一方には富豪や特権階級が安逸を貪っている。これに対して無産大衆が憤怒し階級意識を醸成するは当然ではないか。国体主義者はこの物凄い程悲惨なる事実に直面して一体どこに何物の幻影をみつめているのだ。（『国体に対する疑惑』、一六六頁）

社会主義者は無産階級にブルジョアへの憎悪の念をかきたてることにより、プロレタリアートの「階級意識」を形成しようとしているが、これに対抗すべく国民の「国体意識」を覚醒させなければならない。「統治者たる天皇の責任は被治者たる国民の絶対的支持によって全うされる。被治者即輔弼者なのである」（二一三頁）。こうして、全国民の責任的輔弼支持によって、天皇を理想的人格、総合的創造の流動的神格にまで内容づける責任、天皇を現人神にあらしめる全責任が、全国民に負荷されている。

先にも触れたことだが里見は繰り返し治安維持法の国体概念を非難している。これはたんに治安維持法が国体と私有財産制を併置したからではない。その大審院判決が与えた国体の定義「わが帝国は万世一系の天皇君臨し統治権を総攬し給うこと」、これでは国体は国民の法的義務であり一方的に国民に強制される指令となる。憲法第一条「大日本帝国は万世一系の天皇之を統治す」を里見のごとく国体でなく政体と捉えて、法的処罰の規定に結び付ける。しかもこれを国体と呼ぶ。里見に言わせれば国体と政体との端的な混同であろう。里見の力説して止まない国体観、つまり一君万民の国体という人格を駆動する力こそ臣民の扶翼にあることからすれば、大審院判決とはまさに逆に、ベクトルは国民から発して国体へ天皇へと向けなおさねばならない。後に見ることになるが、里見に影響を受けた五・一五事件の青年将校たちが拠りどころとした国体復興観念も、国体による資本主義批判も、せんじ詰めればここにあった。さらにひるがえって見れば、水戸の会澤正志斎『新論』から教育勅語まで、国体は「億兆心を一にして」護持すべき共同体観念であったはずなのである（私の『幕末未完の革命　水戸藩の叛乱と内戦』を参照されたい）。

近代の主権と法秩序にたいして、国体論は反動でありかつどこまでも過激である。

万世一系、この天祐を利用せよ

さて最後にまた『天皇とプロレタリア』に戻る。ここでも、天皇への忠義は国民の社会生活・国家生活を抜きにしては考えられず、また無意味であることが強調されている（三四四頁）。忠義をたんに犠牲的対他道徳でなく経済的物的生活を包含するものと捉えるなら、今日、忠義の先端的意義とは挙国一体共存共栄を実現するの一事にある。プロレタリア諸君よ、国家の一員としての自覚のもとに希望に輝く社会改造への一石一木を運ばずにはいられないはずではないか。「忠の先験的原理は国体である」のだ。

以上から十分にうかがえるのは、里見の科学的国体論がポリスの政治倫理の系譜、その意味では北一輝の国体論の系譜を引いているということだ。しかしであればこそ、我が国体論においては直ちにひっかかる特異な論点、すなわち「特別に解釈せざるべからざる奇怪の或る者が残る」（北一輝）。むろん天皇のことである。若い北は純正（つまり革命的）社会主義論の勢いの赴くまま国体論の天皇を「土人部落の土偶」だと一蹴した。天皇は民の父母、民は天皇の赤子などというのは、神聖の言葉と同様に「意義なし」とまで書いた。しかしもとより、猖獗を極める昭和国体論のただ中で里見岸雄にはそれは許されない。そうすべきだとも思っていない。言うまでもなく里見は万世一系の天皇神聖を信じている。天皇への忠義を根拠づけようとしている。プロレタリア陣営を仮想敵に見立てて、論戦のタクティクスとして論理を操っているのではない。しかしそれでもなお、私は里見の言葉の端々に国体科学が天皇を扱いかねている揺らぎを感じる。同じことは皇室の神話的起源、そして忠孝一致の家族国家論についても言える。里見理論ではこれらは国体に従属する。天皇主義者の国体論はこちらから論を立てるのであって、里見では逆なのである。洋行帰り、それに農本主義の影のまるでない里見の合理的理論であった。

それに繰り返し注意するように、時代は天皇主義国体論の狂騒であり、かつ左右からする国家改造論の勃興であった。かつては明治維新世代の福沢諭吉が述べていた。「帝室は万機を統ぶるものにして万機に当たるものにあらず。我帝室は日本人民の精神を収攬するの中心なり。この点に於いて我帝室は万国のそれに冠絶す。国会を開きて帝室を政治外に置くも帝室の重要なる所以なり」(「帝室論」)。時代はこのように穏やかで真っ当な議論そのままを許さなかった。天皇論、いや天皇その人の存在論が、じきに里見国体論を食い破っていくだろう。国家革新運動の叛乱である。

最後に科学的国体論にたいする私の曲解、言いがかりを一つ付け加えて結論としたい。里見は述べている。今日の人格的共存共栄体としての国体への道にとって、その統制者指導者としての天皇が万世一系皇統連綿たる一貫性を体現してきたこと、これは皇室の威徳によるのだが、「また全くの天祐といってよい」と。語弊があるが、この一事を国家社会の改造のために利用しない手はないのだ。無産者階級運動はどうしてそのことに気づかないのか。「マルクスを味方にするがよいか、天皇と共に進むがよいか、考えてみればわかりそうなものではないか」。世の無産階級は、「何故、正々堂々の国体論を以て、戦わないのか」(二六三頁)。明治維新の次に来るべきは、国の禍となりつつある資本主義を「日本国体的に処分」することではないのか。さらに言う、「社会主義を日本国体化せよ」。革命に玉を利用する、これは明治維新の志士たちの内輪話だったというではないか。同じ気持ちは昭和の国家改造運動の者たちにも、振り払っても不意に頭をもたげる無意識であったろう。国体社会主義とも呼ぶべき里見の訴えは、当時無産者運動のありうべき構想の一つであったろう。論理的には天皇共産主義にだってつながりうる。

第三章　国民大覚醒の捨て石　五・一五事件

分水嶺としての五・一五

　さては、里見岸雄国体理論の実践への関りはどうだったろうか。「何をなすべきか⁉」。里見のアジテーションを広め組織する実働部隊はどこにいたか。私は事情に詳しいものではないが、時のプロレタリア組織はむろんのこと、国体論者の国家改造運動との組織的つながりも希薄だったようだ。例えば『天皇とプロレタリア』のセンセーションからすぐに、五・一五事件の青年将校たちの蹶起が起こった。彼らは異口同音に政党・財閥・特権階級打倒のために国民の国体覚醒を求めた。これは里見の理論と整合的であるが、その上で国家改造の「捨て石」として独自に「直接行動」に蹶起した。里見はむろんこうした形での実力行動を扇動してはいない。この時期の国体運動の相互関係は複雑に入り組んでいた。

　五・一五事件は昭和七年、二・二六事件の四年ほど前のことだったが、同じく青年将校による国家改造運動の蹶起といっても実態は両者でずいぶんと違う。五・一五では目論見のほんの一部、政友会総裁で首相の犬養毅の暗殺に終わった。軍隊動員による叛乱、クーデタはならず、自らの犠牲を前提としたテロとして決行された。民間からの同時蜂起である血盟団の一人一殺、それに愛郷塾の変電所襲撃を数えても同様であった。だが、青年将校による二つの蹶起の相違点は、これら周知の事実のことではない。むしろ五・一五事件は昭和国体運動の一つの分水嶺になった。二・二六事件に至る叛乱の第一弾というのとは違う。国体の意識も、被告たちの発言に読み取れる限り、二・二六事件に比べて画一的であり敢えて言えばステレオタイプだ。二・二六事件では国体あるいは天皇の観念は各人ごとにばらけているし、一人ひとりに複雑に内攻して内心の葛藤を引き起こしている。里見の国体理論、さらに言えば北一輝の国体論が、ここにおいてほとんどズタズタにまで引き裂かれた。

ともあれ、まずは五・一五事件を時代状況の中に置いてみよう。以下、周知の諸事件を年表的に短く整理する。まずは日本国家の対外緊張が高じていた。前年昭和六年には英米の圧力に妥協する形でロンドン海軍軍縮条約が締結され、天皇も了承した。だが、これが海軍内部に分裂をもたらし、内閣と軍首脳部の意向により軍令部長の上奏がなかなか実現しない。これが議会、民間、マスコミで大々的に喧伝されて、「統帥権侵犯」事件となる。この年の末、民政党の濱口雄幸首相は東京駅駅頭で暗殺された。さらに九月、関東軍による柳条湖事件、即ち満州事変である。翌七年になると、満州国の建国、国際聯盟のリットン調査団の派遣となり、翌八年一月には聯盟脱退に至った。五・一五事件の直前、一月には関東軍の向こうを張って海軍による上海事変が勃発した。日本国家が一致団結してこうした行動に打って出たのではない。国際問題をめぐって政府・宮中・軍部の間、またそれぞれの内部で対立が深く内攻していく。五・一五事件の火付け役、海軍の藤井斉などが奮い立つのも、以上のような国際国内情勢の緊張に煽られてのことであった。

こうした中で濱口が倒れ続いて若槻礼次郎内閣が総辞職に追い込まれる。政権が民政党から政友会の犬養毅に移るのが五・一五の前年一二月のことだった。時あたかも二九年の世界恐慌が波及してきており、加えて農村が大凶作に見舞われた。昭和維新もまた行動に移る。クーデタ計画が前年三月と十月に相次いで発覚した。ことに十月事件は陸海軍の佐官級と大川周明や大本教の出口王仁三郎などを結集し、また歩兵第三連隊などを動員して宮城占拠を構想する大そうなものだったが、あっさり露見して潰えた。参加を決意していた陸軍青年将校、それに「革命前夜」と勢い込んだ藤井斉など五・一五の主役たちに、十月事件のお歴々が不信の念を植え付けて終わった。おそらく壮大な割にはずさん、とりわけ内部の結合もばらばらな試みだったのだろう。連中は待合で連夜の豪遊、どこまで命がけなのか、こういう心情的な不信感が血盟団の井上日召などによって焚きつけられた。昭和維新の過激派が軍中枢から分離して進む分水嶺に五・一五は位置していたと言えよう。翌年七月、これは民間右翼によるクーデタ計画が、同じく直前に発覚して終わった（神兵隊事件）。

以降は二・二六事件まで、昭和維新の直接行動は潜伏する。国家の混迷と内部対立がむしろ深刻になっていく。軍部が理不尽にも軍国主義一本で突っ走ったなどという昭和史観は、近年の実証史学により修正されている。それに、五・一五までの時期は、軍隊は税金泥棒などと国民に陰口をたたかれ肩身の狭い思いをしていたのである（末松太平『私の昭和史』、一九六三年）。それが五・一五事件の軍事裁判では被告の減刑嘆願の国民運動が仕掛けられて、風景が一変した。だが、軍が身内の叛乱を大目に見るなれ合いは、これが最後になる。

五・一五事件はまた日本の政党政治に終止符を打った。犬養政友会内閣の後は挙党一致、斉藤実海軍大将が組閣する。以降、政党内閣という仕来り「憲政の常道」は途絶えた。五・一五事件は軍部だけでなくとりわけ政界に、複雑怪奇な仕方で波及したのである。この点でも戦前昭和の「最大の分岐点」と評価されるゆえんである（小山俊樹『五・一五事件』、二〇二〇年）。

もう一つ、以上の内外の緊張にはボリシェヴィキの脅威という背景があった。小作争議と労働争議がピークを迎えるが、背後に共産主義思想の浸透があるに違いない。実際、昭和三年には共産党の大量摘発が行われた（三・一五事件）。関連して治安維持法が改正され国体変革は死刑に及ぶことが明記された。国際的には支那問題が常にスターリンとコミンテルンにたいする危機感の下に立論されたのは言うまでもない。藤井斉などは共産党とコンタクトを取ることまで構想した。里見の国体論がプロレタリアの「国体化」を目指して書かれたことはすでに詳述した。

国民大覚醒の捨て石に　陸軍士官候補生

以上を背景におきながら、五・一五を二・二六から分かつ分岐点をその国体観念に探っていくことにする。五・一五事件の裁判では被告は海軍側が一〇名、陸軍側が士官候補生一一名であり、それぞれが反乱罪と同予備罪で軍法会議にかけられ起訴された。事件から約一年後、昭和八年五月には内務省による事件報道差し止めが解除され、同時に陸軍・海軍・司法の三省から事件概要が公表された。二・二六叛乱の場合とは大違いで、以降公判とともに報道も過熱する。

海軍軍法会議は七月二四日から公判が開始され、被告尋問が行われた。判士長（裁判長）は高須四郎海軍大佐、法務官高瀬治、検察官山本孝治であった。公判は二八回に及び九月一一日に論告求刑、古賀清志・黒岩勇・三上卓の三人が死刑である。しかし一一月九日の判決では全員が大幅に減刑された。一方、陸軍軍法会議も七月二五日から公判開始、判士長は西村琢磨砲兵中佐。検察官が匂坂《さきさか》春平である。公判八回の後に八月一九日に被告全員に禁錮八年が求刑された。ここでも九月一九日の判決では全員が禁固四年に減刑された。以上の裁判の進行とともに在郷軍人会を中心とした減刑嘆願運動が展開され、軍の内外で「私心なき青年の純真」とか被告たちの「至純」に同情する声が広がった。判決で大幅な減刑が行われたこと、同時進行の血盟団・愛郷塾の民間被告との差異が目立ったこと、これはよく知られているように五・一五事件の特徴だった。二・二六事件ではもうこんな軍の温情は許されない。そもそも権力は（厳罰でなく）許すことによって相手を倒す。軍隊という組織はその縮図であったろうが、これが日本社会の成り立ちだと得心することもできよう。二・二六事件は切羽詰まってこの仕来りを断った。

さて、五・一五事件の実行者たちの国家改造の観念を見よう。まずは構図が比較的単純な陸軍士官候補生たち、ほぼ全員が二四歳前後の青年である。かねてから国家改造を目指す同志であったが、直接行動になかなか賛同しない先輩たち陸軍青年将校のもとを離れて、古賀清志ら海軍将校のオルグに即座に応じて蹶起に参加したグループである。彼らの一人ひとりについて詳細な尋問記録が残されている（検察秘録五・一五事件III・IV）。このグループは同志としての結束が固く、その分発言は共通しており悪く言えば画一的である。まず、代表格の後藤映範による雄弁で気合の入った長い陳述書から摘要する。後藤は当日三上卓ら海軍将校とともに首相襲撃に加わっている。熊本幼年学校を卒業、以下の文章には地元特有の精神主義と情況論的な国体論とが入り混じっている（検察秘録III）。

私（後藤映範）は国体研究の結果国内外の現状批判に及び、ついに国家改造運動に関心を有するに至った。私どもの今回の蹶起の原因は何か。まず内外情勢、政党にはただ自己の党利あるのみで日本国家がない。熊本出身の自分は地方政治にまで政党の弊害が浸透しているのをこの目で見ている。そも、議会中心主義なるものは天皇が道義的政治的に中心にましますという我が国体を破壊するものだ。そして財閥と特権階級（皇族貴族・元老・宮中）の私利私欲と腐敗堕落。加えてこれを許している国民の無自覚がある。滔々濁濁たる西洋唯物文明が流入して、武士道という日本精神、維新以降の日本の魂を失っている。アメリカニズムその他の外来思想をうのみにしている。宗教は葬式仏教に堕落し、都会にはエログロ・ナンセンスの退廃があふれている。農村青年が窮状ゆえに都会へ放浪して農村の荒廃をきたしている。都会に出ても労働民衆の大多数が一部富者の犠牲になっている有様だ。
対外情勢では、満州事変と上海事変とが日支の深刻な反目を顕現させた。生命線たる満蒙を確保し、アジア聯盟・被抑圧民族解放・皇道の世界宣布を目的に大陸に踏み出す時が来た。近いうちに米露と干戈相交える日が来るだろうに、政府は軍縮条約を受諾し、関連して統帥権独立を犯し軍の帷幄上奏を阻止したのだ。刻下の日本は内外とも大国難に直面している。

こうした内外情勢の下にあって、国家改造運動の実行を促す根本は何か。そもそも士官学校は学者や技術家を作る所ではない。軍人精神・大和魂の道場そして維新の烈士を研究するところでなければならない。私の恩師は維新烈士と軍隊教育にある。烈士の理想を昭和維新の理想としなければならない。では今回の蹶起の動機は何か。財閥・政党・特権階級への天誅、これによる全国民の大覚醒、すなわち国民に晴天の霹靂を下すことだ。そのための直接行動である。国家の大改革は第一に先覚者の思想、第二に先覚者の実道、第三に一般民衆の覚醒と改革実行という段階を踏む。私どもはこの第二段階の行動に立ったのであり、維新の例ではかの桜田門の蹶起に他ならない。これが真の意義における忠君、大御心に合すると信じた。

ではなぜこの時機に決起したのか。東北地方の大飢饉を見よ、一日も猶予はできない。一体に、農民子弟は国軍の主力なのに農村を苦境のうちに放置していいのか。左翼がこの窮状に乗じようとしている。彼らに出し抜かれないためにも一日も速やかに蹶起し、国体の本義に立脚せる皇国日本を確立する必要があるのだ。それなのに他に立つ人がいない。卑小の身にすぎない私どもの蹶起は、それゆえに国民覚醒のための捨て石という効果があると信じた。政党の天下を奪って他の政府を樹立することなどは、もっと「えらい」人の任務としよう。この点からすれば、牧野伸顕内府を殺害せずという戦術には不同意であり、残念であった。警視庁を主戦場とすることなども第二義的なことであった。

最後に現在の心境を述べたい。

重き御国法を侵し本分に背き軍紀を紊《みだ》り、大命に由らずして擅《ほしいまま》に行動し、就中陛下の宸襟を悩まし奉りたる大罪については、只々恐懼の外はありません。然し乍ら、是素より万承知の上、天下国家の御為と一途に思いつめてやった事で、当日現場に討死し、一死以てこの大罪の万分一を償い奉らん覚悟を以て事に臨んだのでありましたが、止むを得ざる事情は今日迄生を貪らしめたのであります。故に国法の命ずる所に依り、御厳罰に処せられん事をお願い申し上げます。

生き代り死に代りても尽さばや　七度八度やまとだましひ

要は桜田門だ

何やら大時代的な終わり方だが、かつての左翼青年の文体だって今では大時代に響くだろう。私が以上に後藤映範の陳述を要約したのは他でもない。ここには被告士官候補生たちの訴えの定型が用語まで含めて出そろっている。まず、国体をむしばんでいる現状が国辱ものの軍縮条約と統帥権干犯、農民労働者の貧窮、そして左翼の脅威であるとされる。そして元凶として、「財閥、政党、特権階級」が指定される。といっても、国体改造のためのクーデタないし革命の呼号でなく、「捨て石」としての「直接行動」つまりテロに方針が短絡している。この時期井上日召からの直接の影響がうかがえる。目的は「国民の大覚醒」であり、捨て石が昭和維新に受け継がれることを期待している。一言で言って「桜田門」だ。そして、己の死をもって非を贖う。

ただし、士官候補生たちを直接行動に導いた海軍青年将校の中には、その後の展望を想定する者もいた。例えば黒岩勇少尉が証言している。「我々が前衛の破壊隊の役目を果たせば更に後に続く破壊隊に其の出現の機会を与え、斯くて事態が混乱に陥れば之が収拾の為戒厳令が発布せられ、次いで建設隊の手に依り軍政府が樹立せられ、茲に革命が成就し昭和維新が実現されると云うのが其の予想でありました」（秘録Ⅲ）。とはいえ、前衛→破壊隊→建設隊→軍政府樹立という展望に具体的裏付けがあったわけではない。たんなる願望の域を出ていない。

もう一点、士官候補生たちの文言に見出せないのは「君側の奸の芟除《さんじょ》」という国体論のイメージである。先の黒岩勇が次のように述べている。「日本は建国以来天皇御親政を以て国家統治の本義としてあるに拘らず、彼等支配階級が天皇と国民との間に介在して君命を蔽い民意を斥けて我儘なる行動を敢えてして居る」。だから、「直接行動に依って支配階級打倒の途を取るのが一番適当である」というのである。証人喚問での陸軍中尉安藤輝三の発言では、「一君万民の精神に合する政治が行われずに、一君と万民の間に不純な金権と結託したところの支配階級が存在して自分たちの利益を本位としており」、それゆえまずは「一切のものを天皇陛下に奉還」するということである（秘録Ⅲ）。ここから天皇論そのものが、二・二六事件の主役たちには否も応もなく必須となるのだが、士官候補生たちにはそれは希薄である。彼らが異口同音に唱えるように、要は桜田門なのである。

こうして、国体論に関連して被告たちの天皇論が語られることはない。もちろん公判のことして直接論じることが憚られたのだろうが、他方で国体研究の文献として北一輝、大川周明、権藤成卿に加えて里見岸雄が挙げられている。なかでも、「里見岸雄一派の国体科学研究に共鳴」していた安藤輝三中尉から皇道教育を受けて、自分も研究したという者がいる（石関栄）。国体の科学的研究という言葉は他の被告からも聞かれる。天皇は国民の儀表者という言葉も出る。こうした影響関係からして、彼ら士官候補生の天皇観は予測することができよう。公判でも、里見国体学を研究したという石関栄に次のような発言がみられる。国家は一つの人格体であってその目的は道義の実現である。そして「天皇は国家人格の総合統一の具現者として、また無上の道義の人格的実在、即ち現人神として国家の精神であり生命」である、と（秘録Ⅳ）。天皇は国体に服従するという里見国体論における天皇像に近いものだったろう。それとともに、「では何をなすべきか！」と彼らは里見理論に問いを投げかけ、自ら桜田門だと性急にこれに応じたのだと見ることもできよう。

天皇の尊厳は血筋にあらず

士官候補生一一名の同志たちが一様に証言するように、彼らは菅波三郎陸軍中尉宅に出入りしてその人格と識見から大きな感化を受けた者たちだった。彼らにたいする菅波の講話が断片的に記録されているが、ここでは池波武志と米津三郎の書き残したものから菅波の国体論・天皇論を垣間見ておく。二人は被告たちの同志であった。まず池波が書いている（秘録III）。「皇位は血統的に継承されなければならないが、我々の指導者・代表者としての天皇の尊厳はあくまでも血統に繋がる肉体に依属せずして、継承されたる皇位そのものに依存すべきである」。「またこの尊厳も国民各個人に具備する人格と直接の連鎖でなければならない。介在的存在を許すべきでない。これを許すことが、皇族、華族の特権的存在としての出現となる」。以上は米津の次のような天皇規定と呼応するものである。「統治権の所在は国家にして、天皇は国民の一人なることを明白にする。天皇の尊厳は其の血族にあらず、人格にあらず、統治権の代行権そのものにあり」（秘録III）。さらに池波によれば、「我々は天皇に我々の案内者として代表者として無条件の願望をかけている」が、ここに考慮すべきことがある。それは「天皇たる人の無自覚、あるいは側近の天皇にたいする無知と独占欲のために、予期せざる腐敗が発生することである。我々は皇位継承者たる人間にこの自覚を要請する」。

以上には国民の倫理的な共同体としての国体と、その人格的代表者天皇という関係が露骨にうたわれている。個々の天皇の自然人としての存在（血統に繋がる肉体、身柄）でなく、皇位の継承そのもの、国体の代表者としての政治的身体にこそ天皇の尊厳がある。皇位継承者はこの点をよく自覚しなければならない。機関説あるいは北一輝の（そしておそらく里見の）国体論の影響である。付け加えるなら、池波・米津両人とも国民各人が完全なる人格的存在として自治体および国家に直接連鎖するのだという。「個人間の雇用関係は絶対に許されない」（池松）、「革命政府は消費都市にたいして農村或いは自治都市への解散を強制する」。権藤成卿の社稷論の影響をここに見ないわけにはいかない。ただし、伝統的で微温的な権藤の社稷に比べて、青年たちの国体は革命的共同体でなければならないのである。今日ではカンボジアのポルポト一派を想起することもできよう。

いずれにしても、五・一五事件の陸軍士官候補生たちにあっては、天皇はなおノミナルでシンボリックなものに止まっている。天皇機関説まがいのところもある。観念的国体論の現人神信仰は表立っていないのである。代って彼らが肉薄しようとしたのはあくまであるべき国体であった。法的義務として上から一方的に押し付けようとする国体論に抗って、敢えてベクトルを反転させようとする蹶起だった。その反面で天皇の身柄への関心はなお希薄であり、国家の政治的シンボルとしての天皇である。なるほど桜田門であって、天皇その人に迫るという姿勢はない。二・二六事件の主役たちとこの点が大きく違う。

ただここに付け加えておくべきは藤井斉の天皇論である。その日記にこうある（秘録III）。

国家民人は天皇のものに非ず、社稷の観欠乏せり。天皇も社稷の一部、国土民人も又然り。只日本の天皇はこの社稷生成化育の作用を祐けたるに始まり、又之を道業として持続し来たりたるが故に、日本人は天皇なくしては又この作用なく、天皇なくしては日本は統制せられず、紛乱闘争、遂に社稷の道を破るべし。日本人として存する以上、天皇の必ず存すべきは論なし。今日天皇の教育はこの生成化育が天皇道たることを教えず、日本の衰えしが如くに天皇も衰えたり（昭和六年一月二二日）。

天皇は敵陣包囲の中にあり、宦官之を擁して国民その道全く塞がれたり。今の天皇、殿下に錦旗、節刀の降下を望むは夢なり（同二月三日）。

だから、ことここに至らしめた元凶、即ち中間階級を粉砕すべしと藤井は続けている。「天皇をして天皇たらしむること、社稷の道を以て天皇の道たる自覚体験せしむること」、これこそが忠というものだと。しかしやがて、社稷すなわち国民共同体の代表たるべき天皇、それも現天皇の「自覚」が、現実に問い質されることになるだろう。

国体は国法を超越する　国家防衛権

昭和八年五月、陸軍軍法会議では士官候補生被告団にたいして匂坂春平法務官による論告求刑が行われた（秘録III）。反乱罪は陸軍刑法上最大の事犯であり今回はその初めての適用である。「其の原因、動機の如何に拘らず真に昭和聖代に於ける一大痛恨事なりと謂わざるべからず」。このように切り出して、法務官は反乱罪の適用の事由に及んだ。即ち陸軍刑法二五条の反乱罪は党を結び・兵器を執り・反乱をなすことを条件としているが、被告らの行為はいずれもこれに該当する。ここで反乱とは「国権に対し合同的暴力を行使する」ということである。ただし、被告らは反乱の首魁・謀議への参与・群衆の指揮のいずれにも該当せず、かといって附和随行でもなく、よって「その他の職務に従事したる者」に当たる。こうして被告全員一律に禁固八年の求刑が行われたのである。匂坂法務官も検事役とはいえ陸軍の身内であり、被告らの行為が「全く赤誠に基く純真無垢のものたることは極めて明瞭」と認めるにやぶさかではなかった。しかしながら反乱罪で起訴した以上、その事犯が問われるのは当然のことだった。それでは、被告団の弁護人たちは反乱罪の法律論にどのような論理で立ち向かうのか。私のここでの関心も、裁判の弁護に期せずして表現された国体論の姿ということになる。一言で要約すれば国体は国法を超越するという論旨であり、裁判という法律上の争いとしてはめちゃくちゃともいえる議論であった。まだこんな理屈が通用していたのである。

弁護人（菅原裕）はまず、本件裁判が内外にもたらした「感激の涙」を取り上げることから始めた。被告人らの「国体に対する信仰」の力が、「国民大衆を一瞬にして感激の渦に巻き込んだ」。皇国意識による信念の発露である。減刑嘆願書は五万に達している。「生きて護国の鬼となり死しては護国の神となると申しますが、被告等は生き乍らにして護国の神ではありますまいか」。

だが当然にも内外から反論が出るだろう。被告たちの志を憐れむのあまり、その行為を少しでも正当化するようなことがあっては、法の精神を冒すことになり決して本人・軍部・国家の利益にならないのだと。弁護人によるかような被告擁護論は左翼の反乱についても同様に適用できることではないか。だが、と弁護人は反論する。西洋流の法の精神の歴史はたかだか六〇年、これにたいして日本の建国精神は三千年の信念である。法律の形式的解釈によって神州の正義を覆していいのか。ここに国法つまり政体に対比してその倫理的根拠としての国体が持ち出されていると見ることができる。この観点から弁護人が匂坂論告を論駁し、被告人無罪を主張する法的根拠として持ち出したのが国家防衛権なる主張だった。

すなわち、いわく。「国家危急の際、国民はやむことを得ざる場合に限り、直接実力を以て、国家に対する侵害を除くべき権利・義務が存する」。我が国体は国民が一体となり、上御一人の御心を心として国家の保護発展に全力を傾倒せねばならない。したがって、我等国民にして国を毒するものある時も、敢然これを除いて陛下に謝罪しなければならない。力を神聖視すること、不当な力を抑圧し正当の力を伸ばすところに政治の要諦がある。そも、横に全国民一体となり縦に過去現在未来一体たる大生命こそ我等の誇る国家である。この見地からすれば個人の死のごときは問題ではない。その死を大生命の中に生かすこと、自己を国家のために犠牲にすることこそ、道徳上最高の行為である。

我が建軍の本義こそここにある。皇軍の使命は国家の保護にあり、国家防衛の必要あるときは、たとえ大命なき場合といえども、独断専行を以て侵害を除去することができる。この場合正当なる行為は処罰の限りではない。歴史上の例をあげれば、まさに桜田門外の変、後に志士たちは孝明天皇により贈位を賜ったのである。本件もまたまさにこの国家危急の場合に当たる（ここで、東北農村の凶作に関する淡谷悠蔵の報告が長々と読み上げられる）。政党・財閥・特権階級など支配階級の行為こそ、国家に対する不正な侵害でなくて何だろう。国体変革と私有財産制度の侵害とを併記した治安維持法は言語道断である。

匂坂検察官も論告しているではないか。「被告等の究極の目的は寧ろ時世に適切なるものと謂わざる可らず」と。これは明らかに国家防衛権の行使であり、刑法上罪とはならざるものである。要するに結論の第一、被告等の赤誠は法を超越している。「国法は国家存立の手段であり国民生活の規範である、断じて国家の根本目的を牽制し得べきものでない」。国家皇室にたいする国民の忠誠義務、国家防衛義務は「法律上の義務というより、法を超越した国民の信念、信仰に他ならない」。この信仰は「法律の規律しうべき範囲外に属する」。被告らは法律を超越し、生死さえ超越している。被告らの国を思う赤誠、純真、誠忠、勇敢を見よ。蹶起の後に戒厳令を敷き軍政府を樹立するがごとき野望はない。ただ一途に君恩に報じ、その方法たるや身を殺して仁をなすのみにある。本件審理はこの点に御留意なくてはならない。「判士各位の御明察を望む次第であります」。

以上、五・一五事件裁判のうち陸軍士官候補生にたいする弁護人の弁論を追ってみた。国家防衛権なる国民の権利義務を持ち出して、反乱罪の適用を回避する。外国からの侵害にたいする防衛だけではない、取り分け国家に毒をもたらしている支配階級から国を守らねばならない。この論理でいけば左翼の暴力も同様に是認されねばならないはずである。淡谷悠蔵の調査を持ち出したりしては藪蛇なのである。この難点を被告らの純真を強調し、また軍部と世論の同情を味方にして乗り切ろうとするのであった。五・一五事件の軍法会議ではこの法廷戦術が功をそうしたとみていいだろうが、以降はもう通用することではなかった。それに、特徴的だったのはこの事犯を国法の適用そのものから除外しようとする主張である。裁判としては文字通りめちゃくちゃな要求である。

そしてこの主張を通じておのずと、政体つまり「国家存立の手段であり国民生活の規範」から、「国家の根本目的」すなわち国体が分離された。しかもこの対立が法に触れるべき手段（叛乱）と被告らの動機・目的の区別として押し出された。政体と国体の別が、手段はともかく青年の純情を汲むべきだという分かりやすい文句に置き換えられた。これが世論となり判決にも影響することを通じて、我が国体はすなわち日本精神だと、国体論の著しい精神主義化と通俗化が広がることになる。国体明徴運動の気ちがい沙汰はもうすぐであった。

第四章　ついに国家たりえず　　国体明徴運動

（一）発端

奇妙な安定期

昭和七年の五・一五事件から一一年の二・二六事件まで足掛け五年間、内外の政治情勢は緊迫した出来事の連鎖であったが、しかしそれでいて一口には言い表せない複雑で奇態な展開であった。両事件の主役たちにとって、時代はどんな色合いのもとに経験されていたろうか。たしかに、この時期に先行して「大正デモクラシーの時代」があった。次いで、彼らの昭和維新が敗退するとともに、軍部主導の「総力戦の時代」に突入していく。デモクラシーから軍国主義へ、その過度期の五年間であったに違いないが、しかし両者の勢力交換のごとくに単純には見なせない。五・一五と二・二六の二つの叛乱にいかにも割り切れない影を投げかけているのも、時代の訳の分からなさであったかもしれない。逆に、両事件が時代の人心を惑乱させたその結果でもあっただろう。

大正デモクラシーの時代は政治的には大正末年から始まる。大正一三年に護憲三派が総選挙で大勝して、民政党の加藤高明内閣が成立した。この年から五・一五事件直前、昭和六年の若槻礼次郎内閣までが民政党の時代である。男子普通選挙制が成立した。英国自由党流儀の議員内閣制、あるいは吉野作造の民本主義がようやくの実現にこぎつけたのであった。これを左傾と批判して政友会の方は反動色を強めていった。日本労働総同盟とこれを基盤とする社会民衆党が結成を見た。わが国にもドイツ並みの社会民主主義と労働組合による労働者階級の階級形成が緒に就いたかに思われた。

だが同時に、金融恐慌と農業恐慌に始まり、引き続いて世界恐慌の波がもろに押し寄せてくる。「焦土的非常時」である。労働争議と小作争議の件数がそれぞれ昭和六年と一一年にピークを迎える。同時に、農民・労働者の争議の背後に共産主義思想の浸透があるに違いない。ボリシェビキとコミンテルンの脅威である。実際、昭和三年と四年には共産党の大量摘発が行われた（三・一五、四・一六事件）。普通選挙制と同じ大正一四年に制定された治安維持法が昭和三年には改正され、国体変革は死刑に及ぶことが明記された。里見の国体論がプロレタリアの「国体化」を目指して書かれたことはすでに詳述した。

かくして、昭和七年には政友会が総選挙に勝利して民政党から政権を奪還する。犬養毅内閣の成立である。だが、これに踝を接するごとくに血盟団そして五・一五事件が発生して、犬養首相が殺害されるのである。大正デモクラシーの時代が去って、ポスト五・一五の五年間になる。年表をこんな風に整理すれば、大正デモクラシーの政治がその反動に入れ替わっていくだけのことに見えるのだが、そんなことではなかった。この時期、それぞれのアクターがそれ自身のうちに分裂を抱えていた。陸軍中堅どころは政友会の支持も得て満蒙領有路線で固められる。しかし同じ軍部でも、海軍軍縮問題や満州事変また国際聯盟脱退についても、軍部独走にたいする根強い国際協調派が存在した。社会大衆党は分裂する。五・一五事件の後には政友会内閣ばかりか、およそ政党内閣制「憲政の常道」そのものが成り立たなくなってしまう。犬養内閣の後にはもう二大政党制は実現されない。もともと政党内閣制といっても英米の二大政党と違って、政友会と民政党とは水と油の政策を掲げがちであり、政権党が変わるたびに内政外交の混乱が起きる。地方の政治地図までが一変する。右翼から見れば政党は「党利党略ばかり」ということになる。五・一五事件はその政党内閣制そのものを葬ってしまった。

二・二六事件までの五年間がこうして始まるのだが、斎藤実から岡田啓介まで内閣はもう政党内閣ではない。経済不況を抜け出し超然内閣の下に政治的には奇妙な安定期が訪れる。それでいて、軍の分裂が内攻してクーデタ計画が浮上しては潰えていった。政友会を始め政党による軍部ファシズム批判が台頭する。奇妙なことに反ファッショの時代ともいわれる。先の軍事クーデタ計画には青年将校たちが複雑な形でからんでいた。陸軍皇道派、青年将校、北一輝と西田税、加えて政友会である。そうこうしているうちに、地方の師団から単身上京してきた相沢三郎中佐が、統制派の永田鉄山軍務局長を斬殺するという事件が突発する。陸軍青年将校たちはこの裁判にかかりきりになる。

こうしたなかで、この五年間を締めくくるようにして国内政治の焦点になったのが天皇機関説事件である。国体明徴、天皇親政の大合唱を以てこの騒動は昭和十年いっぱいには終息に向かった。そしてこれに踝を接して、翌年早々の二・二六叛乱になる。だが、叛乱直前の総選挙では反軍反ファッショを掲げて民政党が圧勝し、社会大衆党が議席を三から一八議席に増やしている。一体何がどうなっているのか。

「合法無血のクーデター」

天皇機関説事件については、現状維持派にたいする革新派の「合法無血のクーデター」と評価されてきた。司法省の玉沢光三郎検事の報告がこう総括している。

昭和十年の第六十七議会に於ける論議に始まった所謂天皇機関説排撃運動は燎原の焰の如く全国に波及し、重大な社会問題政治問題となり単純な学説排撃運動の域を脱して所謂重臣ブロック排撃、岡田内閣打倒運動へと発展し、「合法無血のクーデター」と評されている程、稀に見る成果を収め革新運動史上に於ける一時代を劃したものであった。
(所謂「天皇機関説」を契機とする国体明徴運動、司法省刑事局、玉沢光三郎検事、思想研究資料特輯72号、昭和一五年、『現代史資料4　国家主義運動(一)』、みすず書房、三四七頁)

だが他方で、運動の最中、昭和一〇年四月に、宇垣一成がその日記に次のように記している。

余の承知する政治の過程においては、維新後、薩長土肥の争いより、官僚－政党の争いに、次に二大政党の対立となりしが、現在では、軍部－官僚－左傾－右傾、なお進んで政友会の内争、民政の提携非提携の抗争、軍部内派閥の闘争等と、如何にも争いが小キザミと成り来たれり。これは果たして何を物語るのか？

これではまるで「政治の過程」における無政府状態ではないか。五・一五事件以降全般的に顕著になるこの「小キザミ」の分裂抗争状態と、機関説運動に玉沢の見た「稀に見る成果」とはどんな関係にあったのか。天皇機関説騒動の画期的成功は、そして引き続いた二・二六叛乱と重なって、五・一五以降内攻してはもつれていく諸勢力の絡み合いを一刀両断するようにして勃発したものだったろうか。小キザミ分裂など、以降は跡かたなく消えていったように見える。大正デモクラシー以降の歴史などあたかもなかったかのごとく、二・二六事件すらどこ吹く風で、短い紆余曲折の後に昭和一二年近衛文麿内閣が成立した。挙国一致の見せかけの下で総力戦と総動員体制へと昭和史は傾れて行くのである。宇垣日記ではないが、実際、一体何がどうなったのか。

私はかつて二・二六事件の四日間を「日本国家物語」としてドキュメント風に追ったことがある（付論として本書の第七章に収録）。「決起将校と今上天皇をいわば磁場の両極として事件の四日間を揺れ動き、みずからを鮮明に自覚形成しようとして、結局「挫折」したのは、じつは「日本国家」という「人格」であった。日本国家こそがまさにこの事件の主人公であった」と。国家のこの挫折に先駆けたのが前年の天皇機関説事件にほかならない。二・二六叛乱は日本国家というもの、つまりは国家権力と国体の姿を、短時間に凝縮して露呈させたのだったが、その前史として前年の日本国家の体たらくを描くことができるのではないか。この事件によって日本はファッショ化に暗転したなどと、単純に見ても仕方がない。合法無血のクーデターとして革新運動に一時代を画したと言われるが、クーデターが後に残した日本国家とは何であったのか。国家は国体と国家権力とを統合して日本国家物語を完結することができたのか。

たしかに、だらだらと一年近く長引き、全体としてあほらしい言動が交わされたにすぎない事件であった。だがそこに、国家権力と抗争しつつ国体がそれこそ明徴する過程が展開されたのではないか。私の関心はそれゆえ、天皇機関説とその運命そのものにはない。事件に踊った雑多な団体や人物の言動を摘要しながら、そこに二・二六叛乱に出くわすことになる日本国家の有様を描き出してみたい。総じてつまらない事件であったし、最近では注目されることも少なくなっていて当然だ。私もそう思いながら資料に目を通したのだが、美濃部の天皇機関説そのものから目を外すことで、見えてくるものがあると思う。

ところで美濃部達吉の天皇機関説つまり明治憲法解釈学を主題とした事件の推移については第一章ですでにその概略を記したので改めて繰り返さない。ここでは事件の始まりと最終段階、つまり貴族院での機関説告発（二月一七日）および岡田内閣再度の国体明徴声明（一〇月一五日）の時期にしぼって、日本国家のビヘイビアを追ってみたい。

よく知られているように、天皇機関説事件が顕在化するのは第六七回帝国議会の貴族院本会議、菊池武夫による機関説弾劾であった（昭和一〇年二月一七日）。菊池の質疑とこれにたいする松田文相それに岡田首相の答弁を摘要する。

男爵菊池武夫君　我国で憲法上、統治の主体が天皇にある〔のでない〕と云うことを断然公言するようなる学者著者と云うものが、一体司法上から許さるべきものでございましょうか。是は緩慢なる謀叛になり、明らかなる反逆になるのです。之を断定し切らぬ、之に触るると面倒になる、多少迷惑が行くと云うような卑屈なる根性であるから綱紀が張らないのでございます。

国務大臣（松田源治君）　私は天皇機関説と云うものに向ってはむろん反対でありますけれども、是はもうずっと以前から、天皇は国家の主体なりや、天皇は国家の機関なりやと云う論が対立して居りまして、是は今日迄其点は論議されて居りますから、斯かる点は学者の論議に委して置くことが相当でないかと考えて居ります。

国務大臣（岡田啓介君）　私は先程から申し上げて居る通り、是は用語が穏当ではありませぬ。私は天皇機関説を支持して居る者ではありませぬけれども、学説に対して、是は私共が何とか申上げるよりは、学者に委ねるより外仕方がないと思います。

菊池に続いて貴族院では子爵三室戸敬や男爵井上清純など機関説排斥派の先兵が立って、執拗に政府の美濃部否認の言質を取ろうとし、その都度「学者の議論に委ねる」「慎重に考慮する」と大臣連は言い逃れようとする。質疑が続いた。岡田啓介首相は回顧して言う。「それからというものは、いろいろな委員会で、西村茂生など幾人かの代議士がわたしをはじめ後藤内相、小原法相、松田文相、金森法制局長官に対してしつこく、正気の沙汰とも思えないくらい興奮して質問し、言質をとろうとかかる。……これが議会だけを相手にする問題ならば、信念どおりはっきりしたことも言えるんだが、閣内の軍部大臣は機関説否定のほうへ賛成しているので、この方面と衝突を起こさず、それでいて愛国尊皇の仮面をかぶった右傾勢力に対抗していくためには、自分の意に添わぬことも口にしなければならなかった」(『岡田啓介回顧録』、中公文庫、一九七七年、一三一、一三四頁)。

ところで、美濃部達吉の弟子で当時東京帝大教授だった宮沢俊義が、戦後になって『天皇機関説事件　史料は語る』をまとめている(上下巻、有斐閣、一九七〇年)。右の質疑応答は同書に引かれている貴族院議事速記録から取ったものである。以降も特に断らない限り、史料引用は宮沢本からのものである。

浮上する国体

さて、天皇機関説は「明らかなる反逆」だと議員が攻めれば、これを学説問題だとして学者に委ねると逃げる政府。これが機関説事件の当初の構図であった。政府としてはこれを政治問題にする、すなわち国家論法律論に触ることを避けたい。当局者の誰もが今ではみんな機関説賛成が本音なのである。戦後の久野収の有名な規定（久野・鶴見俊輔『現代日本の思想』一九五六年）によれば、天皇権力の顕教と密教、「この二様の解釈の微妙な運営的調和のうえに、伊藤の作った明治日本の国家が成り立っていた」。この伝で言えば、菊池らは国家権力の「微妙な運営的調和」にまで手を突っ込んだことになる。だからこれは学者の学説問題ではなく、その裏で初めから権力闘争、端的に倒閣を狙う運動につながるものだった。挙句の果てに、伊藤の作った明治国家のシステムを「最後にはメチャメチャにしてしまった」（同書）のである。

というのも、菊池たち貴族院議員の背後には右翼勢力、当時の言葉で言う「右傾」の運動が有形無形の圧力になっていた。彼ら男爵議員はもともと維新の功労者の二代目であり、親の七光りで議員に推された者たちである。文字通り、機関説事件の一年を通じて、右傾の運動の尖端で踊らされていく。この時期右傾の運動とは、前年に文部大臣だった鳩山一郎の証言にその極端な姿を見せている。

鳩山一郎　その間に簑田（胸喜）というのが文部省の大臣室に来まして、各格で美濃部さんはけしからぬ、あれをどうかしなくちゃいかぬと言うのです。ぼくだって美濃部さんの説と同じなんだ、美濃部さんを葬るならぼくを先に葬ったらいいじゃないかと言ったのですが、そのあとで右翼のやつが抜刀で大臣室へ入って来て、私を追い回したり、部屋にくそをまいて行った

んですよ（笑声）。（宮沢・下、五七六頁）

何やらなれ合いじみているが、戦後（一九五〇年）の座談会での発言である。「ぼくだって美濃部さんの説と同じなんだ」（！）。とにかく当時は右傾の族と政治家との距離は近く、大臣たちまで含めて日常茶飯運動家たちの来訪を受けていたようである。貴族院議会での菊池武夫の質疑もこれら右傾の運動家たちの突き上げによるものだったろう。それにしても彼ら右傾とは誰であったのだろう。当時はそれこそ雨後の筍のように各種右翼団体が存在した。簑田胸喜はとりわけ狂信的で有名な存在だったが、この人の活躍については別項で扱っているので、ここでは在野の世論にとりわけ敏感だった徳富蘇峰の発言を聞いておこう。

記者（蘇峰）は如何なる意味に於いてするも、天皇機関説の味方ではない。苟も日本の国史の一頁にても読みたらんには、斯る意見に与することは、絶対に不可能だ。其の解釈は姑らく措き、第一天皇機関などと云う、其の言葉さえも、記者は之を口にすることを、日本国民として、謹慎す可きものと信じている。（二・二七東京日日新聞、以下東日）
我等は国体ありて、国法あるを知る。未だ国体を無視して、国法のある可き所以を知らない。況んや更に国体を冒瀆し、毀損するの国法の存在す可き理由おやだ。（三・一三東日）

ここに引いた蘇峰の発言の後半では、国法すなわち憲法の解釈と運用の次元から国体明徴へと論点が移されている様がうかがえる。美濃部の天皇機関説から国家の存在そのものへと事件の焦点が転化するのである。それでなくともこの時期の日本国家は、機関説などよりよっぽど重大な国際的問題に直面していたのである。海軍軍縮問題、世界経済恐慌、そして満州事変から国際聯盟の脱退へと息つく暇もない。ナショナリズムと海外進出熱が民衆のレベルから噴出している。大正デモクラシーによる自由主義的立憲国家の幻から、国家が国体として立ち現れようとしていた。そしてそれでいて、天皇機関説をめぐる紛議があたかも議会を舞台とした空中戦のごとくに戦われていくのである。

議会と言論と

さて、美濃部の天皇機関説排撃を求める貴族院の質疑は続き、翌三月になって紆余曲折ようやく「政教に関する建議」が満場一致で可決された(三月二〇日)。衆議院も黙ってはいない。陸軍少将江藤源九郎、政友会の山本悌三郎が急先鋒となり、ここでは建議でなくより強い「決議」がこれも満場一致で採択された(三月二三日)。それぞれ以下の通りである。

政教に関する建議　貴族院

方今人心動もすれば軽佻詭激に流れ政教時に肇国《ちょうこく》の大義に副わざるものあり政府は須らく国体の本義を明徴にし我古来の国民精神に基き時弊を革め庶政を更張し以って

時艱《じかん》の匡救《きょうきゅう》国運の進展に遺憾なきを期せられんことを望む、右建議す。（宮沢・上、一四二頁）

国体に関する決議　衆議院

国体の本義を明徴にし人心の帰趨を一にするは刻下最大の要務なり。政府は崇高無比なる我が国体と相容れざる言説に対し直に断固たる措置を取るべし。右決議す。（宮沢・上、一七二頁）

一見して、美濃部天皇機関説が名指しで排撃されてはいない。国体の本義が前面に出されている。両院とも穏健派の議員がなお多数を占めており、右傾の圧力を背に受けた過激議員たちがこれに妥協した結果の文面である。明治憲法下の議会政治がなお惰性を発揮し、内閣もまた実質議院内閣制の性格を留めていた。こうした妥協と惰性の産物として、美濃部の機関説の名は水面下に隠れ、いわば窮余の策として「国体の本義」「国体の明徴」の掛け声が浮上している。右傾過激派と政府の対抗のうちから、思いがけずも国体、国体としての国家と人心の帰趨が焦点に競り上がってくる。

私の利用している宮沢俊義の『天皇機関説事件』は当時の史料を丹念に集めて並べたものだが、宮沢も当事者の末端にいた者だ。だから事件のこの始まりの時期に当たり、とりわけ熱心に史料をして事態の推移を語らせている。本会議でまた各種委員会で、議員たちが政府を追及し大臣たちが一々これに答弁するという議会主義のやり取りが、形式的とはいえまだ維持されている。また、新聞が事態を追いかけて逐一報道する。自由主義と言論思想の自由を表立って主張するものではもちろんないが、それでもマスコミは機能している。宮沢は新聞報道に日々の動きを見逃さずに追っている。

とはいえ、私のここでの関心は天皇機関説打破の経過ではない。そちらは宮沢本にあずけることにして、私が取り上げたいのはこの時期の、いや全時期を通じての、美濃部達吉本人の言動である。法秩序と主権の背後から姿を現してくる国体なるもの、それと美濃部の振舞い方との隔絶をここに見たいのである。

一身上の弁明、満場粛として

美濃部達吉は菊池武夫の弾劾を受けて、ただちに一身上の弁明を貴族院の壇上から行った(二月二五日)。宮沢がその全文を収録しているが、本人も「憲法の講釈めいたことを申しますのは甚だ恐縮」と断りを入れている。新聞報道は概して好意的であり、「条理整然所信を述ぶれば、満場粛としてこれに聴き入る。約一時間にわたり雄弁を振るい、降壇すれば貴族院には珍しく拍手起こる」(二・二六東京朝日新聞、以下東朝)といった論調であった。弁明の一端を引用しておく。

所謂機関説と申しまするのは、国家それ自身を一つの生命〔で〕あり、それ自身に目的を有する恒久的の団体、すなわち法律学上の言葉を以て申せば一つの法人と観念いたしまして、天皇は此法人たる国家の元首たる地位に存まし、国家を代表して国家の一切の権利を総攬し給い、天皇が憲法に従って行わせられまする行為が、すなわち国家の行為たる効力を生ずると云うことを言い現わすものであります。（宮沢・上、九五頁）

美濃部の機関説弁明はむろん憲法解釈の法律学に限定されている。だが、右の引用でも「国家それ自身が一つの生命であり、それ自身に目的を有する恒久的団体」の観念だとしながら、すなわちと言い換えて直ちに「法律学上の言葉」に話を転換している。この点は国体と政体の区別として第一章で言及したので繰り返さない。私がここで美濃部弁明に引っかかるのは、菊池など自分の書物を通読もせず、また読んでも理解できない軍人風情だと言わんばかりの美濃部の口調である。聞くもの誰もが見過ごすはずもない。そもそも、先日の菊池武夫の罵詈雑言に対して、というよりこの無礼を見過ごした貴族院の同僚たちに向って、自身の憤懣と抗議の声を発せずにはいられない。これが美濃部を動かした動機であり、学問の矜持だった。すでに別の個所で取り上げたが、菊池の告発は美濃部を学匪とまで呼ばわるものだったからだ。「みんなドイツに行って学んできた者が、説が無いから種をお売りになる。何もえらい独創なんぞ言う頭はみじんもない。学者の学問倒れで、学匪となったものでございます。私は名付けて学匪と申します」。

それを受けて、貴族院議員美濃部博士はその一身上の弁明演説をこう切り出すのだった。

（菊池男爵は）今議会に於きまして再び私の著書を挙げられまして、明白な反逆思想であると言われ、謀叛人であると言われました。又学匪であると迄断言せられたのであります。日本臣民に取りまして反逆者である、謀叛人であると言われまするのは侮辱此上もないことと存ずるのであります。又学問を専攻して居ります者に取って学匪と言われますことは、等しく堪え難い侮辱であると存ずるのであります。

私は斯の如き言論が貴族院に於いて、公の議場に於いて公言せられまして、それが議長〈近衛文麿〉からの取り消しの御命令もなく看過せられますことが、果たして貴族院の品位の為に許されることであるかどうかを疑う者でありまする、……

美濃部の理路整然とした弁明は広範な反響を呼んだ。当然、機関説排撃派の反発を呼び覚ました。実際、美濃部演説に挑発された形で、全国で一五一団体が機関説排撃運動に立ち上がったという（玉沢、宮沢上、一九〇頁）。だがそれだけだったのではあるまい。それこそ議会という公の場で、しかも政府追及が事件となっている主題について、一身上の弁明だと美濃部は言う。私が引っかかるのは学説の弁護というより「一身上の」という弁明の立ち位置のことである。美濃部個人の学問的名誉が汚されている。西洋帰りのエリート帝大教授の臭いが、学問の権威の背後に見過ごされようはずもない。法律学上の一学説がいまや政治問題と化しているとき、その渦中でおのれの学者としての権威と名誉など何ほどのことがあろうか。政治音痴と言ってしまえばそれまでだが、自分が汚い政治の場に立たされていることに美濃部は気づこうとない。

たしかに、勅撰された貴族院議員たちが学匪演説に抗議の声も上げず、あまつさえ満場一致で美濃部を否認する建議に賛成した。美濃部擁護の論陣を張るべき一般の知識人たちもだんまりを決め込んでいる。彼らの多くは自分の教え子ではないか。宮沢は数少ない援護射撃の発言を拾い上げているが、学者たちの戦線すら形成することもできずに散発的なままに終わっている。美濃部は孤立無援の中で一身上の弁明演説を敢行したのである。こんな光景を見せつけられて黙り込んだままでいる知識階級の鬱屈と退廃のほうが、時代の真実であることに美濃部は思い到ることができなかった。美濃部の弁明は後世にまで名高いものだが、天皇機関説事件の核心には属さない。

実際、学問の矜持もなんのその、美濃部天皇機関説はますます一般民衆のいわば劣情を刺激する次元に貶められていった。機関という言葉と現人神天皇の対比がことさらにあげつらわれる。衆議院議員の山本悌二郎の言い方では天皇機関説はこうだ。すなわち、美濃部の弁明の文句で天皇を社長に、国家を会社に、憲法を定款に入れ替えて見ればこうなる。「社長は此の法人たる会社の元首たる地位にあり、会社を代表して会社の一切の権利を総攬し社長が定款に従うて行う所の行為が、即ち会社の行為たる効果を生ずる」。まったく、美濃部説では天皇は会社の社長と全然同一だ。「さあ是で天皇の尊厳が傷けられず、是で国民の伝統的観念が攪乱せられずして止みましょうか」(三月一二日、宮沢上、一五八頁)。国体とか機関は抽象語であり、天皇は現に現人神として実在する。このコントラストが俗耳に訴える。天皇機関説はこうして天皇の存在そのものを焦点化するように換骨奪胎されていくのである。

天皇機関説事件にはもう一つのアクターがいた。「重臣ブロック」である。政治の表層には姿を見せないが、文字通り国家運営の密教としてなおも機能している。元老西園寺公望と枢相一木喜徳郎など重臣たち、それに天皇の廷臣らのネットワークのことである。彼らが昭和維新運動のターゲットにされたのは周知のことだが、その言動が見えるようになるのは戦後のことであった。例えば西園寺の秘書原田熊雄の日記である。この人は実にこまめに動き回る人で、西園寺の住む静岡県興津と東京を往復しながら精力的に要人に面会し、また電話で事情を問い合わせ、情報を西園寺に伝えるとともにそれを克明に記録した。もちろん天皇機関説事件だって見落とされてはいない。ごく早い時期の原田日記から拾ってしてみる（原田熊雄『西園寺公と政局』、宮沢・下、四五八頁以下）。

二月二十六日　西園寺公爵に美濃部弁明についてお話しする。「やはり軍部を刺激して、ことさらにかれこれやらせようとする右傾の動きが相当に注意すべきものである」、「右傾団体も一緒になって美濃部博士等を攻撃して、しきりに天皇機関説を排撃して気勢を上げるので、かえってこれに対して識者の方は沈黙して無為に過ごしているような状態であった」。「最初の内は、自分〔原田〕もあんまり相手にしていなかったけれども、前にも申したように美濃部博士は当て馬であって、要するに一木〔喜徳郎〕枢密院議長攻撃が目的である」。

三月二日　警視総監〔小栗一雄〕からも電話がかかって、「院外運動は、相当に大きくなるかもしれません。やはり一木攻撃がだんだん見えるようです」という話であった。
三月三日　総理と電話。相変わらず「大したことはあるまい」と言っておられたが、自分からは、やはり右傾の取締りをよほど厳重な態度でされないといけない」ということと、「苟も、枢密院の副議長である平沼男の如きが、これらを暗黙の中に指導しているような事実が万一あるならば、副議長として甚だけしからん話であるから、その場合には思い切って処断されてもいいじゃありませんか」と言っておいた。
三月十四日　永田〔鉄山〕軍務局長と電話。「陸軍も、陰謀は警戒中であって、外部と聯絡して騒ぐことは禁じているつもりだが、しかし或る程度までこの美濃部問題については、陸軍大臣も相当に強いことを内閣に向かって言わなければ、内が治まらないかもしれない。しかし閣内の統制を紊すようなところまでは勿論行かない」というような話であった。

原田の内幕の記述はまだまだ続く。いわゆる密教グループのやり取りを垣間見ることができる記述である。美濃部とその学説のことなど眼中にない。学説問題など初めから「あんまり相手にしない」「大したことあるまい」といった態度である。もともと彼らグループの言動こそが美濃部機関説の地盤なのだからだ。他方で、彼らはこの初期段階から、機関説攻撃では「美濃部は当て馬にすぎず、本命は一木の追放だ」と事態を見ていたのである。そしてその黒幕に平沼騏一郎（枢密院副議長）がいる。美濃部などは貴族院の一学者議員に過ぎないが、一木そして金森徳次郎法制局長官となれば政府要人である。一木が辞職に追い込まれれば政府が打撃を受けるだけではない。おそらく天皇はその辞任を裁可されないだろうが、そうなれば今度は岡田首相がもうにっちもさっちもいかないところに追い詰められる。すなわち倒閣だ。

これは美濃部の行政および司法処分が政府の課題に浮上する時期の西園寺の感想だが、「美濃部を罰すれば、問題は結局先方の思う壺にまで持って行かれるんじゃないかと思う。一城を落とせば一城というんで、牧野（内大臣）、一木まで行こうというんじゃないか。要するに、こんな問題には大体触れない方がいい」（六月二〇日）。密教ネットワークのこうした見立ては、以降も最後までこの事件の底流になっていく。

平沼騏一郎

それにしても、元老・重臣ブロックにかくまで警戒される平沼騏一郎とは何者だったのだろうか。その黒っぽい影が資料を横切るばかりで、なかなか正体を見せない。もとより機関説撲滅派の重鎮である。平沼の回顧録（一九四二年）にこうあるという（宮沢、下五二〇頁）。「当時は誰に聞いても天皇機関説がいいと思っていた。あの時山県公は平沼の意見を聞いて来いと、学者を使者に寄越された」。「そこで私は答えた。この議論は明白だ。天皇を機関などと唱えるのは乱臣賊子だ。日本の天皇は統治の主体であらせられる。それを機関などと云えば主体でない、そんな議論は日本では言うべきでない。山県公に申上げてくれ、もし疑いを抱かれるようなら老公は甚だ怪しからぬと。……元老などは天皇機関説など言下に叱りつけねばならぬが、どう云うわけで疑を抱かれたのであろうか。斯様に元老と雖も明らかな認識を持って居られなかった」。

なお、本書を書き終えた後に私にとってはタイミングよく『平沼騏一郎』（萩原淳、二〇二一年）が刊行された。これを見ても、平沼は司法検察上がりの官僚政治家であり、法律的合理性と保守的権威主義とが合わさったような人物である。特別黒幕の策士のようには受け取れないし、山県閥の後継者というところだろうか。重心ブロックの平沼警戒心がどこから来たのか、本当のところよくわからないというのが私の感想である。

ところでまた原田日記に戻るが、近衛の話として、「この天皇機関説のごときは、皇族方が先に立って排撃の運動をされなければならんものだ」と平沼がしきりに話していたという。「機関説（摘発）はだんだん自分の思ったようになると、平沼は頗る得意である」という話も伝わる。「いかにも不愉快極まる話だ」と原田ははき捨てている（五月一三日）。

要は立憲主義を建前とする明治憲法体制の運用、いわばその受肉の在り方の対立だったのだろう。曲がりなりにも均衡を見出して来た運用体制自体にガタが来ている。とりわけ、当初より政党制に敵対してきた山県官僚閥の親玉平沼、ということだった。だが山県は寿命が来ており、この一派の結束もばらけていく。時の重臣ブロックは平沼らを排除し、彼らが密教ネットワークに手を突っ込んでくるのを嫌った。支配の奥の院にもコキザミ分裂が広がっている。それに思うに、これには天皇その人の意向がからんでいたであろう。

朕を機関説扱いするのか

「機関説でいいではないか」とする天皇の意向は、事件の早い段階から重臣ブロックには十分に知らされていた。「困ったことを問題にしておる、というご様子だった」と、岡田首相の回顧録にある。機関説排撃に反対の天皇の意向は、侍従武官長本庄繁の日記を通じて今ではよく知られている。ここでは事件初期の記事から短く摘要するにとどめる。

三月九日　自分の位は勿論別なりとするも、肉体的には武官長等と何等変わる所なき筈なり。従て機関説を排撃せんが為自分をして動きの取れないものとする事は精神的にも迷惑の次第なり。……一木は忠誠のものにして断じて世論の如き否難すべき点なし。

四月八日　若し主権は国家にあらずして君主にありとせば、専制政治の譏りを招くに至るべく、又国際条約、国際債権等の場合には困難なる立場に陥るべし。

四月二十四日　軍部にて機関説を排撃しつつ、而も此の如き、自分の意思に悖る事を勝手に為すは即ち、朕を機関説扱いと為すものにあらざるなき乎。

五月二十二日　軍部が自分の意に随わずして、天皇機関説を云うは矛盾ならずや。

武官長は「軍に於ては、現人神と信仰しあり、之を機関説により人間並みに扱う如きは、軍隊教育上至難なり」（三月二七日）と奉答するなど、天皇の軍部非難には一々弁明を試みているが、これは他でもあるまい。現人神信仰は軍と教育の眼目だ。実際にも、憲法では政府を差し置いて天皇の軍部への統帥権が認められている。天皇は武官長などを通して軍に直に命令できる。だから、天皇の意向は本庄により当然軍部大臣に伝えられる。そこから政府首脳や重臣ブロックにも直ちに広まっていったであろう。つまり、天皇の意向は上層部の誰もが知っていたのだ。重臣ブロックはまた宮中ブロックなのである。ところが軍部は、重々承知しながら天命に従って軍を統制しない、できない。あまつさえ朕の意思に悖ることを勝手にやっている。これでは軍部による天皇機関説の実行そのものじゃないかと、天皇は苛立っている。天皇にたいする軍部の謀叛、反逆どころではないのである。そればかりか、この対立は日本国家の核心にある逆説として、その後の戦時体制を規定していくことになるだろう。

さてこうして、天皇機関説事件は国家の小キザミ分裂の総体を巻き込む事件となる。とりわけ、ずるずると後退する政府の内部で、軍部両大臣がさらに右傾していく。帝国在郷軍人会が動き出したからだ。

（二）始末

美濃部処分へ

さて、ここで中途経過は省いて事件の終わり、あるいは終わらせ方に関心を移そう。軍部と在郷軍人会それに政友会などの矢面に立たされて、岡田政府は防戦の末に八月三日、天皇機関説排撃声明を発表していた。ここには国体明徴と天皇機関説の対比という事件の公式的構文が明示されているので、以下に引用しておく。

恭しく惟みるに、我が国体は、天孫降臨の際下し賜える御神勅に依り明示せらるる所にして、万世一系の　天皇国を統治し給い、宝祚の隆は天地と与に窮なし。されば憲法発布の御上諭に「国家統治の大権は朕が之を祖宗に承けて之を子孫に伝うる所なり」と宣い、憲法第一条には「大日本帝国は万世一系の天皇之を統治す」と明示し給う。即ち大日本帝国統治の大権は儼として　天皇に存すること明らかなり。若し夫れ統治権が　天皇に存せずして　天皇は之を行使する為の機関なりと為すが如きは、是れ全く万邦無比なる我が国体の本義を愆《あやま》るものなり。近時憲法学説を繞《めぐ》り国体の本義に関聯して兎角の論議を見るに至れるは寔《まこと》に遺憾に堪えず。政府は愈々国体の明徴に力を効し其の精華を発揚せんことを期す。乃ち茲に意の在る所を述べて広く各方面の協力を希望す。（宮沢・上、二九一頁）

これで「片付いた」と原田日記にある（九月一八日）。翌日の総理の話では、陛下に奏上したところ「よかったな」と仰せだったという。だが、これで終わりにはならなかった。機関説を公式に断罪するのであれば、美濃部達吉とこれに連なる機関説人脈を下手人として処罰しなければならない。美濃部の著書三冊についてはすでに四月の段階で発禁の処分が内務省より下されている。「安寧秩序の妨害」という出版法による行政処分である。これに従って大学では憲法講義の担当交代とか中断とかが相次いだ。だが、美濃部についてはまだ司法処分が残っている。衆議院議員の江藤源九郎がすでに二月に美濃部を不敬罪の廉で司法告発していたのである。もとよりこれは政府人事に関わり、美濃部のその先に誰がターゲットに想定されていたかは皆が知っている。司法省と検察当局としても事件の動向を見ながら慎重にならざるを得ない。これが事件の終局までもつれ込むことになった。

困ったもんだと検察

機関説の著書の発禁といい本人の司法処分といい、法治国家である以上、検察にも膨大な作業を課するのは言うまでもない。宮沢の集めた史料には当事者たちの苦労話がいくつも収録されている。多くは戦後の感想のせいもあるが、徒労感は否めない。おざなりな調べだったとは言わない。要は取調べに気合が入らないのである。検察打って一丸となり美濃部らを追放する、こんな意気込みに欠けている。結局、半年にわたる検討の紆余を経て、起訴でもなく無罪でもなく美濃部は「起訴猶予」という、絵にかいたようなごまかしの結論になる。すなわち、美濃部は不敬罪には当たらない。だが機関説は「安寧秩序を害する罪」を定めた改正出版法第二七条の犯罪に当たるから美濃部は起訴相当、しかし起訴は猶予するという訳の分からない決着である。有罪だが罰しない。これもまた機関説事件の裏面、日本国家の密教的運営の一面であろうから、ここでしばらく寄り道してみる。

中村敬之進（内務省図書課長）　図書課の検閲の方の堪能の者を十人ばかり集めて、かれこれ一カ月ほど閉じこもって検討した。憲法論に触れた法律通論のような本、全国をあさって約四百冊を集めて検討。

唐沢俊樹（内務省警保局長）　内務省納本を調べたが関東震災で焼けちゃったあとなんだな。それでないもんだから、さあ古本屋をあされというのであさった。ほとんど市中になんかないような本、それから一般にはだれが買ったって一冊か二冊しか残っていないから取締りの対象になっていないような本までざあっと集めて、……、みんな機関説なんだ。……調べて及第する本はないということなんだな（笑）。（宮沢・下、六四〇頁）

以上は戦後の座談における発言である。後の大本教の（第二次）弾圧に際しても、検察は琵琶湖畔に合宿して全文献に当たったと何かで読んだことがある。彼らは本当のところ何をやっていたのだ。検察当局だけではない、軍隊省部がそもそもこの問題にかかりきりであった。海軍軍縮、満州事変、国際聯盟脱退はどうしたのか。次は原田日記（同年一一月四日）からの引用である。

古荘幹郎（陸軍次官）　自分は次官就任以来既に三四箇月経つが、次官らしい事務はまだ一つもしたことがない。在郷軍人の国体明徴問題で朝から晩まで忙殺されている。在郷軍人というのは、大体元来早く罷められて不平をもっている者が多い。そうして年配は上だし、現役当時は所謂上官であった者が多いから、ひどく言われるし、下手な理屈を言えば乱臣賊子呼ばわりされるし、まことに困ったもんだ。

美濃部不起訴への反発

しかし結果として、美濃部の司法処分が事件の終わりに関わってくることになる。九月になり司法省の美濃部不起訴処分の意向が伝わるや、これに反発して軍部からの再度の突き上げが執拗を極めるようになった。当時の新聞報道から摘要する。

陸軍「告発に基き半歳の長きに亘って取調べ、その間起訴は当然なるかの如き印象を世人に与えて置いて、最後に不起訴と決定したのでは、政府の国体明徴に対する誠意にも疑問がでるといわねばならぬ」。（九・一八東朝）

軍部大臣より閣議に提出すべき意見四点。「その起訴猶予処分と共に博士は不謹慎極まる声明〔後述〕を発表して司法処分の根本を覆した」。「金森氏をこの際他に転任せしめ政府の中枢を去らしめることは、問題を好転せしむる有力な措置である」。「一木枢相としては現在の世論に鑑み自発的に現職を去るように希望する」。「美濃部、金森、一木三氏に関する要望は最小限のものであり、これをも政府が実行しないとなれば、軍部としては政府と正面衝突も已むを得ず」との意向のようである。（九・二四東朝）

閣議　九月二十七日再び軍部、政友会の強硬派、貴族院の一部、各右翼団体等の諸勢力と外部の倒閣運動と相錯綜して再燃することは必定と見られ、国体明徴と天皇機関説排撃の運動は今後益々火の手を上げげんとしており、政局を覆う暗雲低迷は当分持続し、政府がその解決を誤れば重大な致命傷を受けることになる。（九・二六東日）

川島陸相　「美濃部に関する問題はこれからである。これで一段落でなく序幕だ。機関説信奉者にして官公職にある者は一掃せねばならぬ」。（九・二六東朝）

実際、貴族院公正会、政友会の国体明徴実行委員会、明倫会、会員三百万の在郷軍人会、これに影響力のある三六倶楽部、直心道場、国体明徴達成聯盟などなどが政府追撃ののろしを上げた。そしてまた、ここに美濃部本人の言動が火に油を注ぐことになるのだった。美濃部は九月一四日に検事局に再出頭して取調べを受け、一六日には貴族院議員辞任の意向を小原法相に表明した。これを受けて情状により起訴猶予が決定されたのである。光行検事総長の談話ではこうなる。「貴族院において同氏のなしたる言議を契機として世間を騒がし、今日の如き情勢を惹起したる事につけ極めて重大なる責任を痛感し居る旨を言明し、深く反省の実を示したる事を認める事ができたので、起訴せざることに決定した」。(九・一九東朝)

またも美濃部弁明

ところが、勅撰議員辞任が正式に認められた一八日になって、美濃部は新聞に声明を発して、これがまた先の一身上の弁明に続いて事態を振り出しに戻しかけることになった。

私は前議会の終わり頃には進退を決めたいと思っていた。ただ、私の説が正しいか否かは別問題にして、ともかく貴族院で私のなした演説が議員中一部の反感を買い、激しい言葉をもって私を非難するものがあり、之に対して(貴族院議員から)別段の排撃も加えられず全員之を寛容する態度をとって居ります以上、私が引き続き在職している事は将来益々貴族院の空気を混乱せしむる惧れあるものと考えましたので、貴族院の秩序の為にも私は職を退くのが至当であろうと思ったのであります。

ただし、若し当時直ちに辞意を申し出たとしますれば、私が自ら自分の学説の非なるを認めたものであり起訴を免れる為に公職を辞したものと解せらるは必然でありまして、それは私の学問的生命を自ら放棄し醜名を千載に残すものと考えます。しかるに今回司法省から不起訴に決した事の通知を受けましたので、かねての決心を実行する時期が来たものと考えて今日辞表を提出いたしたのであります。

くれぐれも申し上げますがそれは私の学説を翻すとか自分の著書の間違っていた事を認めるとかいう問題ではなく、唯貴族院の今日の空気において私が議員として職分を尽くすことが甚だ困難となったことを深く感じたがために他なりません。今後は自由の天地に立って一意自分の終生の仕事として学問にのみ精進したいとねがっております。（宮沢・上、三二一頁）

見られるとおり、かねての貴族院の同僚たちの仕打ちが美濃部の深い恨みになっており、今回の辞任も自ら省みてのものと言うより、貴族院の学術議員たちへの皮肉と当てつけのように響く。実際、「自分は正しいのだが、貴族院が悪いから、そういう仲間に入っていたくないから止めるのだという意味になる」とは、長男美濃部亮吉の受け取り方である（『苦悩するデモクラシー』、一九五九年）。この声明は「博士の性格から来たもの」と司法部から感想が出た所以である。もとより、当時の美濃部の姿を思えば「最大の痛憤をおぼえるが、それだけに、自分の学説が誤っているとは思わないときっぱりと言い切ったことを読むと、何ともいえずすがすがしい気持ちになる」。宮沢が戦後にこういう感慨を述べるのももっともなことである（宮沢・下、四一一頁）。しかしいずれにしても、この段階に至ってもなお美濃部一身上の進退の弁明なのだった。

起訴猶予決定直後の美濃部の第二の弁明は、当然のことながらまた物議をかもした。閣議では「陸海軍大臣を始め殆どの閣僚が相当強硬な意見を述べた」(九月二〇日)。大角海相、「折角うまく行ったのに美濃部博士の声明はまことに困ったものだ」。その他の閣僚も、「あの声明は剛情我慢、敗け惜みの強い博士の性格から来たものだろうが誠に困ったものだ」と(宮沢・下、四〇六頁)。「まことに困ったもんだ」と閣僚がそろってしらけているのである。

ただし今回は、美濃部自身がすぐに声明の取り消しを表明して、司法処分の問題にけりを付けることができた。ことが政府人事に及ぶのを美濃部一人を「当て馬」にして食い止めることができたのだった。「情状酌量」により起訴猶予という決定は美濃部にとってはいかにも意に沿わないものであったろうが、ここで情状酌量されたのは実は天皇機関説事件における政府当局者たちのビヘイビアそのものだったのである。

他方、右傾諸団体が美濃部と美濃部を不起訴にした政府に正面から反発したのは言うまでもない。その光景の一つが例えば、美濃部声明に反発して三六倶楽部が要路歴訪する場面に見られたであろう。一〇月一三日には大井成元大将以下二二名がそろって官邸を訪問して、首相と一問一答をねちねち長々と続けて、最後に引責辞職を求めた(宮沢・下、四一〇頁にその全文がある)。岡田は辞任を拒否したが、首相たるもの当時よくもこんな陳情に付き合っていたものだと感心させられる。日本国政府自身が、「困った、困ったもんだ」の反応である。

あるいは、この時期には直心道場のスローガンは過激化している。いわく、重臣ブロックを糾弾せよ、岡田内閣を打倒せよ。国体破壊者一木・美濃部を極刑に処せ。右傾諸団体はこれを契機にして岡田内閣倒閣運動に持って行きたい。

政府再声明と事件の始末

さてこうして、後は政府が事件に政治的決着を付けるばかりだ。そこで、八・三政府声明に続く第二弾の構想になる。陸軍の古荘次官今井軍務局長と政府の白根書記官長の間で声明文案の折衝が連日続けられた。「統治権の主体は天皇」は当然として、これに加えて軍部の要求は「統治権の主体は国家にして天皇は之を行使するための機関とするが如き説は断固排撃すべきである」とする。対するに政府はこれでは法理上国家の人格を全面的に否定することになるのであり、国際条約などに支障をきたすと異議を申し立てる。こうして合意されたのが再度の政府声明である。一〇月一五日のことだった。

抑も我国に於ける統治権の主体が　天皇にましますことは我国体の本義にして帝国臣民の絶対不動の信念なり。帝国憲法の上諭亦茲に存するものと拝察す。然るに漫りに外国の事例学説を援いて我国体に擬し、統治権の主体は　天皇にましまさずして国家なりとし　天皇は国家の機関なりとなすが如き所謂　天皇機関説は神聖なる我国体に悖り其の本義を愆るの甚だしきものにして厳に之を芟除せざるべからず。

このように機関説を名指ししてこれを「芟除せざるべからず」と、今回の政府声明は前回より強い調子のものとなっている。声明文ではわざわざ「天皇」の前は一字ブランクにしてある。分かりにくいのは機関説の規定であり、軍部のストレートな機関説の表記「統治権の主体は国家にして」が、「統治権の主体は天皇にましまさずして国家なり」と修正されたことである。岡田首相が当時を回顧している。「はじめ陸軍あたりの案では国家の法人格まで否定するような文章になっていた。それで統治権の主体は天皇にあるということだけをはっきりさせるにとどめ、国家の法人格を否定しないようにし、また機関説とはどういうものをさしているのかを明らかにして、排撃の対象になる学説を極力限定することに務めた。その辺で攻撃を食いとめるのがやっとだったよ」（一四五頁）。「国家にも統治権がある」という国家法人説を全否定するような表現はまずいということだったようだが、一読違いが分かるようなことではない。けだし問題は学説云々ではなく、日本国家そのものの自己認識が問われていたからだ。

ともかくもこれで、さしもの天皇機関説事件も「すったもんだの末に」（岡田首相）終わりを迎えた。軍部もまた内閣人事問題に触れることは避けて、これで「問題の自然的解決を希望している」とした。在郷軍支部長会議も「暫く静観する」として、三六倶楽部などとは「全然行動を共にする能わず」と決議した。政府人事についても年明けには金森徳次郎法制局長官、そして二・二六事件の後には一木喜徳郎枢密院議長も自主退任した。この年の年末に天皇が本庄繁侍従武官長に感慨を述べている（一二月一八日）。

軍部は国体明徴に関する再声明の際、人事には触れずとのことなりしに、今又た金森等を云々す、恐らく夫は一木にまで及ぶに至るべし。斯く一歩一歩の態度の変化する事あるに於ては軍部に対して、安神が出来ぬと云う事になるべし。大体事は何時までと云う最後の定め置くにあらざれば、世が「ファッショ」を高調するときは軍部も亦、之に雷同すると云うことになりはせぬか。

もはや何をかいわんや。本庄は「恐懼」するばかりであった。

（三）総括

現状維持か現状打破か

さてこのようにして、昭和一〇年の天皇機関説・国体明徴事件は終局を迎えた。振り返ってあれはいかなる政治的事件だったのか。ここで、本章冒頭に触れた検事玉沢光三郎の総括的報告（昭和一五年）に戻ろう。これによれば天皇機関説排撃運動は、「燎原の焔の如く全国に波及し、重大な社会問題政治問題となり単純な学説排撃運動の域を脱して所謂重臣ブロック排撃、岡田内閣打倒運動へと発展し、「合法無血のクーデター」と評されている程、稀に見る成果を収め革新運動史上に於ける一時代を劃したものであった」ということになる。同様な見方は検事斎藤三郎の報告（昭和一四年）にもある通りである。すなわち、「本問題は始め一、二、個人の言説に対する排撃にあったが漸次進展するに従ひ、現状維持派と見られた政府当局に対する不任信問題と化し、更に一転して全面的に重臣以下の自由主義排撃の大涛となって、革新運動史上画期的躍進段階を為した」（「右翼思想犯罪事件の総合的研究」、『現代史資料4』、一四八頁）。

以上は何れも、重臣ブロックと内閣にたいする「合法無血のクーデター」「革新運動史上画期的躍進」をなしたと評価するものであり、国体明徴運動に関する司法省の共通見解を示すものであったろう。今日でも大方の見方はこうしたものであろうか。ここで重臣ブロックと革新運動との一大対決という図式は以下のようにまとめられている。

現代日本を指導する国論は大別すれば二つである。其の一は現状維持論であり、其の二は現状打破論である。

現状維持論は換言すれば維新反対論である。這は思想的には自由主義、個人主義であり、政治的には議会中心主義の政党政治であり、経済的には自由主義的資本主義のものであり、其の外交は協調の名に依る英米追従主義であり、其の国体的信念は英国流に傾いていると謂われている。然して是を代表し主張し実行し来った勢力は、元老、重臣、官僚、政党、財閥及び之に附和依存する一般の所謂自由主義者であると見られている。

此に対し現状打破論は国家改造論となり維新断行論となり軍部勢力を中心として朝野上下に群集している。畏くも上御一人は天下万民の中心に於いて国家一切の親裁者に在らせられること を信奉し、従来の政党政治を排撃して、資本主義自由主義経済組織を時代錯誤なりとして其の革正を叫び、英米追従外交を非難して自主的道義的外交を強調する。

現下日本は実に国家内外の一切に亘って此相反する二個の思想的潮流信念的勢力の対立闘争に尽きる。（玉沢、三五三頁、宮沢・上、一七八頁）

けれども、私もまた長々と事件の経過を追ってきたのだが、その基調はまるで違ったものになっているはずだ。わざとのように私が連ねてきたのは、この事件の多様なアクターたちそれ自体の分裂の有様だった。宇垣一成の見るところを繰り返すが、「現在では、軍部‐官僚‐左傾‐右傾、なお進んで政友会の内争、民政（党）の提携非提携の抗争、軍部内派閥の闘争等と、如何にも争いが小キザミと成り来たれり」ということであり、事件の経緯にこの「小キザミの争い」を垣間見ていきたいからだった。先の司法省のまとめのように、重臣ブロックにたいする国家革新運動の一大画期などとまとめたくはない。こうした割り切り方には事件直後の二・二六叛乱の結果が明らかに投影されている。だが、私はむしろ国体明徴運動をそれ自体としてピンポイントに捉えたい。実際、明治憲法体制下の日本国家が、脈絡もなくスペクトル分裂の様相を呈した一年だった。その細かなせめぎ合いのうちで揺れ動いていたのが時の日本国家というものであり、国家が国体を明徴して日本国家に成っていこうとして右往左往する物語をここに読むことだった。

なるほど、事件の発端は簑田胸喜など右傾団体にそそのかされた議員たちの内閣糾弾運動として始められた。これにたいして、天皇機関説は学説問題だとして岡田内閣は逃げを打った。国体問題に波及するのを何とか防ごうとした。背景には重臣ブロックの警戒感があり、これは端的に内閣と廷臣人事にまでことが及ぶのを嫌った。「最初の内は、自分〔原田〕もあんまり相手にしていなかったけれども、前にも申したように美濃部博士は当て馬であって、要するに一木〔喜徳郎〕枢密院議長攻撃が目的である」〔原田日記〕。一木枢相の進退を通じてことが天皇にまで及ぶ。逆に言えば、天皇は初めから断乎として「現状維持派」であり、これが露わになれば「革新派」との対決がもろに表に出る。かといって、重臣・廷臣ブロック〔密教〕が、天皇親政に及ぶがごとき機関説排撃運動、つまり顕教と表立って対決するなど日本国家の解体を意味したからだ。こうしてひとまずは貴族院並びに衆議院の機関説排撃決議となる。原田日記から垣間見られるように、この段階ですでに重臣ブロックは事態が天皇に及ぶことを警戒していたが、このブロックが暴露されることが防がれていた。事件はこれで治まるはずであった。

ところがここに政治音痴と言うべき美濃部達吉本人がしゃしゃり出て、議会とメディアを通じて公衆に向けて自説を擁護した。知識階級の沈黙に対比して見上げた頑張りではあったが、他方で「美濃部は当て馬」が文字通りに事件の焦点に浮上する。美濃部の司法処分問題である。司法官僚の膨大で徒労な労力がこれに注がれ、内外の危機をそっちのけにして日本の国家権力が浪費される観を呈したのだった。結果として美濃部は起訴猶予、岡田内閣の第二次声明となり事件は落着した。原田が危惧した日本国家の奥の院にまで事態が及ぶことは回避された。明治憲法体制の密教は密教のままに温存されたはずであった。

ファッショ化の内紛

では、天皇機関説排撃から国体明徴運動へと展開した事件の推進力、革新派の右傾勢力はどうだったろうか。彼らが事件の発端を作り、以降一貫して現状維持派を攻め続けた。簑田胸喜の「原理日本」や北・西田派の尖兵といわれる「直心道場」を始めとして、全国一五一に及ぶ右傾団体が蹶起した（玉沢、一九〇頁）。美濃部、一木、それに渡辺錠太郎にたいする個人テロまがいの攻撃も起きた。その挙句が在郷軍人会の参加であり、これが軍部両大臣にたいする直接の圧力となり、岡田が述懐しているように内閣の内紛として波及した。「陸軍大臣も相当に強いことを内閣に向かって言わなければ、内が治まらないかもしれない」（原田日記、三月一四日）と永田軍務局長が危惧する事態が生まれたであろう。

けれども、国体明徴運動は革新派の右傾団体からその大衆動員にまで至ったろうか。文字通りに「朝野上下に群衆し」たのだろうか。その兆候を見出すことができないように思う。少なくとも日露戦争後のように都市暴動に転化することはない。現状維持派と革新派の一大対決と言っても、「最近の日本史は此二個の闘争史である」とまでまとめることができるとは思えないのだ。両者は同じく日本国家内部での争いではなかったか。いや、両陣営それぞれにおける小キザミの争いが時の日本の国家というものではなかったか。

この点で面白いと思うのは、実は時のコミンテルンの見解である。宮沢が紹介しているが、プラウダ（昭和一〇年一〇月四日号）の論説「美濃部事件と日本ファッショ化方法のための闘争」である（宮沢・下、五二四頁）。筆者はテラダ、恐らく当時モスクワにいた野坂参三など「日本研究グループ」によるものだと言われる。ブルジョアジーが日本をファッショ化する路線が現今二分しており、両者の主導権争いが美濃部天皇機関説事件だと見るのである。以下に要約する。

「美濃部博士自身も決して、ファッショ陣営が博士を非難するような欧州戦前の自由主義精神に徹底せる自由主義者ではなかった。……この時期に、下院にブルジョア・デモクラシー及び自由主義の賛成者や理論家が残存して居たと思ってはならない」。「主要な点は現時日本資本主義の陣営内に展開しつつある国家ファッショ化の手段、及び方法に対する闘争にある」。「日本の全ブルジョアジーは国のファッショ化の必要について一般に一致して居る」のであり、その中でもブルジョアジーの有力なる諸派及び陸軍将校の大多数及び海軍士官の一部は政府反対の闘争を行い、公然たる軍事＝ファッショ独裁の設定に迄到達せんとした。しかしこれらの分子はブルジョア陣営の中に於いてはなお少数を構成せるに過ぎない。ブルジョアジーの決定的な諸グループは、現段階に於いては、ドイツ若しくはイタリーのファシズムの型による極端なる独裁形態の必要を見ないのである」。

ここに「美濃部事件」が国の「ファッショ化の手段、各ブルジョア・グループ間の最良の利益分配方法、日本資本主義の奴隷の最も確実なる抑圧手段のためのブルジョア陣営内の闘争の最も重要なる段階となった理由が存する」。

要は同じブルジョアジー内部のファッショ化の手段の違いだという。ここでブルジョアジーの決定的諸グループとは、巨大コンツェルンと宮廷一派・官僚と政党から構成されており、これが司法省の見る現状維持派（重臣ブロック）に当たるだろう。対するに他方の諸グループは新興の軍事＝産業資本家であり、その増大しつつある経済力により小ブルジョアをも動員して、急激なるファッショ化というスローガンのもとに闘争している。革新派（右傾ブロック）である。ただし、ブルジョアジー内部の争いか、それとも両派の闘争史こそが時の日本史を特徴づけると見るか、当然視点の微妙な違いがある。ことは日本のファッショ化、いわゆる日本型ファシズムの評価に関わってくるであろう。

もしも、ファシズムを「ドイツ若しくはイタリーの型」をモデルとするなら、これはブルジョアジーのみならず、なお強大な時のプロレタリアートにたいして、第三勢力の大衆運動として登場する。このモデルから見れば日本のいわゆるファッショ化はそもそもがファシズムではない。対外危機に対応した国論の分裂抗争である。それがあらゆる当事者たちの「小キザミの争い」として生起したのが日本国家の姿だった。これをしもブルジョアジー内部の覇権争い、あるいは反対に保守・革新の一大闘争史と割り切ってしまうのであれば、日本の国体の姿が覆い隠されてしまう。もとより、対外危機の一層の切迫のなかで、この闘争史には決着が迫られたかもしれない。両派のどちらかの制覇として日本国家が再発見されたかも知れない。あるいは、翌年二月二〇日の第一九回総選挙のように、警察が国体明徴問題に触れる演説を禁止し、かえって反軍反ファッショが争点になる。そしてあにはからんや、結果は民政党が勝利し少数左翼が躍進した（民政党二〇五、政友会一七一、社会大衆党一八）。あたかも何もなかったかのように、事態は元に戻ったのだろうか。

だが、日本国家のかかる割り切れなさを横やりから断ち切るようにして、二・二六叛乱が突発する。総選挙のわずか六日後のことである。二・二六叛乱から逆照射するなら、支配諸勢力自体が内部で小キザミに分裂抗争していたのであり、いたずらに国体明徴を呼号してみても日本民衆のレベルにまで届くものではなかった。日本国家がこれを通じて国体を明徴した、すなわち日本国家に成ったなどとはとてもとても。いつどんな社会にも党派があり派閥の対立がある、史実の細部にまで目を凝らせ、というのではない。空疎な論戦に一年を費やしたつまらない事件の決着であった。むしろこのあほらしさと些末さの内に、ゆらぎつつ国体を明徴にしようとした日本国家の姿を見たいと思う。

知識階級の沈黙

ここでもう一度玉沢光三郎検事の論文に戻るが、これは最後に「国体明徴運動の影響」として次のように総括している。

天皇機関説排撃に端を発した国体明徴運動は皇国日本に於ける絶対的生命的な根本問題を取り上げた一大精神運動であった。言論絶対主義の下に飽く迄合法的に進められた為め、各分野に於ける革新分子は期せずして一致して此運動に参加し全国的に波及して一大国民運動に迄進展し三十年来唱導された学説を一挙に葬り去った許りでなく、社会の各部層に深甚な影響を及ぼし、思想・政治・教育・宗教等凡ゆる部面に尠からざる影響を与えて時代を著しく推進せしめたと同時に、革新運動の一大躍進を招来し劃期的な成果を挙げしめた。（玉沢、四四一頁）

玉沢検事のこうした総括には二・二六事件の後の国情が反映していることに再度注意するとして、ただ、天皇機関説排撃運動の影響として玉沢が取り分けて強調するのは、これが知識階級を黙らせたことである。「国体明徴運動を論ずるに当って最も重要視さるべきものは智識階級である」。彼らは運動の当初は大した関心を持たなかったほどに自由主義的民主主義的に陥っていたのだったが、問題が重大化するとともに「智識階級を深く内省反省せしめて、国体の本義に醒めしめると同時に現代意識としての日本精神の自覚進展に貢献するところが尠くなかった」。その現れとして玉沢は日本主義に立つ出版物の盛行を上げている。日本主義の思想出版物はこの年に七一二種に上った（前年は二三二種）。天皇機関説は学界と高等教育の場から一掃された。運動を引き取って文部省はこれを広く教育の場に浸透させようと各種機関を創設して、これに知識階級を動員した。影響は大本教からキリスト教会まで宗教界に及んだ。

要は自由主義的知識階級を黙らせ、その余波を国民教育にまで及ぼす。それはそうだったであろう。美濃部達吉が二度にわたる一身上の弁明において、悔しさを滲まさずにいられなかったのももっともなことであった。だがこれ以上に、国体明徴運動は「一大精神運動」「一大国民運動」として、「思想・政治・教育・宗教等凡ゆる部面に尠からざる影響を与えて時代を著しく推進せしめた」であろうか。要は、明治憲法体制のもとに運用されてきた日本国家にたいして、国体明徴とはいかなる国家論と国体論を対置しようとしたのか。現人神信仰という付和雷同以上に、国体論と天皇論は独自の思想的達成の緒に就いたろうか。この一大精神運動を理論的に代表するのは誰か、どの著作か。一年間に限定しなくてもいい。少なくとも五・一五事件からの思想的蓄積が運動をリードしたと言えるなら、それは何か。今に残された業績の乏しさに思い当たらざるをえない。私自身はどうしても、北一輝から昭和維新派青年将校たちに連なる思想の系譜、それも彼らの叛乱という形を取った精神のありように関心を引かれる。西洋思想でもファシズムでもない、精神のこのありようとは国体論として名指すほかないものに思えるのである。国体明徴運動には、この私の国体論に触れてくるものがない。

七花八裂の日本国家

その維新派の青年将校たちのことだが、国体明徴運動の経過を追いながら、終始不審に思うのは彼等の姿が見えないことである。そして実際、二・二六叛乱の主役たちは前年の事件に奇妙なほど冷淡だった。彼らは表面では相沢中佐の裁判闘争にかかりきりであり、また陸軍内部では粛軍の暗闘に巻き込まれていた。その村中孝次と磯部浅一が述べている（粛軍に関する意見書、昭和一〇年七月一一日、『現代史資料4』、六〇九頁）。現状は「軍の統制乱れて麻の如く蓬乱流離殆んど収拾すべからざる状態にある」。社会の混雑混沌は変革期の歴史的必然とはいえ、軍の現状を見れば、郷党・兵科ごとに対峙し天保無天（幕僚と隊付き将校）の間で暗闘を繰り返している。最近ではこれに国家革新の信念方針に異同をきたし、「党同伐異朋党比周」すること甚しい。満州事変、十月事件、五・一五事件と続く「時代の潮流に躍り、国民の愛国的戦時的興奮の頭上に夜郎自大的に不謹慎を敢えてし、国家改造は自家独占の事業と誇負し他の介入協力を許さず」。

村中・磯部の告発はまだまだ続く。清軍と自称して異伐排斥にうつつを抜かし、統制の美名を濫用して私情を公務に装い、上は下に臨むに「感傷的妄動の徒」を以てし、下は上を視るに政治的策謀の疑を以てす。左右信和を欠き上下相剋を事とす。実に危機厳頭に立つ。顧みて慄然たらざるを得ざる所なり。「噫、皇軍の現状斯くの如くにして……」と、止まるところを知らない口吻である。村中磯部のこの意見書などを収録した『現代史資料4　国家主義運動（一）』の編者（今井清一・高橋正衛）がこう述べているのももっともなことであった。「まず当時の権力層は軍部を含めて内部においては、七花八裂、一身多頭の権力争いを蔵しながら、国民に対しては一枚岩として君臨している」。

これではまるで政治の表層で空中戦を演じ、かつ国家権力に内攻する無政府状態ではないか。要は、日本国家などどこにいたのか。

天皇親政は独裁せず

美濃部天皇機関説が排除されて、運動が国体明徴へと展開していく。機関説が取り除かれた後の空虚に、では明徴されるべき国体とは何だったのか。国体は一個の観念的符丁となりそれこそ「軍部勢力を中心として朝野上下の群衆」（玉沢）を駆り立てていただろう。日本精神、皇道、日本民族などなどの言葉のもとで、「億兆心を一にして」天皇の下に帰一すべきことが国体の明徴だった。ちなみに、過激革新派の直心道場系の定義を引いてみる。「国体とは何ぞや、神勅を体して日本国を肇造し給える神武国祖の御理想、即ち君民一体、一君万民、八紘一宇の謂である。日本国民の営む所の思想的生活、政治的生活、経済的生活、全生活は之を基本とし之を大本とし之を理想とすべく、而して日本国の制度方針は此の生活に相応しいものでなければならぬ」。ここから次のスローガンが出る。「嗚呼、これ現代の尊皇と攘夷と討幕とではないか。第二の維新革命ではないか」（玉沢、四二九頁）。

神話的（歴史的）由緒からして天皇はそんじょそこらの王様とは違う、万邦無比の現人神としてましますし。国民の全生活は天皇と一体の理想に捧げられねばならない。明治憲法の受け取り方としては、「大日本帝国は万世一系の天皇之を統治す」（第一条）と「天皇は神聖にして侵すべからず」（第三条）とが合体融合して国体をなす。「国体」が日本人の心性を総動員すべきスローガンとして機能したのは紛れもないことであったろう。

だが、観念的符丁としての国体の裏で、彼ら革新派は日本国家の実際的在り方としてどんな政治体制を思い描いていたろうか。「神武天皇の御理想」ばかりでは話にならない。実際には天皇親政、これが最大公約数的な国家論であったろう。文部省発行の「国体の本義」も提唱している。憲法の政体法の根本原則は、委任政治でも、君臨すれども統治せずでもなく、君民共治、三権分立主義でも法治主義でもなく、一に天皇御親政であると。

親政はもとより立憲君主制とは違う、とはいえ天皇独裁でもありえない。現に昭和天皇は立憲主義の下に育てられており、ヒトラーやムソリーニのごとき独裁者にはなりえない。明治憲法体制の下では制度的にも天皇独裁の余地はない。明治憲法の欠陥と指摘されてきた内閣とりわけ首相による天皇輔弼制が、伊藤博文の意向の下に強化されている（公式令）。とりわけ、いわゆる重臣ブロックが最後まで固執していたのが天皇の政治的無答責ということであった。憲法第三条が西欧君主制の君主無答責条項の引き写しであることは、つとに里見岸雄なども指摘してきたところである。君主は政治の成否から切り離され、政治の汚濁にまみれることなく、「神聖」のままでなければならない。「神聖」の立場を逸脱することのないよう、昭和天皇自らもいかに自制していたかはよく知られている。天皇機関説事件の一年でも垣間見られたとおりである。天皇の意向は側近や政府首脳を介して、間接的に拡散していくほかないのだった。

大体、天皇と内閣あるいは議会両院とを直結する制度はない。昭和に入っても、天皇の閣議への臨席や御前会議開催の要請は、西園寺らにより繰り返し止められた。たしかに支那事変（昭和一二年）以降の戦争の時代には大本営が設けられ、また大本営政府連絡会議が随時開かれることになり、天皇はその両方に出席した。だが、後者連絡会議では発言はしない。他方、大本営では作戦にまでしばしば口を挟んだという。なにしろ憲法上も、天皇の統帥大権は独立しているからだ。

これを要するに、天皇独裁は個人的にも制度的にもありえない。天皇は政治と世俗の汚辱から隔てられて、現人神の神聖のままにして置かねばならない。危機と戦争の時代が来ている。危機対応の失敗や敗戦が天皇の責任に及ぶことを是非とも防止しておかねばならない。開戦も終戦もそもそもが天皇の詔書によるのだ。重臣グループにこの懸念が高じるとともに、まさにその反対に、軍部勢力を中心として朝野上下に群集して、国体の明徴が気ちがい沙汰にまで高じた一年だった。憲法解釈もなんのその、「神聖にして侵すべからず」が、文字通り現人神は神聖だと俗耳に受け取られて不思議はない。しかも、この天皇は宮中祭祀に閉じこもることはできずに、今や俗事にまで浸透して国民の全生活の理念となり、日本国の制度方針もこの生活に相応しいものでなければならない。国民は私生活のなかでもあげて「天皇に帰一」しなくてはならぬ。日本国民は「国体を生活せよ」「維新革命を生活せよ」。所謂維新革命派を先頭にして、かくも高唱された一年だった。君民一体、一君万民、忠孝一致、そして八紘一宇・万邦無比の国体である。これがやがて、聖戦のシンボルとして天皇を立てることになるだろう。

この一年をこんな風にまとめてみれば、国体明徴が運動内部の一個の矛盾に駆動されていたことが見えてくる。国体精神が国民の求心性をたかめるとともに、かえってこれが運動内部の政治的アナーキーを顕在化させている。国民の共同的中心観念として天皇に帰一するには、介在する中間階級の一切を排除しなければならない。とはいえ、重臣・財閥・政党等々を排除した無政府状態でどんな政体を構想するのか。ここのところで、にわかに小キザミ分裂状態が露呈したのであった。危機に臨んで日本国家の内実を固めることができなかった。天皇独裁でなく、とはいえ一君万民の国家共同体でもなく、天皇親政を文字通りに信じたのは二・二六叛乱の青年将校ぐらいではなかったろうか。彼らは天皇への「直参」を求めて、ひたすら天皇その人ににじり寄ろうとした。

ついに国家たりえず

さて国体とは何か。機関説排撃運動の一年が国体明徴を合言葉にするようになった。国家の在り方についてことさらに国体とは何か。国家法人説・天皇機関説は当然ながら国家の政治体制の規定であり、これは政体とか国家権力、主権と法秩序の在り方を示している。憲法の政治的法的な解釈と運用である。本来そこに国体の概念などなくていい。だが、非常時の例外状況が訪れようとしている。ここのところで政治体制とは別のところから、おのずと醸し出されてくるのが国体の理念である。ステイトにたいしてネイションの別が国民意識に浮上する。これがナショナリズムの熱狂につながることもある。カール・シュミットではないが、かかる例外状況で決断する者、主権者が要請される。天皇個人がどんな人格であれ、その詔書の形で天皇が決断する。国民が心を一にしてこれに従う。これが非常時における国家共同体すなわち国体の在り処である。まさしく、日本国の主権者は天皇であり、国家にあるのではないのだ。

だから主権者はこのとき独裁者でありうる。しかし天皇は独裁者たりえない。では軍部あるいは民間からヒトラーが出て、天皇を傀儡あるいはシンボルとしながら独裁すなわち専制を敷けばいい。軍部の一部に、あるいは日本のファッショ勢力に、こうした衝動が生まれていたことは紛れもない。三月事件・十月事件のクーデターの意図、続いて二・二六叛乱の収拾の仕方として浮上したのがこの独裁体制のはずであった。そしてまさしくここのところで、日本の昭和国家は独裁体制たりえない、誰にもその気がない。現人神天皇がましますからだ。このことを露呈したのが、日本国家の体たらくではなかったか。もともと危機における国体の概念にあっては、共同体への求心性が強く働くと同時に、その政治的内実は万民平等でアナーキーという性格を持っている。アナルコナショナルと私はこれを呼んだことがある。私が天皇機関説・国体明徴事件の細部に拾おうとしてきたのも、危機に臨んで民心が国体明徴の一点に収斂するかに見えて、その実日本国家の政治的右往左往ぶりであり、諸勢力の小キザミな分裂と抗争の有様だった。では、日本国家はどうなるのか。

「軍部にて機関説を排撃しつつ、而も此の如き、自分の意思に悖る事を勝手に為すは即ち、朕を機関説扱いと為すものにあらざるなき乎」。「軍部が自分の意に随わずして、天皇機関説を云うは矛盾ならずや」。天皇機関説排撃運動の最中で天皇がこうもらしていたことは先に紹介した。天皇機関説では統治の主体は国家だとして、天皇は国家法人の頭首として詔書・勅語を以て機関決定を決済する。だが、その天皇機関説を放逐するとすれば、代わりに誰が統治を決済するのだ。天皇その人の独裁はありえない。輔弼責任を担う政府や軍部が実質決済するのは言うまでもない。

だが、軍部が革新運動に押しまくられて、天皇の意向を知りながらそれに悖ることを勝手になすとすれば、これはまさしく天皇機関説の実行に他ならない。天皇機関説撲滅を唱えて天皇機関説を押し通す。生身の天皇の存在などそっちのけである。天皇の非難する通り甚だしい「矛盾」だ。矛盾を解消するにはファッショであれ何であれ、自他ともに軍部独裁を確立するほかない。だが、それができないのだった。

その後、戦乱の迫る中で近衛新体制が一国一党の専制を構想したが、このファシズムばりの企図も革新派ばかりか軍中枢からの反対で挫折した。天皇をないがしろにする「幕府」だというのである。近衛文麿もしくは軍部の誰かによる一党独裁はならずであった。こうなれば戦乱の時代に決断するのは誰なのだ。たてまえでも実質でも、つまりは国家運用の顕教にも密教にも、我こそはと名乗って自ら責任を負う者はどこにもいない。日本国家の核心が何処にもなく、それでいて一君万民のあらゆるところに国家がいた。それなのに国を挙げての戦争だという。軍官僚が天皇の名に依り国民を掌握し、天皇の詔書を通じて国を動かすしかないのである。国体明徴運動は天皇機関説を排除することによって、逆説的にも、無自覚無責任の天皇機関説国家をもたらしたのだった。

日本国家はついに国家たりえなかった。

第五章　戦争・内戦・叛乱　国体論とフーコー

『愚管抄』、フーコー、国体論

ここからは少し話が飛ぶ。先に私は『乱世の政治論 愚管抄を読む』という慈円論を書いたが、ここで国体論を念頭に置いて論旨を要約すればこうなる。『愚管抄』は鎌倉幕府政権の打倒にはやる上皇後鳥羽を前にした諫言であり、政治文書である。慈円にとっては同族の藤原氏が摂政関白として天皇を助ける政治が理想であり、そもそもこれは天照大神と藤原氏の祖神天児屋根命の約諾にもとづく統治体制だ。神々による約諾の理念（道理）の現れとして、天皇家と藤原氏による「君臣魚水合体」の政治が保たれてきた。しかるに今、武者の台頭がこの体制を危機に追い込んでいる。それればかりか、当の摂関家そのものがもう回復不可能なまでに無能をさらしている。「ひしと世は王臣の道は失せ果てぬるにて侍るよと、さわさわと見ゆる也」。慈円自身とて無力、なすすべもない。「今は臨終正念にて、とくとく頓死をし侍らなばや」。こうして『愚管抄』は政治の歴史をその神話的起源にまでさかのぼって世を批判しつつ、この乱世における「敗北の政治思想」を綴ることになった。ただ九条家出身の新将軍頼経に期待するばかりだ。

要は、神々の約束という政治の歴史的理念、理念から隔絶した政治の現状への批判、そして摂関家の末裔という時代の敗者の立ち位置である。ところで、『愚管抄』の私のこの読み方にたいしては、当時、思いがけず市田良彦氏から書評があった（週刊読書人、二〇一六年八月一九日）。氏の書評はなんとミシェル・フーコーに引っ掛けたもので、歴史‐政治的言説というフーコーの政治論が『愚管抄』の読みと呼応するのだという。そしてこの指摘がまた、国体論とフーコーという予想外の連想に私を誘うものとなったのである。

市田良彦氏の書評によれば、『愚管抄』は歴史記述に表現された政治思想であり、後鳥羽への諫言は「歴史の名による政治」にほかならない。「神々の約諾だから」という慈円の道理の主張は、フーコーの歴史‐政治的な「真理」に相当する。真理は政治に具体的な形を与える。政治と歴史が互いを規定‐包摂しあう。慈円の道理（真理）は融通無碍で出鱈目であるが、現実政治とは関係なくなることによってかえって歴史は道理となる。敗北しつつある者にとって、反動的であること以外に勝者の形成する現在に反撃の一太刀を浴びせることができようか。歴史的言説の成立はそれ自体が対抗政治であり、一つの偽史にほかならない。この点でフーコーが取り上げた一七世紀フランスの反動貴族ブーランヴィリエの種族間戦争論と同等だ。ブーランヴィリエも敗者であり、現実政治を超越して歴史を発見する。臣下は歴史の道理を守るために無能な王を取り替えることとさえしていいのだ。

『愚管抄』からフーコーのブーランヴィリエの戦争論を連想するという市田氏の書評は、私には意表を突くものだった。しかし同時に奇妙な感想にも誘われたのだった。これは『愚管抄』というより、ほかならぬ戦前昭和の国体論のことではないか。国体論が歴史-政治的な言説であることはあまりにも自明である。改めて、フーコーの眼鏡を通して国体論とその過激派の叛乱を顧みてはどうか。

歴史の政治的言説

そもそもブーランヴィリエとは（フーコーにとって）何者か。コレージュ・ド・フランスにおける有名な一九七六年の講義で、フーコーは場違いなほどの時間をブーランヴィリエに割いている（『社会は防衛しなければならない　ミシェル・フーコー講義集成6』、石田英敬・小野正嗣編訳）。フーコーの権力論の脈絡から見て、これは一過性のテーマに過ぎないのか、それとも「戦争」という大事なコンセプトの登場なのか。フーコー論としても議論の分かれるところなのだろう（重田園枝『フーコーの風向き』）。

ブーランヴィリエ（一六五八-一七二二）は種族間の「戦争と闘争の政治」という歴史像をラジカルに押し出した人物だとフーコーは見なしている。ここで種族 nation とは領土とか植民地によって定義される民族とは違う。習俗、習慣、身分規定上の規則として法を共有する集団であった。ブーランヴィリエは自分たち没落貴族という種族のための歴史を語る。絶対主義王権にも、次いでブルジョアジーにも敵対するウルトラ反動の封建貴族の立場である。フランスでは四-五世紀にゲルマニアの地からフランク族が侵入してガリアを征服した。フランク族とはかつてローマ人がこの地から消滅させようとした戦闘的な種族であった。「金髪で大柄な野蛮人」の戦士共同体である。こうして成立した理想の封建制が絶対王政の成立とともに崩壊していく。これはまたラテン語とローマ法による支配の復活・浸透でもあった。フランク族はその土地も権利も王と教会の張り巡らす知と権力によって簒奪された。ブーランヴィリエはこの歴史を戦争の歴史として描く。

戦争とは端的に法と主権にたいする戦争であり、自然契約説にたいする歴史の対決である。そうフーコーは読んでいる。そもそも、法律は和平ではない。戦争こそが制度と秩序の原動力だ。たしかに、歴史的言説は従来王権の秩序と連続性を誇示する儀礼として使われてきた。これにたいして、一七世紀初頭にかけて現れた新しい言説はもはや主権の言説でなく、民族＝人種間の闘争の言説になっていく。ローマ的な主権の歴史にたいする対抗史となる。対抗史はまた革命の歴史である。一九世紀になればこれは階級闘争の歴史につながるとともに、今度はこちらにたいする対抗史として人種差別主義の言説が現れることにもなる。こうした対抗史を通じて二項図式的なタームが成立した。「社会とは、単に完全に区分されたというだけでなく相互に対立する二つの全体から構成されているということです。そして、社会を構成し、国家に影響を及ぼしている、それら二つの全体の間にある対立の関係は、実際には戦争関係、恒常的な戦争の関係であるというのです」(八八頁)。法の歴史とは戦争の歴史である。戦争、征服、支配の正当化、こうした闘争のプロセスすべてが法に書き込まれている。また、自然の法あるいは神の授けた法権利なるものも、すべて人間の歴史の産物と見なされる。

ブーランヴィリエとは歴史を種族間の戦争と見なし、現に王権に戦争を挑んだ政治言説のはしりをなす。歴史は裏切られ侮辱されてきた貴族の武器となる。ここにおいて歴史の主題・主体が転換する。こうしてブーランヴィリエは戦争としての政治を語る。政治の言説は戦争の歴史の語りとなる。フランス革命の時代になれば、第三身分の歴史の語り手が革命の主体になり、これに対抗してまた別の歴史の語り手プロレタリアが登場する。歴史とは闘争の歴史である。

しかしと、ここのところでフーコーに合いの手を入れたくもなるのだが、歴史とは階級闘争の歴史ではなかったかしら。私らはこの線に沿ってマルクスを読み革命運動の歴史を顧みてきたのである。それだけではない。これまでの革命の歴史は公認指導部による裏切りの歴史である。真正マルクス－レーニンの昔に回帰しなければならない。これがマルクス主義における左翼反対派の「裏切り史観」、つまり歴史－政治的言説となった。たしかにここのところで、フーコーも注釈を入れている。マルクスの階級闘争史観が闘争の歴史的言説を引き受けて、今度はプロレタリアートが歴史の語り手となると。だが、フーコーはこのようにコメントしているが、ほんの注記といったところである。というのも、フーコーによるブーランヴィリエの闘争史観とは、反動的にも歴史の名による現実との闘争なのである。ということは、フーコーにとって戦争としての革命は階級の性格を限定しない、その政治的言説の左右を問わない。国体論過激派が国体の神話的起源の名によってブルジョア的現体制を討とうとしたのだって、同じことではないか。要はフーコーにとって、闘争の左右の別、歴史的にアナクロか進歩的かの差別を取り払いたい。どうしてこんなこと、階級闘争史観の一種の転倒劇が起こるのだろうか。

国体論についてはこれまでの章でその概略を見てきた。国体論とりわけその過激派もまた一つの右傾「種族」であった。そしてフーコーのブーランヴィリエ論がこれに呼応するのだとして、その言説を短く要約してこれに対比しておこう。(一) 政治の歴史的言説。国体論は天壌無窮・万世一系の神話的歴史を最大限押し出して、歴史を政治言説化した。加えて、野郎事大にもこれは八紘一宇の民族主義の姿をとることにもなる。(二) 過激国体論。国体論とは時代の世論であったに違いないが、なかでも国体論の歴史的言説をもって立憲的明治憲法体制を批判しその打倒を呼号する一派がいた。国体明徴運動にその一端を見たとおりである。(三) 反権力闘争。彼らのアナクロで過激な主張が国体論の国民的一致の見せかけを破ろうとした。敵は財閥、軍閥、政党、元老、宮中、特権階級にある。これら体制の支配者たちこそ国体の本義を裏切っているのであり、明治維新以降の滔々たる欧化とブルジョア化も極まっている。国体論過激派は国体論に政治的で思想的な亀裂を持ち込もうと躍起になった。(四) 国体の危機。この国は今国際的な危機に立たされている。加えて横やりから社会主義・ボリシェヴィズムの脅威が迫っている。今や国体は危機に立っており、われら革新派・右傾勢力は時勢に追いまくられまさに敗者に貶められようとしている。(五) 民族の国体。わが大和民族はその成り立ちからして天壌無窮かつ万邦無比の種族である。天照大神は国を譲るとともに田の苗と蚕の繭とを授けたまい、われらは古来兵農共同体として歴史を歩んできたのだ。（六）叛乱。国体論過激派の歴史言説は主張する。国体の本義を回復するには特権階級との戦争しかない。この行き着く先に軍事クーデタ、叛乱があった。

国体論過激派の歴史言説はウルトラ反動的なものであったが、ただに手段が過激というだけではない。支配層は天皇の名のもとに実際は資本主義体制、欧化の推進、国際協調、政党政治、議会主義などに依拠して国体を裏切っている。偽史が戦争の言説にまで至ることを通じて、過激派は総じて西欧近代の国家権力原理に対立して、妥協不可能な叛乱のロジックを浮上させることになった。ここに見るべきことこそ、「法的・主権的権力」にたいする「戦争」の和解不可能な対決なのだ。フーコーならそう見るに違いない。

ここでまた連想が飛ぶのだが、カール・シュミットの『政治神学』の片隅に登場する一九世紀ドイツのカトリック反動のことだ。時代はかの一八四八年の世界革命、マルクスのちょうど反対側で、カトリック反革命主義者（ドノソ・コルテスなど）がブルジョアジーの欺瞞を激しくなじっていたという。本稿の後の章で取り上げることだが、こんな調子であった。ブルジョアジーとは決断し決着をつける代わりに、新聞と議会において「論議する階級」である。「神を欲する。ただし、その神は、活動することができてはならない」。「君主を欲する。ただし君主は無力であるべきだ」。「教養と財産」がこの階級に貧乏人を抑圧する権利を与える。血統と家系による貴族政治を排撃しながら、金権貴族の恥知らずな支配を容認する。国王という人格的な国家権力を欲しながら、他方、国王をたんなる執行機関に仕立て、国王の行為の一々を内閣の道に依存させる。国王の人格を不可侵と言明しながらしかも憲法に誓約をさせる。ブルジョアジーは王政・貴族政と過激民主派の双方に脅かされてあちこちするばかり、議会で果てしなく討論して事態を先延ばしするだけなのだ。ついでながら、この観点では社会民主主義者とても同列である、と。以上を通じて、このカトリック反革命派の歴史言説とは、言うまでもなくキリスト教教会の無謬神話にほかならない。

法・主権–政治的言説の近代

一読、一体いつどこの国の話なのだ。歴史は確かに階級闘争の歴史であったろう。だが、一九七〇年代にはフランスでもまた日本でも、過激派はマルクス派だけという革命の独占史観からの解放が進行したのだった。例えば日本では、全共闘運動とはどんなマルクス主義なのだ。これがまた国体論過激派の引き起こした叛乱の再発見につながった。私自身の場合を振り返れば、北一輝から二・二六叛乱までの国体論の歴史をたどって『超国家主義の政治倫理』にまとめたのが一九七七年のことだった。反近代そして共同体の倫理と政治という関心に動かされてのことであったろう。では同じ時期、同じく反動派に着目したフーコーの場合は何だったのか。法と主権という近代の権力と、これに反抗する闘争つまり「戦争」の歴史ということだったのであろう。

フーコーの権力論を読んでいると一貫してかつ執拗に、いわゆる法・主権的言説にたいする敵愾心ともいうべき言及にぶつかる。権力の分析のためには「主権の法的モデルは放棄しなければならない」（二六三頁）。私はその都度なにかしら暖簾に腕押しのような感触を受けるのだが、多分これは西欧から遠くこの極東の島国の住人の感覚であろう。法・主権的言説にもとづく権力とは、つまるところ近代西欧の歴史を生み出した政治体制のことである。今日では、自由主義であり民主主義と議会制、立憲君主制の下での人権擁護などなどのことなのだ。歴史の名によるこの体制にたいする「戦争」のことはすでに触れた。たしかに、国体論の過激派からすれば天皇機関説とはすなわち明治国家権力の法的モデルなのであって、「主権の法的モデルは放棄しなければならない」のだった。ただ、近代の法・主権的言説にたいする戦争という観点でも、私の関心はフーコーとはやや別のことにずれていく。

というのも、同じく近代の経験として、この主権権力にたいする民衆のローカルな抵抗が世界各地で頻発してきたし、現代ではなおのことである。そして、体制にたいするこの抵抗もまた、個人的反抗であれ民衆の反対運動であれ、同じく自由、民主、人権などを旗印に統括される。フーコーと同じく権利要求闘争と、とりあえずこれを呼んでおこう。定義上この闘争は個別闘争である。闘争手段が過激か改良的か、デモか法廷闘争かを問わない。権力の連続性と正統性とを前提とした国民の権利要求である。そして、近代の政治体制ばかりか、これにたいする人民・国民の権利要求闘争までを包含して、フーコーは法・主権的政治言説と名指している。そう私は受け取るのである。

そしてフーコーはその権力論のあらゆる場所で、この包括的政治の枠組みから脱却しその正統性と連続性そのものを破る闘争を示唆してやまない。といっても自身はほのめかすだけなので、フーコー論からは通常漏れてしまう論点がここにある。そう私は感じてきた。抵抗は人民の個別権利要求闘争に止まらずに、この要求をも原理的に包摂する近代の権力構造そのものから逸脱して、これと戦うものでなければならない。権利要求闘争にしてもその強度が高まれば叛乱との境目が揺らぐ。すぐる全世界的な1968の叛乱の試みとはまさにこの境目での闘いだったではないか。権利要求闘争は放任するならば、自らを組織し他の闘争と連携して叛乱に転化する危険／可能性がある。

繰り返すが、闘争形態や手段が過激かどうかの違いではない。すでに六〇年安保闘争では、政府の安全保障外交にたいする反対闘争が国民革命というべき叛乱状態に転化した。個別学園における権利要求闘争から始めて全共闘運動はキャンバスの叛乱、あるいは街頭の全国政治闘争にまで過激化した。パリの五月はどうだったろうか。近代にたいする叛乱とこれを呼ぶ代わりに、フーコーが喚起したのがまさしく戦争であり内戦なのだ。ただ、戦争は未来へ向けての展望であるとともに、また逆にアナクロ過激な反動でもありえた。いずれにしても、戦争の言説から結局フーコーは離脱したなどということはありえない。

国体論の時代はどうだったろうか。人権思想による権利要求は国家により禁圧されていた。だが時間を逆転させてひとたび神話起源の戦争言説に至れば、権力の法的モデルを越えてそれが軍事叛乱にまでつながるかもしれない。国家権力がこの事態から国家を防衛しなければならないのである。国体明徴という国民的掛け声は政争の具として処理することができた。何よりもボリシェヴィズムの危機が、国体明徴運動を内戦にまで転化することを阻んでいた。他方左翼にとってもまた、里見岸雄ではないが、「社会主義を日本国体化せよ」とはいかなかった。そうした中で、政争の背後から二・二六の叛乱が現れ出たとき、国家権力は文字通りの戦争（内戦）としてこれに対決するほかはなかったのである。

国体論のアナクロで荒唐無稽の政治の起源言説こそ、定義通りに近代の政治言説をはみ出している。この手の言説が集団を組みブルジョア体制に闘争を仕掛けたとしたらどうなるか。まして、軍隊を動かすクーデタにまで高じたとすれば、これも定義通り反近代の反動的な叛乱にならざるをえない。私の国体論が二・二六叛乱を始点にしてその歴史をさかのぼる手法を採るのもこのためなのだ。

叛乱という言葉はこうして日本では軍事クーデタのこととして使われてきた。そのためもあり叛乱と言えば何かしらおどろおどろしいニュアンスを伴い、また過激な煽動に結びつくもののように受け取られた。「反乱という単語は明確すぎ、強すぎる」とフーコーは漏らしているが、「戦争」という用語だって相当にきつい。かつて私が革命とは区別して「近代にたいする叛乱」を強調したときにも、自他ともにこれと無縁だったとは言わない。１９６８の全共闘運動が大学内の権利要求（個別学園闘争）から開始され、ある時点でこれが叛乱という性格に転化したと見る場合も同様だったろう。けれどもその後、価値判断も思い込みも抜きにして叛乱を独自の政治カテゴリーとして定着させようと、私は意識して私の筆を変更していくようになった。マルクス－レーニン主義の革命が押しなべて奇形の近代国家を生み出してその定義を使い果たしてしまっている現在、革命でなく叛乱、それも生権力の下での国民の権利要求闘争とは政治的に区別すべきカテゴリーとして、大衆叛乱というコンセプトを使うようになったと思う。権利要求闘争は自らを評議会に組織して叛乱へとあふれ出るだろうか。個別的闘争でなく個別かつ全体的な闘争をとフーコーが掛け声をかけ、掛け声倒れに終わったのもこのことだったろう。主体にとっては「体験と普遍史」の葛藤を闘うことだ。両者の転化転生の可能性と不可能性とが叛乱のコンセプトに付きまとっている。こうなればもう、フーコーの言質に回答を求めることなどできない相談である。

それにしても、国体論の昭和から、そしてフーコーの死からも、すでに長い時間がたっている。また権力論にしても、法的政治言説が語る近代の政治権力を規律権力が「補完」し、また規律権力は生権力と「連動」するとフーコーは述べている。法権力と規律権力、そして生政治からなるフーコー権力論のトリアーデはよく知られていることだろう。権力がこのように複層化しているとすれば、民衆の蜂起が戦争（内戦）に転化するかどうかはもっと複雑な事情に置かれているだろう。国家権力というより何よりも「社会国家」が、戦争から社会を防衛しなければならないからだ。ことに二〇二〇年から二年間に及んだ新型コロナウイルス感染症のパンデミック、これにたいする「戦争」が世界中で戦われた。だがこれはどんな戦争なのだ。フーコーの権力論への関心がもう一度戻って来て当然の成り行きである。とはいえ、こちらの戦争については別稿に譲ることにしたい（「パンデミック後の世界　コロナ小括その二」、『情況』、二〇二一年冬号）。

第六章　虚焦点　中世の天皇

『愚管抄』

『愚管抄』は、慈円が理想とする君臣合体の政治がどのように守られあるいは踏みにじられたのか、上代から当代（院政時代）まで追跡する政治論である。ここで君臣の君とはもとより天皇のことである。そして臣とは慈円もその一員である藤原摂関家のことに他ならない。むろん、昭和国体論の君臣一体とは関係がない。摂関が天皇を助けて政治を担う。その摂関家の一人である慈円の筆は、当然ながら臣の側からこの政治を論じることになる。天皇論が主題ではない。私は『乱世の政治思想　愚管抄を読む』（二〇一七年）で慈円の政治思想を追ったが、ここでも議論の中心は臣たる摂関家の視点に置かれている。では、摂関家が君臣合体すべき天皇はいかなる存在とされていたろうか。とりわけ世の末と見なされた院政時代の天皇とは、慈円にとってどんな存在と受け取られたのか。改めて見直すことにしたい。昭和国体論の少々の骨休めのつもりで摘要しておこう。

だがそれにしても、『愚管抄』を通じて天皇の存在感がいかにも希薄なのは否めない。関心が摂関政治に置かれていることだけが理由ではないように思われる。天皇の存在自体が、古代の「現御神《あきつみかみ》」から著しく変貌している。飛んで昭和の超国家主義時代の天皇から見ればなおのこと、『愚管抄』の天皇の存在がまことにおぼろげであることが印象づけられる。そこにかえって「中世の天皇」の姿が写されているのではあるまいか。一口に言ってそこでは天皇は（現御神でなく）人である。あまつさえ、出来が悪ければ外部から（摂関家が）廃位に追い込むことがありうる存在である。特に強調するでもなく、慈円は事実上自明の前提のようにこんな天皇を前にしている。例をあげていこう。

平安時代の初め、清和天皇の後を受けて陽成が第五七代天皇に即位した（貞観一八年／八七六年）。わずか九歳であった。その後この天皇は、昔の武烈天皇のように物怪に憑かれた振舞いが多いという理由で、時の摂政藤原基経により一六歳で廃位させられた。基経にとって陽成は甥に当たる。当時も前代未聞と騒がれた大事件であり、以下のような反対意見も根強かったらしい。そもそも国王とは天下のことを決済し世を治め、民を憐れむべきであるのに一体どうして十歳にもならない幼児を国王にしたのか。それでも国王にお立てしたからにはどんなに不都合があってもそのままにしておくべきだ。自ら退位を望んでもいないのに強制退位させる法はない、「これこそは謀反というものだ」。（以下『愚管抄』からの引用は原則として大隅和雄の現代語訳である）。

以上の反論にはそれなりの道理があろうと認めた上で、慈円はそれでも陽成の廃位は「天皇の御ために基経の限りなき功績であった」とまで書いている。というのも、「国王があまりに悪くなっていかれると、世と人との関係からくる因果応報の力に圧倒されて国王の地位を維持できなくなる」。これが「国王というものの道理」なのだというのが慈円の天皇観だった。ここで慈円の言う「世と人」とは政治（政治世界）と世間のことである。

そもそも天皇と人とは、古代におけるがごとくに隔絶しているのでなく、いわば連続の関係にある。ここで「人」とは「国王から始まり賤しい民に至るまで様々な者がある」と書かれている通りである。この「人」と「世」すなわち朝廷の国政との関係で、世のため人のために善政を敷くことが国王には求められている。これが上に言う因果応報ということである。ただし、ことわるまでもなく国王は能力次第で誰もがなれる地位ではない。振舞いの善い人が国王になるべきだが、「日本国のならいは国王種姓《しゅしょう》の人ならぬ筋を国王にすまじと、神の代より定めたる国なり」。これは慈円にとって改めて確認するまでもない前提であった。いわゆる神孫の家筋であり、神孫為君である。上古からのこの伝統に疑いをさしはさむことはない。だが、神孫とはいえ国王も人である、世のため人のためあまりに悪い国王は廃するのが道理なのである。

もう一つ、『愚管抄』には天皇の寿命の指摘がある。慈円は清和・陽成から始めて後冷泉に至るほぼ二百年間、歴代天皇の即位と崩御の年齢を列挙してその寿命の短いことには「言葉もない」と書く。実は陽成などは八二歳まで存命だったのだが、前述の通り若くして退位させられた。寿命というより在位期間が短いのである。これは言うまでもなく、幼主天皇を生み出した摂関政治の策略の結果なのだが、この点での慈円の屁理屈は置いておく。ともかくも天皇の寿命を問題にする。天皇とはいえ死すべき存在、つまりは人であることは慈円にとって自明のことなのである。摂関政治の全盛時代が終わっても、次の院政期もまた幼主天皇の時代が続くが、これについては後述する。

天皇の身体

現代の読者から見れば、天皇も人であるという慈円の国王像は常識に思えて気にすることもないだろう。しかし、一方では天照大神を皇祖神とする万世一系の天皇は現に現人神としてましますという天皇像があり、これは国体論の中軸の論理として幕末期から昭和にかけて政治的に猛威を振るった。この経験から振り返って中世の初め、慈円の天皇論から読み取るべきことはないのか。

カントーロヴィチの『王の二つの身体』（一九五七年）は、題名からして「天皇の二つの身体」というテーマを刺激する書物である。詳しくは別の章で扱うが、ここで王の二つの身体とは自然的身体、そして政治的身体と呼ばれる。現代の立憲君主であれば、政治的身体は血統と王冠を継承する威厳ある「国民統合の象徴」として存在する。同時に当たり前ながら君主はまた人という自然的身体である。西欧中世では君主は神の恩寵により君主となるとされるが、君主それぞれには特有の性質や癖や人格がある。エピソードがあり歴史物語の主人公として活躍することもしばしばだ。キリスト教西欧諸国の君主における人性と神性の二重性は、一六世紀になれば一身における二つの身体として、政治的身体が自然身体から分離自立しかつ後者を包み込むようになる。カントーロヴィチはその歴史を法思想史的に追っていく。君主の身柄が同時に国家という団体を体現する。王の自然的身体は可死的だが、政治的身体は代々受け渡されて不死だと言われた。人としての王は死んでも政治体を束ねるべき王は死なない。それが王朝という血統であり、その威厳をなす。

カントーロヴィチの議論の詳細は極めて興味あるものだが、読後気づくことがある。著者が実は王の「自然的身体」のほうにはほとんど関心を持っていないことだ。何しろ変転極まりない西欧の王朝である。君主それぞれの人格と振舞いは毀誉応変の歴史物語になるが、君主が死すべき人であるのは自明である。ところがわが国では天皇は万世一系であるという。折口信夫ではないが天皇は代々即位するごとに大嘗祭で天照から天皇霊を注ぎ込まれる。現に現人神として存在する。天皇の身柄は可死だが、天皇霊は死なない、死ねない。西欧君主の政治的身体も死なないと言われるが、それはあくまで象徴とか政治的機能のことであって、自然的身体の神秘から来るものではない。

一人の存在に二つの人格が共存することは、凡人の場合にも不思議なことではない。人は固有の身柄であるとともに社会的な対他存在である。両者が格別に矛盾しないのが社会生活というものだが、しかし時には一つの身体の内で二つが齟齬をきたし、齟齬は先鋭化して人を異常の振舞いに誘導することがあるだろう。こんなことは王の場合にも自明なこととしてカントーロヴィチは問題にしない。関心は王という身体の政治でありその法思想的変遷なのだった。ところが、自然と政治とがそれぞれの身体として自立しえず、一つの存在つまり天皇の肉体（身柄）の内で先鋭に葛藤して軋み声を立てる。国体論の天皇が立たされたのはこんな場所であった。非常時に、政治の中で自然がことさらに自己を主張する。古来の用例では自然とは自ずからなることではなく、想定外の出来事を指していた。この意味での自然が日本にはびこってきた自然の本性ではないか。自然は政治的に侮れない。天皇一人の身体における自然と政治の先鋭な論理矛盾のことは、三島由紀夫の国体論の章で詳細に考える。

血統の凝縮

さて慈円の天皇論に戻ろう。国王が人であることを何でもない前提とする慈円の天皇論において、天皇の身柄の威力というものはないのか。当然のこととして血筋（種姓）がある。天皇は政治的に無であっても、種姓としてはおろそかにすることはできない。何しろ慈円によれば、天照大神の約束が冥界の道理として、現に天皇の身体に受け継がれ体現されているのだ。理屈抜きの神秘として、神の御代より定められた身体である。天皇の身体にはこの国の時間が貫き蓄積されている。俗に言って天皇の身体に触るのは怖い。西欧君主では王朝の血統が身柄の「威厳」をなしている、威厳が時間を超越して継承されると『王の二つの身体』の著者が指摘しているが、わが国では時間は王の身柄において凝縮している。万世一系の神秘は今も禁忌に属する。

たしかに平安朝は仏教が霊的にも権力としても隆盛を極める時代となった。鳥羽天皇は山門の法力によって即位できた。三井寺の頼豪は息子誕生を願う白河院の望みをかなえたが、三井寺戒壇の許可という約束を院が破ったために赤子を取り殺した。こういった説話が生まれたが、神孫天皇を「仏孫」にまで置き換えることはできなかった。また、天皇が神孫であるばかりか儒教的徳治主義を以て自己を正当化するのは、両統迭立の南北朝になってからである。今では、天皇が神孫であるとはただの神話として脇に取り除けることができるが、同時に神孫天皇の身体にまで手を突っ込むことは今も誰にもできない。

実際、繰り返すが慈円の天皇論では、天皇本人が覇権を主張することはない。天皇は政治的存在ではないし、政治的身体の自立はありえない。実際問題として強力な天皇親政の余地がないのが、摂関期から院政までの時代だった。摂関時代はもとより魚水合体の理屈で摂政関白が万事を取り仕切った。道長にたいする一条天皇のように、天子の光を臣下の黒雲が覆い隠してしまったと書き残した天皇もいる。これを発見した道長はろくに見もしないで火にくべてしまったという。慈円に言わせれば一条は道長の本当の姿を理解できず、こんな恨み言めいたものを書いたので早々と亡くなってしまった。これと対照的に、道長はその後も栄華を極め子孫も繁盛した。「人間の心の良しあしなどは身分の貴賤とは別のこと、私が誓ったことはすべて違うことなく思い通りになりましたよ」というのが、一条天皇の御霊前での道長の思いだったろうと慈円は書いている。

加えて院政時代の天皇はすべて幼主である。慈円は政治的に天皇論を立てようにもしようがない。勢い天皇に言及する場合にも議論は複雑かつあいまいなものとならざるをえない。それに慈円にとっては、院政とは何よりも世の末、世の終わりの政治体制であった。世の末とは末法の世のことではない。院とその近臣とが政治を壟断して、摂関政治が終わりを迎えたのである。慈円にとっても政治の終わりが院政であった。

だいたい上皇（院）が実権を独裁する政治体制において、上皇とは天皇に代わるべき国王なのかどうか。子供の天皇は政治的には無の存在ながら、天皇の存在は決してなしにはされない。無力な自然的身体として存在するのだが、この幼い身体に天孫という時間が凝集していることまでは消せない。院が天皇の身体に入れ替わることはできないのである。九条兼実の天皇論のところで述べることだが、朝廷儀礼や政治儀式での天皇の臨席を上皇に取り換えることは決してなかった。

朝廷というポリス

院政時代の末期はまた武者の世となる。一方では院とその近臣、他方は鎌倉の幕府、二つの権力の焦点のはざまで幼主天皇のみならず、摂関家もまた政治を失ってしまう。それに兼実を除けば、他の摂関家の面々もクズばかりになったというのが慈円の見立てである。「もう世の中には王臣が一体となって政治を進めるという道は全然なくなってしまったのである」。上古以来の君臣合体の政治理念は完全にお終いだ、つまり世も末なのであった。『愚管抄』にもう天皇論の余地がない。まったく便宜的に、承久の乱へと暴走する後鳥羽上皇への諫言に、慈円は何の再定義もなしに上皇を「君」と呼んでいる。「この道理を君はくれぐれもよく考えられ、御理解なさって、こういう間違ったお考えをさっぱりと捨てていただきたい」。こんな言い方である。慈円は治天の君（上皇）を天皇に代わる国主と認めて「君」と呼びかけているのではない。上皇は天皇（国王、君）でないことには頬かむりして、同じ呼び名を呼んでいるにすぎない。世も末だ。

さてこのように、ことに院政期に入れば天皇は有能無能・善悪以前に政治的に無であり、しかも一個の自然的身体に神の時間を宿している。そうだとしても天皇が朝廷社会の秩序を束ねる不可欠の存在だとしたら、この身体はどんな働きをしていたのだろうか。私は先の『愚管抄を読む』の終わりに、平安期の朝廷とは一個のポリスだったのだという感想を述べた（一九六頁）。この政治共同体はおおむね王家と藤原氏の諸人士によって排他的に構成されている。王を含めて、濃淡遠近の差はあれ藤原氏という血脈で結ばれている。その中で政務と儀礼と陰謀とが前例を踏んで自動的に循環している。民衆はこのポリスに属さないから、民と王権を媒介するものとしての官僚は存在しない。社会維持の経済は圏外・地方の民百姓・荘園に全面的に支えられている。外敵が存在しないから侵略の脅威も可能性もほぼない。だから軍人階級が存在しない。民百姓は外の世界にいるから反乱の心配もない。京という盆地に限定された小さな政治共同体であった。こんなポリスが一体何を中軸にして共同体たりえたのだろうか。

王法仏法相依というのはこの時代のモットーであったが、王法とはポリスの政治のことであり、他方仏法も仏教の精神というより事実上権門寺院のことだった。仏門のトップは王家と藤原家の出身者で占められている。つまり仏法も平安朝ポリスの構成要員として王法と共存する存在であった。兼実の言う牛の二本の角である。権門諸寺の座主別当で藤原摂関家出身者は今では四、五十人にもなり、王家でも同様だとは『愚管抄』の指摘である。

ところが院政期にもなると、王家も摂関家も、また寺社権門もそれぞれに荘園を蓄積して独自性を高め、したがってまた家同士の争いも目立ってくる。陰に籠った貴族間の陰謀が公然たる武力闘争にまで転じたのが保元平治の乱だった。この後じきに、鎌倉から武家がポリスに介入してくる。朝廷に向けて「今般は天下草創の時」と頼朝が宣告した文治元年（一一八五年）がその画期だったろうか。盆地で自足していた小さなポリスに亀裂が目立ってきたのである。

ではどうしてこのポリスは存続できたのか。天皇という身柄の存在を虚焦点とするしかない。ポリスの統合にどう関わったのか、あるいは逆にいかに内部抗争に超然たるべく務めたのか。そんなことは問うまでもない。天皇は政治的に無の存在である。しかも子供だ。この政治的な絶無の身柄に神孫という時間の凝縮だけが宿っている。政治的に無であるがために、かえってポリスの政治的抗争を虚焦点のごとくに吸い取って無にすることができた。この意味で天皇は死なない、死ねない。そういう存在ではなかったろうか。それにしても、生身の身体が同時に絶対無だという存在とは、本人には残酷な命運と言うしかない。

こういうこともある。院政の覇権の下でも公卿たちは衆議の場で政治を決める建前を守った。この公卿議定はあくまで天皇の諮問会議であって、院の下部機関ではないのだった。ことに国家大事の折には公卿会議での決定が重視されたが、当然ながらしばしば意見が割れた。その際、各人の発言は特徴的な終わり方をしている。「これ以上のことはただ叡慮にあり」「勅諚に待つべし」「よろしく聖断によるべし」と、発言を締めくくるのだった。だが当事者の誰もが知っていることだが、叡慮といい聖断といっても子供の天皇自身が下すはずもない。公卿の実力者とか院とその近臣など、政治的決断が裏で、内輪でなされる。あるいはすでに外部で決められていることなのである。それをしも聖断に任せると言うとき、聖断の場所は無であるほかはない。無の虚焦点に意見の対立は吸い込まれて、朝廷政治の建前の裏側で決定がなされる。だがそれでも、朝廷政治を決めるのは天皇その人であって、院でも他の誰でもない。

九条兼実の天皇

慈円の実兄九条兼実は若くして右大臣として政治生活を始め、最後には摂政関白に上り詰めた。この間に仕えた天皇は、六条（即位時三歳）・高倉（同八歳）・安徳（三歳）・後鳥羽（四歳）と四人に及ぶ。すべてが後白河院制の時代であり、見事なほどに四人はすべて幼主として即位している。この内で兼実が親身に仕えたのが高倉天皇であった。一八歳の右大臣兼実はまず高倉の東宮傅（養育係）としてその政治家のキャリアを始めた。そして高倉の成長ぶりから死までの交流を事細かに日記『玉葉』に記し続けた。兼実がただの役柄として高倉に接していたのではないことがよく出ている。あえて言えば愛情をもって高倉の成長を見届けているのである。一例をあげれば高倉一五歳の時（承安五年／一一七五年）、兼実は女房共々高倉と深夜まで管弦に興じた。親しげで私的な集まりの雰囲気である。「主上笛を吹かしめ給う、御意気はなはだ神妙」と兼実は満足であった。高倉天皇は平清盛の義妹滋子と後白河の子であり、兼実の摂関家とは血のつながりがない。即位もその後も天皇の周りは平家一門で固められている。慈円流の君臣魚水合体の政治理念から言えば圏外の人であった。にもかかわらず、兼実は高倉に「人間として」接している。人間的交流と言いたくなる。玉葉の記述からは高倉という天皇もまた人であるという了解が、当たり前のように伝わってくる。この点では慈円にとっての天皇と違わない。

高倉に対比して、その前後の幼主六条と安徳の扱いは冷たい。六条天皇は三歳で即位、その三年後に高倉に譲位し一三歳で崩御した。父二条天皇が強引に即位させたのだが、直後に本人が死去して六条を庇護する家系もない。元服もしないまま誰の関心も引かずに亡くなった哀れを感じさせる。だが兼実は「古今未だあらざる稀代のことなり」とコメントするばかりだ。天皇も死すべき存在という了解を地でいっていると言いうべきか。

他方安徳天皇は、言うまでもなく平家とともに拉致されて都落ちである。この対応策として朝廷は新帝に践祚させる儀を急いだ。まだ安徳は存命中である。それに次代に譲り渡すべき剣璽が欠けている。この異例の事態に理屈をこしらえて践祚を推進したのが兼実であった。安徳の運命やその入水にも兼実は何の関心も示していない。天皇とは政治の都合で改廃ができる位置にすぎない。摂政基経が陽成天皇を廃位させたことをむしろ基経の功績だと言い張った慈円と、同じような兼実の天皇観だったろうか。

虚焦点としての天皇

それではと、兼実についても慈円にたいしてと同様に問わねばならないが、死すべき天皇の存在はいかなる意味で不死なのか。やはり、年々繰り返される朝廷儀礼の焦点に、天皇がましますということになるだろう。兼実は一八歳で初めて古くからの正月行事、踏歌の節会の上卿（総監督）を務めた。天皇に踏歌の舞を献じ、あわせて地方官まで含めて朝廷官吏が御前で盃を賜る儀式である。張り切って演じたのは言うまでもない。自らの一挙手一投足を日記に綴っている。この儀式に垣間見える天皇の存在を日記からうかがうことができる。

兼実は公卿たちを率いてまず紫宸殿南庭を練り歩き、御殿に出御した天皇に向けて拝謁のためのパフォーマンスを長々と演じる。姿の見えない天皇に焦点を絞るようにして、臣下たちが徐々に玉座に接近して参集する。次いで御殿に上り着座して、御前での共食の儀が始まる。まずは餛飩という餅ようのものが出る。兼実は主上の座に向かって天気を伺い、主上が箸を付けたのを見届けて、兼実ら臣下がこれに倣って食べ始めた。ただし、この時天皇は六条で三歳にすぎない。しかも時間は深夜になっている。箸を付けるといっても「幼主だから実際にこのことはない。お側に控える摂政基房が苦笑いした」ので、これを合図としたのだった。儀式にとって天皇の役割は一個のフィクションにすぎない。にもかかわらず、天皇という身柄がそこに坐していることが欠かせない。虚焦点と言うゆえんである。

宴はなお続く。二献三献と盃を頂く。それから舞妓を呼び入れて踏歌の奉納になるのだが、その前に天皇はすでに寝間へ還御されている。以上がこの伝統ある儀礼における天皇のすべてである。兼実の時代になると朝廷儀礼への天皇の臨席はまれになっていくというが、そこに天皇が存在するというフィクションまでは消せない。フィクションは同時に身体的存在でなければならない。天皇とはその身柄が一個の論理矛盾であるほかないのだった。

兼実が天皇の御前で演じる儀礼はこの後も繰り返されたがあとひとつだけ。これは狭い意味での政務に属することだが、兼実初めての官奏における天皇の存在を垣間見ておく。官奏とは天皇が臣下から直に政を聴く重要な伝統的儀式であるが、もう完全に形式化している。とはいえ、天皇の前で全太政官を代表する晴れの舞台であり、衆人環視の下で取り行われる。兼実も初めての官奏に気合を入れて臨んだ。今回案件は地方官からの奏上文に勅許を求めることだった。天皇は高倉、このとき一六歳だった。清涼殿の母屋の奥、御帳台の御簾の内に出御している。兼実は先の節会と同様煩瑣な事前行程を踏んだうえで、御帳台に膝行して奏文の巻物を天皇に指し出し、次に定位置にまで引き下がる。主上が御覧になったのを見届けて再び御前ににじり寄って巻物を受け取り下がる。そこで文を開いて読み、そして天皇に向かって奏上する。「美濃の国の司の申せる、鎰《かぎ》給いて不動倉、開き検べむと、申せしこと」。国司の交代に際して不動倉を開検するため鍵の下給を求める文書である。ここで兼実は「主上の天気をうかがう。目くばせをなさった」。他に同様な奏文が二通、同様に天皇の裁可をえてから兼実の退出である。

高倉天皇は目くばせくらいもう自主的にできる年齢である。兼実の手順のほうは煩瑣を極めているが、それもすべて儀式化している。形式にすぎないが天皇の御前で政治案件を奏上し天皇の決済を受ける。律令制以来の朝廷政治のエッセンスをその通り繰り返すのである。天皇は文書を読むしぐさをして目くばせを返すにすぎない。それでも、臣下のすべての所作がこの一点に向けて収斂していき、そこに焦点を結んで、そしてそこから太政官行政の場に広がっていく。焦点がなければならないのだった。

不在の天皇という空虚

兼実の政治的生涯は乱世そのものだった。保元平治の乱から始まる後白河上皇と平清盛の暗闘がはじけて、清盛のクーデタが院政を廃止した。以降、以仁王の反乱、福原への遷都、木曾義仲の入京と平家の都落ち、源平合戦と平家の滅亡、頼朝の幕府の成立と続く。こうした動乱に次ぐ動乱の中で、兼実にとって天皇とは以上の存在につきている。ただしただ一点、平氏に連れ去られた安徳天皇の代わりをどうするか。朝廷政治ににわかに開いた空虚をどう埋めるか、兼実の出番であった。天皇という虚焦点は天皇という身柄が不在であってはならない。どんな事情によるのであれ、これが欠ければ直ちに装塡しなければならないのである。その必要は朝廷貴族たちの一致した意見である。

平家の都落ちが（寿永二年）七月二五日、それが早くも八月六日には兼実に法王から諮問があった。安徳の還御を待つべきかそれとも新王を立てるべきかと。後者だとしても新王が譲り受けるべき神器が欠けている。兼実は断固新王の践祚を主張した。なぜなら、人主を欠いては京中の狼藉が止まない、速やかに平氏征伐をすべきなのにそれを命じる主がいない、そして神器なしで践祚した前例として実に継体天皇の場合を上げた。

兼実の理屈から透けて見えるのは、天皇の身体は京中すなわち朝廷社会のただなかに存在しなければならないことだ。平家がすでに賊徒であることも相まって、圏外に出た天皇はその理由で臣下が廃位して構わないのである。だが、新王はただ指名すればいいというものではない。天孫の時間が凝縮した神器が受け渡されねば天皇にならない。実にこれこそが問題であった。兼実の提案は問題の先延ばし、つまり践祚しても即位式は神器が戻るまで延ばすことだった。即位と践祚とを分離する先例として継体天皇を持ち出したのである。この線で「早速沙汰あるべし、異議あるべからず」と言うのだった。では誰にするか、度重なる院からの諮問だったが、兼実は臣下の身分で答えるべきにあらずと断っている。こうして六歳の後鳥羽天皇が神器なしで践祚した。しかし理屈をひねり出した兼実としては、即位式は先延ばしを主張するとともに、神器還御に以降も長くこだわることになった。

いずれにしても「政治的身体」の理屈が勝った兼実の新王擁立だったが、実際は朝廷政治は左大臣経宗主導で行われており、天皇の「自然的身体」をあたふたと穴埋めしたのである。

平安時代も院政期になると「日本は神国、我が朝は神明の国」という主張が目立つようになるという。天照大神と伊勢神宮を頂点とした律令制の神祇体系が崩れて、全国土に神仏が乱立充満し、それぞれが競合する事態になった。まさに神国である。神仏のこのアナーキーを仏教の本地垂迹説が統合しようとする。各地の神仏はこの末世辺土に慈悲を垂れるべく、本地仏（釈迦や阿弥陀）が化現した姿なのだという。超越的存在である仏の下に各地各様の神々が普遍化される。これが神国であり、だから日本は仏国と言っても同じことを指している。この神国思想が神祇拝を排する法然の専修念仏の弾圧に用いられた。寺社大衆の強訴と相互の闘争が権門体制を揺るがすのを防ぐ理屈にもなったという（佐藤久夫『神国日本』）。

こうであれば、中世の神国思想は排外的なナショナリズムとは関係がない。その後蒙古襲来に際して頂点に達する神国論についても同様だったという。いずれも、幕末以降の神国思想（国体論）には繋がらない。だからまた、天皇の存在の神秘化神聖化に神国思想は関係がなかった。中世の天皇は「神国」の圏外にほって置かれて省みられなかったと言うべきだろう。

神皇正統記

南朝の重臣北畠親房の神皇正統記は南朝の正統性を主張すべく書かれた。一般にそう言われているが、それにしては人皇第一代神武以降、歴代天皇の略歴の律義な羅列にすぎないように見える。たしかに最後は後醍醐を継いだ吉野の後村上を第九六代天皇としている。北朝では光厳天皇が九六代であるが、無視している。とはいえ、後深草（八八代）以降の北朝系の天皇も後醍醐の先代（花園）まで順番通りに記載しているし、その正統性に何ら難癖をつけているわけでもない。後村上天皇こそが正統だと表立って主張もしていない。親房を南朝正統論のはしりとするのは、多分に神皇正統記の後代の読みによるのではないかと思わせる。

では、南北二人の天皇を前にして、神皇正統記は何を訴えているのだろうか。文字通り「継体の正統性」を歴代天皇にわたり途切れることなく確認して、その観点から二人の天皇に決着を付けることが眼目だと言うべきである。そして私の関心からすれば、まさしくこの継体の正統性ということが親房にとっての天皇だったのだと読める。神皇正統記の有名な冒頭、「大日本は神国なり。天祖はじめて基をひらき、日神ながく統を傳え給う。我が国のみ此事あり」。天皇が永く統を伝えてきたこと、その継体の一貫性が異朝には類のない神国のゆえんなのである。皇位が「神代より正理にてうけ傳えるいわれを述べむことを志し」たのが本書に他ならない。「神代より継体たがわせ給わぬ」こと、「神皇正統のよこしまなるまじき理」を申し述べるのだとも繰り返している（一一二頁、一八九頁／神皇正統記のテキストは岩佐正校注の岩波文庫により引用はその頁数を記す）。

こうして、「ただ我が国のみ天地ひらけし始めより今の世の今日に至るまで、日嗣をうけ給うことよこしまならず」と親房は結論づけるのだが（二四頁）、では「よこしま」でない継体の正理をどこに置くのか。必ずしも血族の正系ということではない点が第一に注意されねばならない。「一種姓の中におきてもおのずから傍らより傳え給いしすら猶正にかえる道ありてぞたもちましましける」。皇胤の正系が絶たれ傍系が継承することがあるが、必ずまた正にかえる。こうして万世一系の天皇が保たれてきた。その継体の正理を歴代にわたり列挙しようというのである。

神皇正統記における歴代天皇の定型的記載は初めに天皇名と代数、諱、次いで父系の継承関係（世数）、母后の名と家柄、即位年、統治期間、そして没年と続く。たとえば第八一代安徳天皇、諱は言仁《ときひと》、高倉天皇第一子、母は建礼門院中宮平徳子で太政大臣平清盛の女、庚子の年即位、天下を治めること三年、八歳で没。安徳には世数の記載がない。父の高倉天皇が第四三世、その子の後鳥羽天皇が第四四世とされるが、安徳は後者の父ではなく父系がここに途切れるから世数はない。世数とは神武を第一世とする父系の継承順を表している。天皇の血統と名分とがこうして記載されるのだが、ここでいくつかの問題に逢着する。第一には先にも触れた傍系の即位である。よく知られた例では継体天皇（二七代、二〇世）がいるが、一六代応神天皇の五世の孫で母振姫も第一一代垂仁の七世の孫と遠い。武烈天皇で皇胤が絶えたので、遠く越前国から後継者を見つけ出したのである。「傍らから傳え給いし」天皇であった。

継体の正理

では、この継体天皇をもって皇位継承が「正にかえる」といえるのはどうしてだろう。「即位し給いしより誠に賢王にましましき」と親房は書いている。そもそも神皇正統記では歴代天皇の列挙の他に、時に親房の天皇論が挿入されている。儒教の徳治主義の色の濃い天皇の評価である。継体天皇の評価もこれである。「此の天皇の立ち給いしことぞ思いの外の御運とみえ侍る。……賢名によりて天位を傳え給えり。天照大神の御本意にこそと見えたり」（七二頁）。皇統にその人がいる時はいかに賢者とて皇位継承はできない。皇統が絶えた時には、「賢にて天日嗣にそなわり給わんこと、即ちまた天のゆるす所也」というのが親房の理屈であった。皇胤であることだけが継体の正統性とはならないというのである。

私のここでの関心は繰り返すが天日嗣の継承性にあり、歴代天皇についての親房の評価のことではない。天皇位が皇胤の継承だとすれば、天皇とはまずはその身柄すなわち身体存在である。

賢愚以前に自然存在としての皇胤でなければならない。極端なところ、どんなに愚昧悪徳の天皇であれ、現に実在する身体が不可欠だ。天皇は政治的存在であることを要しない。院政時代の赤ん坊天皇のように政治的には無の存在であっても、皇胤がそのものとしてあらねばならない。濃厚な血脈の肉体が存在すればいい。そこに天皇の権威、皇室の威厳が途絶えることなく継承されるのである。神皇正統記はしかし、これだけを「継体の正理」とは見なさない。

継体の正統性に天皇の政治的評価を許すならば、一方では「誠に賢王にましましき」と傍系が正当化されるとともに、逆の場合には正系であっても廃位が正当化されることにもつながる。継体天皇の前、武烈の代に皇胤が絶えた。この天皇は「性さがなくして、悪としてなさずということなし」だったからだ。「不徳の子孫あらば其の宗を滅すべき先蹤甚だ多し」と、親房はあろうことか中国王朝の例を引き合いに出している。天の命による易姓革命の容認につながりかねない論理と言うべきだが、眼目は皇位の継承性そのものに置かれている。継体の正理とは天皇の肉体の繋がりというより、その政治的継承性自体が天皇の本質なのである。この点では西欧の王朝で言われるのと同じように、「王は死なず」である。明らかに、親房の天皇論はここに二重化の様相を見せている。その後万世一系の天皇を称揚することになる国体論の矛盾が、ここに始まると見ることもできよう。

加えて陽成天皇の例が挙げられる。この天皇は時の摂政基経によって一六歳で廃位させられたが、すでに述べたように慈円が「天皇の御ために基経の限りなき功績であった」とまで言い募っている。陽成はその後八一歳まで長寿を保ったから皇胤（身体）は死なず、しかし天皇としては死んだのである。では親房の評価はどうか。陽成は先代清和天皇の第一子、母は皇太后藤原高子で贈太政大臣長良の娘である。血統は申し分がない。だがここでも、「此の天皇性悪にして人主の器にあらず」として廃位されたのだと親房は書いている。武烈の時と同様に中国の例を引き合いに出して、「天下のため大義をおもいてさだめおこなわれける、いとめでたし」ということだった。

だいたいが、神皇正統記が記載する皇胤もそれ自体で乱れて継承の正統性を疑うような事例がある。第二一代安康天皇は皇太子の妃を奪って皇后としたが、逆に皇太子の息子の眉輪王に刺殺された。さらに次代雄略はこの眉輪王を殺して即位した。それでも血の継承が保たれたということだろうか、親房の論評はない（六七頁）。

神器の継承

天照大神以来の天日嗣として天皇の継体がたがわぬこと、神皇正統記の訴えるその正理がたんに皇胤という天皇の身体にもとづくだけでないことを以上に例示した。継体の正理はむしろ天皇の政治的身体が「死なない」ことにある。同じことは皇統のレガリアとしての三種の神器の継承性にも典型的に現れる。もともと三種の神器の神話は天照大神に始まるからだ。その神勅にいわく、葦原の瑞穂の国は我が子孫の主たるところであり、「宝祚の盛んなることまさに天壌無窮」。そして自ら三種の神器を授けたのである。「皇統一種ただしくまします事、まことにこれらの勅に見えたり。三種の神器世に傳えること、日月星の天にあるにおなじ。鏡は日の体なり。玉は月の精なり。剣は星の気なり。ふかき習いあるべきにや」と親房は記している（三七頁）。三種の神器はまさに継体の正統性を象徴するものなのだ。死すべき王の身体を超えて、天皇の受け継ぐ神器は「死なない」のはもちろんのことである。

ところが、神皇の歴史でこの継体の正理が破綻したのが、後鳥羽天皇の即位に他ならない。そもそも平家は神器とともに安徳天皇を拉致して都落ちした。この天皇が存命のうちに、都ではあろうことか法皇（後白河）が、国の本主として院宣をもって後鳥羽に践祚させたのである。しかも神器を欠いたままで続いて後鳥羽の即位であった。そして安徳は三種の神器とともに海に沈んだ。鏡と玉はその御回収されたが宝剣は永遠に海の底に失われた。後鳥羽は神器なき天皇という致命傷を背負ったままの天皇である。この間の事情については九条兼実の玉葉に詳しい。また慈円の理屈では、鎌倉の将軍が君を守る世になったので、「今は宝剣もむやくになりぬる也」となる。

だが、神皇正統記の親房にとっては神器の揃わない天皇とは欠格のはずである。しかしと親房は抗弁するのだが、宝剣の「正体」は実は熱田神宮に今も祝い奉られている。安徳と共に西海に沈んだのは崇神の御代に作り替えられた剣だというのである。これをもって草薙剣は海に沈んだなどと申し伝えるなどは「返す返すもひがことなり」だ。「此の国は三種の正体をもちて眼目とし、福田とするなれば、日月の天をめぐらん程は一もかけ給うまじきなり」。これが屁理屈でないかどうかは別として、親房にとって天皇とはその継体そのもののことだという考えがここでも自己を主張している。

ちなみに、後醍醐天皇の継承した三種の神器は北朝の光厳でなく、御子に受け渡されている。かくして後村上天皇が「秋八月中の五日ゆずりをうけて天日嗣をつたえおましますし」。これが神皇正統記の終わりの言葉である。神器の継承が北朝でなく南朝の正統性の論拠になる。

第七章　王の二つの身体　　現人神の分裂

王の中には、自然的身体だけが存在するのでも、また政治的身体だけが存在するのでもない。むしろ自然的身体と政治的身体が一緒に合わさって存在しているのである。自然的身体の中に団体的身体があり、団体的身体の中に自然的身体がある。（フランシス・ベーコン）

中世政治神学

カントーロヴィチ『王の二つの身体　中世政治神学研究』（一九五七年）は、これぞ西欧の学問かと思わせる大作である。題名がいい（The King's Two Bodies）。一九八九年と九〇年になって相次いで独仏伊と翻訳が出たというが、明らかに時代の思潮にマッチしたタイトルが与かっていただろう。日本語訳は一九九二年である（小林公訳、平凡社、二〇〇三年にちくま学芸文庫より上下巻で文庫化）。著者カントーロヴィチ（一八九五－一九六三）はドイツ生まれのユダヤ人、ナチスを逃れて一九三九年に米国に渡り、プリンストン大学高等研究所教授時代に本書を刊行した。著者は本書の動機をナチス体験に見ることは拒んでいるけれども、それでも、「政治神学的な思考が、人間の理性や政治的理性の基礎を否定する正真正銘の妄念となった、我々自身の時代の恐ろしい体験」、「ごく最近に起った人間の錯乱状態」を自覚している（序文）。それに、カントーロヴィチ自身かつてはゲオルゲサークルに属するドイツロマン派青年であり、加えてスパルタクス団とミュンヘン・レーテの粉砕に従軍した極右であったという。

ところで、今回私が本書を通読してみたのはほかでもない。国体論というわが国の政治神学（?）に占める天皇の存在が、「王の二つの身体」というタイトルから直ちに連想されたからだ。万古不易の国体の中の万世一系の天皇、にもかかわらずただの自然的身体として存在した長い歴史の果てに、急転直下立憲君主制の首長とされた天皇のことである。このような歴史の無理がたったかのようにして、昭和期に入れば明治憲法体制下の天皇の位置が動揺して、現人神の親政という天皇の身体存在が再度焦点に浮上する。このためであろう、『王の二つの身体』を読み進めれば、場違いにも天皇という存在とカントーロヴィチの王たちとの異同が頻々と刺激される。私はただこの刺激にたいするかなり単純な反応として天皇像を立ててみたい。それだけのことであって、もとよりカントーロヴィチの研究を要約したり論評したりすることなどは努めて避けたい。

とはいえ、国王二体論では概して関心が薄く、やがて主題から消えていく王の自然的身体のほうの問題性を、近代日本の天皇に読みたいと思っている。封建制においては自然的身体と一体化していた王の存在から、非人格的な政治身体が分離して、これを中核に近代の立憲国家が成立する、――こんな滑らかな天皇の近代化論にカントーロヴィチの研究を繋げたくはない。現人神天皇の身体は神と人との二体でなくあくまで一体でなければならない。「野蛮国の土偶」（北一輝）とも見られかねない天皇の存在が、かえって昭和になって国体論の狂騒の内に跳梁した。日本の国体論は『王の二つの身体』に接近し、そしてこの研究から急遽分離していく。「天皇の二つの身体」のこの軌跡をカントーロヴィチに読んでみたい。

王と二つの身体

さて、カントーロヴィチはまず一六世紀イングランドのエドマンド・プラウドンの判例集から、「王の二つの身体」論の到達点を引用することから始めている。きっかけは王家の土地争いだったようで、ランカスター家の王たちが代々私有してきた公領を、未成年の王が賃貸したことの可否が裁判にかけられた。この問題にたいする王座の法律家たちの一致した見解、そこから話が始まる。イングランドではすでに議会が王権に対抗する勢力になっており、この対抗関係の中でローマ法が再発見され、対立はまた両陣営の法律家の論争でなければならない。『王の二つの身体』は政治神学が法制度に取り換えられていく歴史を法学の観点から追っていく。

以下に、法律家特有の文体を損なわない限りで、プラウドン判例集から切れ切れの引用を連ねてみる。また、先にも断ったように国王二体論の歴史が刺激する限り、以下には天皇論からの反応を同時に短く注記して、それぞれ別項の国体論本論への索引としたい。引用は邦訳(ちくま学芸文庫、上下巻)からでそのページを示す。

自然的身体と政治的身体

王が未成年であってもその理由により王の行為を無効にはできない。というのも、王は自らのうちに二つの身体、自然的身体《ボディ・ナチュラル》と政治的身体《ボディ・ポリティク》を有しているからである。自然的身体は可死的であり、それにともなう様々の弱点、幼年と老年期の虚弱など、普通の人の身体に起ると同様の欠陥に晒されている。これにたいして彼の政治的身体は見たり触ったりできない。これは「政治組織や統治機構から成り、人民を指導し、公共の福利を図るために設けられたものである」(上二二頁)。幼年期も老年期もなく、他の自然的欠陥や虚弱も全く存在しない。それゆえ、自然的身体に内在するいかなる無能力によっても、政治的身体において遂行することは無効にされたり破棄されることはない。

以上から当時の裁判官たちは結論したという。王が王になる以前に購入した土地が、王になった彼自身によって他に譲渡されたのであれば、たとえ彼が未成年の時に贈与されたものであっても、王の行為と見なされねばならない。

ここで話は飛ぶが、日本でもかつて天皇はしばしば赤ん坊であった。時にはモノに憑かれた異常者みたいに振舞う天皇もいた。西欧の王と同様に、天皇も普通の人の身体と同様の欠陥にさらされていたのだが、だからといって、天皇は天皇なのだった。平安時代には幼主を玉座に据えた上で、臣下による儀礼と儀式が長々と展開された。それでも天皇は儀礼の虚焦点のごとく政治的に存在すべきであり、存在していた。私は先に摂政九条兼実の日記からその一端を描いてみた。赤ん坊の天皇は自ら土地を譲渡するどころか文字通りにただの自然存在にすぎない。にもかかわらず朝廷にとって天皇は天皇でなければならない。朝廷にあっても天皇の政治的虚焦点と自然的身体とは別であった。

とはいえ、明治憲法の下での天皇は急遽立憲君主に仕立てられて、「政治組織や統治機構からなり、人民を指導し、公共の福利を図る」という王の政治的身体の定義通りになるはずであった。政体としての天皇、あるいは機関説天皇である。だが、この政治的身体が天皇の自然身体から離脱できずに、かえって後者から手痛い挑戦を受けることになろう。

不可分の単一体

王の自然的身体には彼の政治的身体が結び合わされており、この政治的身体には王としての身分と威厳が含まれている。政治的身体は自然的身体を包含する。自然的身体はより小なる身体である。王は職務や威厳から区別された別個の自然的身体を有するのでなく、両者は不可分である。二つの身体は唯一の人格へと合体し、単一の身体を創り上げている。「異なった身体が共存するのではない。自然的身体のうちに団体としての身体があり、逆に団体としての身体の中に自然的身体がある」（上三二頁）。自然的身体に接合された政治的身体は自然的身体の弱さを取り除き、自然的身体をより大なる自己へと「引き入れる」。

カントーロヴィチの評価では、政治的身体に関する政治神学の神秘主義がここから始まる。二つの身体は単一体とはいえ両者はそこで混合するのでも融合するのでもない。自然的身体はその能力も欠陥もそのままに政治的身体と結合されている。ただし、プランドン判例集がここで指摘する「団体としての身体」はすでに議会制を基盤とした王国のことである。団体《コーポレイション》とは一般的に言って政治体あるいは法人のことだ。わが国の平安時代には王国は京都の朝廷という自閉的で小さなポリスと見ていいだろう。後になれば、帝国憲法体制下の日本国家が団体である。この団体としての身体が天皇の自然身体の弱さを取り除き、これを包み込んでより大いなる政治的身体へと引き入れるはずであった。天皇は不可分単一の身体でなければならない。

王は団体の頭

王は二つの能力を持っている。その自然的身体は他のあらゆる人間同様に四肢からなり、感情に動かされ死に服する。他方、政治的身体では王は頭で四肢は臣民である。王と臣民が合体して団体を構成する。王のみが（頭として）臣民を統治する。政治的身体の頭と四肢という構成、そして王と臣民の団体については、後に詳しい考証がある。とりあえず、国家法人とは別に天皇と臣民の結合体たる君臣一体の団体のことをここに連想しておきたい。ただし天皇を頭とする国家有機体説がわが国の歴史にあったろうか。水戸学の名分論が想起されるが、これは身分別の構成である。昭和期には君臣一家論の家族国家と、一君万民の国体の双方をここに想起しておくべきだろう。ここでも王（天皇）のみが臣民を統治する。

王は死なない

政治的身体は感情に動かされたり死に服することもない。この身体に関する限り、「王は決して死ぬことはない」。それゆえ王の死は自然死でなく崩御と呼ばれる。崩御に際して二つの身体は分離し、今や王の威厳を離れて自然的身体からもう一つ別の自然的身体へと、政治的身体は移され運ばれていく。王の政治的身体が、一つの自然的身体から別の自然的身体へと移転したことを意味する。

王権の不可死の部分がこのようにして一つの受肉体から他の受肉体へと移転していく。政治的身体が王の新たな肉体へと受肉することによって、王それ自体（大文字の王）が個々の王（小文字の王）へと伝達される。法がその名において言及する王は、永遠に存続する。ヘンリーは一〇年前に死去したにもかかわらず、国王ヘンリー八世は依然として生きている。個体としての受肉体の「人性」は無視できる程度のものであり、君主の永遠なる本質あるいは「神性」こそ唯一真に重要なものとされた。

カントーロヴィチがこう注釈しているが、この点は王の継承即位儀礼としていつどこでも取り行われることであろう。わが王朝の即位礼については別項でやや詳しく触れている。仁明天皇から文徳天皇への譲位（八五〇年）の儀式では、践祚の宣命が読まれるとともに皇太子は「今帝」「今上」と呼び名が転位する。また、中国の王朝史にならって日本書紀・古事記が天皇の歴代史として書かれている。これにならって慈円の『愚管抄』は王朝百代の行く末を強く意識しているし、これは神皇正統記（北畠親房）にも受け継がれている通りである。そして何よりも万世一系の天皇が今日まで一二六代を記録している。天皇は死なない。人性でなく神性こそ「君主の永遠なる本質」なのだった。

政治体の方へ

さて、以上のようなイングランド中世の国王二体論に接するとき、今日ではこれがことさら特異なことのようには受け取れないかもしれない。現に立憲君主国の王はその職務と権能において政治的であり、同時にその人それぞれにほかならない。天皇はゴシップが週刊誌に登場するが、その身は民主主義国家の国民統合の象徴である。戦前に国体明徴運動の気ちがい沙汰の中で、昭和天皇がすでにこう述懐していた。「自分の位は別なりとするも、肉体的には武官長等と変わる所なきはずなり、従って機関説を排撃せんが為め自分をして動きのとれないものとする事は精神的にも身体的にも迷惑の次第なり」。しかし、ここで「別なり」とされる「自分の位」こそが問題なのだった。イングランド中世の国王二体論では王の位が王の肉体を包含する。それはそれで王の肉体的存在にたいする政治的暴力には違いない。加えて昭和の機関説事件では、普通人と変わらないはずの天皇の肉体を現人神の位が締め付ける。天皇その人には「迷惑の次第」であったに違いない。だが王である限りこれに耐えねばならない。西欧では逆にこれをいいことにして、我儘と肉体的な放埓に逃避する王もいたであろう。王の位を演じさえすれば私的に何をやっても政治的には構わない。アレクサンドロスはその地位の友と、アレクサンドロスその人の友とを区別していたという。王はその位と肉体とを使い分ければいい。だが、これは王の性格の二重性であって、直ちに二つの身体とは言えない。

というのも、こんな事情は、今日ではとりわけ王に固有のことではないと見ることもできよう。国王でなくともあらゆる国民に公私の別として通用している。社長であり家庭ではパパである。そして個人のこうした二重性は、人間実存の即自性と対他性の対立として現代人には自覚されている。自覚が現象学とか精神分析とかの学問を成り立たせている。

とすれば、西欧中世における「王の二つの身体」という表現は国民国家の前史として、もっぱら歴史と文献学の関心に属することだろうか。わが国ではついこの前の大戦まで、天皇が神と人の二つの身体を引きずっていたこと、いささか後進的なこの歴史にたいする関心から西欧の国王二体論を読むということになるだろうか。それはそれでかまわない。ただ、著者カントーロヴィチの関心からすれば、王の二つの身体とは王の二重の人性のことには解消できない。あくまで二つの「身体」なのであり、その一方の政治的身体はまさに身体として「頭と四肢」から構成される。これが「団体」と呼ばれている政治体である。端的に議会と国王からなるイングランドの政治体のことだ。かつては神であり人であるという国王の二重性が、それ自体のうちでそれぞれの身体へと分離していくこと、そしてついには肉体から離れて王自体が単独法人と呼びうる言語矛盾へと形成されていくこと。王の二つの身体のこの起源の歴史を追っていくことが本書の主題に設定されている。素人目にも錯綜したこの探求を幾分かでも追体験することを避けては通れない。

それに、あらかじめ私の関心を要約しておけば、国体という「政治体」の経験史ということになるだろう。王の政治的身体とは団体つまり政治体ポリスのことだ。本書では政体と訳されていて紛らわしいが、国体にたいする政体のことではない。西欧では中世の国王二体論以降、今では王の自然的身体はもうすっかり政治的意味を失っているかもしれない。だがそれでも政治体が王の身体の自然性を振り払うことができない。その歴史はとりわけて日本の天皇の歴史であったように思える。近代西欧の王国には縁の薄いはずの王自身の肉体、そこに宿って抜きがたいわが国の自然性、その歴史への関心である。早い話、天皇機関説にあっては天皇は国家という「法人の社長」だとまで呼ばれた。政治体は神秘体から遠く離れることが意図された。だがこの法人が、現人神天皇に宿る歴史的自然の反乱によって征伐されるのだった。王の二つの身体とは王の人性の二重性には解消できない。あくまで二つの「身体」なのである。

キリストの模倣者、正義の似姿

さて、『王の二つの身体』の初めに戻ろう。イングランドのチューダー朝の判例集から、著者は「王の二つの身体」論を取り出したうえで、その起源として直ちにキリスト論の歴史を想起している。誰もがそう思うだろう。キリストは神であり人の子である。この神性と人性がキリストその人において結合していることをどう理論化するか。どの宗教集団でもそうだが教祖なき後にはその教祖論が避けて通れない。キリスト教では二世紀に入ってからキリスト論をめぐる正統と異端の激しい抗争があった。そして、一〇世紀の叙任権闘争において司教そして王が混成人格、天使にして人間であることが論じられたという。司教としては厳格に独身を守るが、封建領主としては正当に結婚している。これには笑わされる。王も自然によって一人の人間であるが、恩寵によってキリストすなわち神人である。ただし、キリストは自然本性によって神であるが、王は恩寵（聖別）によってのみ王であることが注意されねばならない。聖別において聖霊が彼に飛び込み、彼を他の人間へと変える。しかし権力の付与についてはキリストも王も同等であり、王は権力に関しては完全に「神の模倣者」、キリストの代理者であり、代理者は顕職においては神の像であり似姿である。ただし、国王キリスト論は人性と神性という王の二つの本性を指摘できても、「王の二つの身体」を直接には帰結しない。歴史的にも論理的にもそうである。この点は王権への法律学からのアプローチについても指摘しなければならない。

中世後期一二世紀になると教皇と王の分離が進み、キリストから離れて神政論的・法学的な王の観念がこれに取って代わる。教皇から人性が取り除かれるとともに、他方で王は正義が支配するという法学的観念となる。「正義の父にして子」、王は正義の司祭である。これと同時に、ローマ法とアリストテレスへの広範な回帰が行われた。王は「正義の守護者」であり「正しき法の機関にして道具なる者」である。法哲学と政治哲学との結合が伝統的な神学上の表現形式に支えられることによって、「正義と君主、および両者の相互的な関係が、新たな光の下に立ち現れた」のである（上・一九三頁）。とはいえ、正義と法がキリスト教神学を捨てたのではない。それは伝統として法学の基底に依然として存在した。しかしながら、王は自然により人間であり恩寵により神であるとするキリスト教神学はすでにない。自然の法と人間の法、理性と社会といった法学的定式が浸透して、神がそれと識別しうる地位をそこに占めることがなくなっていく。

こうなればもう昭和の日本天皇の在り方とは違ってくる。天皇は現に現人神である。大体、ここで神とはキリスト教におけるような超越神ではない。だから、天皇の神格化は超越神による聖化でもなく恩寵によるのでもない。神の模倣者、キリストの代理人としての神人なのではない。天皇は起源からして天壌無窮、神孫として現に神なのである。もとより法学の神としての正義の守護者ではない。いわゆる王権神授説とも違っている。

それにしても、西欧の思想史における教会法とローマ法（そしてアリストテレス）という不動の基軸にはいつもながら圧倒させられる。日本の天皇論にはこれに比肩しうる宗教的かつ法的な基軸があっただろうか。日本と天皇という用語は天武朝に成立し、歴代史として成文化された。天壌無窮である。私は前に慈円の天皇論をその独特の神学と（摂関による）政治との絡み合いとして読んだことがある（『乱世の政治論　愚管抄を読む』）。また、北畠親房に言わせれば、天照大神以来の天日嗣として「継体の正理」が守られてきたのである。日本国と天皇に関する神話的観念であるが、神話的と言えば新旧聖書とローマ建国史だって同じことであったろう。天皇はキリストならぬ天祖の受肉体である。神話以降は中国の影響のもとに律令制における天皇の法的位置が確定される。それは一方では中国律令制の引き写しでありながら、天皇の性格はおよそ中国王朝における天子とは異なるものであった。摂関政治から院政にかけて律令制が崩れるとともに天皇もまた姿を変えていく。カントーロヴィチに匹敵するわが国の国体史が欲しいところである。その一端は里見岸雄の国体論に見たところだ。

王は国家有機体の頭

さてこうして、次はいよいよ「身体」の登場である。キリストの身体というパウロの教会論はよく知られている。ここから真の聖体としてのキリストの自然体と、有機的団体（神秘体）としてのキリストの身体すなわち教会へと、教会における主の二つの身体という観念が芽生える。キリストの神秘体はその頭のあるところ、つまり教皇のところに存在する。教皇あるいは司教を頭としたこの神秘体が世俗領域に転用され、国家有機体の頭としての王という観念が生まれる。政治的身体の観念はまたアリストテレスからの影響であった。政治的かつ道徳的な身体としてのポリス（政治体）である。王の身体に国家という政治的倫理的共同体が結びついたといえようか。これが団体論である。王は国家という身体の頭であるが、その前提として王には属さない、神秘的政治的身体としての国家があった。こうして国王論は政治体を議論の中心に据える考え方へと向かい、政治体は教会とは別個に、道徳的で宗教的な固有の規範体系を発展させていった（上・

三〇一頁)。イングランドでは国王の二重性が国家という団体論と結びついて、王の身柄における二重性が二つの身体論となるということだろうか。二つの身体である限り、その政治的分離は容易に進むであろう。

国家有機体といえばわが国でこれに比肩すべきは君臣一家論になろうか。大和民族は単一民族であり、一姓の民として当初の部族時代より天皇は民の父であった。つまり、家族の父、部族の族長が共同生活の自然の発達に伴って国家の君主となり、もって今日に及んでいる。これがわが国固有の国体であり、天皇は国体の頭でなく父である。忠孝道徳がこの政治体を統合する。その分、天皇も臣民も擬制的身体としてそれぞれ政治的に分離し自立することができない。

政治的献身の対象として祖国という観念が再浮上するのもこの有機体国家論においてである。古典古代の人びとが「祖国のために死ぬ」と唱えた政治体は、封建社会の契約関係において消失していたのだったが、中世後期に異教徒との戦争(十字軍)とともに復活した。聖地と祖国の守護のために殉教する。祖国の観念はここに道徳的かつ政治的意味をおびて浮上したのである。「自らの身体を援助することを拒否する器官は無益で、麻痺しているも同然」だと、器官すなわち臣民が叱咤された。

私が注目しているのも、天皇のために死ぬのだと臣民を叱咤した国体という観念のことである。もとより、祖国という観念は王国の対外的危機に臨んで芽生えるものである。日本の歴史ではこの点で神国・神州の観念が想起されるが、何と言っても幕末の尊王攘夷の熱狂が事の始まりと言うべきだろう。そして国体の君臣一家論の呪縛の強さが祖国の観念の自立をかえって阻んでいた。

こらあたりから西欧の歴史との並行関係が失われていく。

ところで、国家有機体とその頭としての王という観念自体から、ただちに「王の二つの身体」が導出されるのではない。カントーロヴィチはまだそう留保を入れている(上・三四六頁)。問題は政治体における王の身体の超越性にかかっていた。有機的身体の頭としての王という観念は、頭を四肢にあまりにも強く結びつけた。国家の頭たる王はなおそれ自身「別個の身体」とは認められていなかった。したがって不可死の身体としてこれが継承されることもない。国家有機体は王一代のものとしても十分に強く団結しうる。

ここに王の身体の不可死性と連続性という時間の観念が見いだされなければならない。ここは難しいところだ。というのも著者はここに王の血統の連綿を持ち出すことをしない。交代常なき西欧の王朝であればこそだったろうか。万世一系の連続性は問題にならない。そこで著者が指摘するのは団体という統合体の擬制的人格である。配置や構成が入れ替わるとも、団体の擬制的身体は同一性を保持し永続する。この永続性を王の個体が引き受け代表する。王国である。国家の有機体理論から、時間的永続をふまえた統合体としての国家観念への転位が見出されねばならない。としても、団体の頭としての王の身体とその永続性はどうなるのか。王国は永遠だとしてもその頭は死んで入れ代わる。これは難問だった。カントーロヴィチはここに至って、なお三つの主題すなわち王朝の永遠性、王冠の団体性、そして王の威厳の不可死性につき資料を追求したうえで、ようやくかの判例集の「王の二つの身体」にたどり着こうとする。簡単に(!)たどってみる。

教会の聖職至上主義の主張では、王は戴冠式において司教により聖別（塗油）されて初めて王になる。これにたいして王権側は、王権は神からのものであり、戴冠式は王位継承の「単なる儀式」にすぎないと主張した。また法学者は王の長子に生得的君主権があり、これにより、王の自然的身体も連続することを唱えた。ことに王朝には間々王の空位期がある。それでも空位期は「キリストが統治する」のであり王権は連続する。

どこの国の歴史でもそうだったろうが、王位の継承はいつも厄介の種になる。わが国では継体の儀礼は譲位（践祚）、即位、そして大嘗祭と順番を踏む。とはいえ、先帝が譲位せぬまま薨去する、自らの正統を確保するために早々と皇太子を立ててまた践祚する、かくて幼主が普通のこととなりそのため摂政関白が添えられる。あるいは上皇が院政を敷く。しかしいずれにしても、キリスト教会から王の政治的身体がそれとして自立することの困難はここにはない。万世一系として天皇の連綿はいかにも明白だ。しかしそれでいて、天皇は自身が政治的身体として朝廷や武家社会を超越していたかと言えば、そう見なせるのは平安朝を除けばたかだか明治以降のことであったろう。

擬制としての王冠

戴冠式においては、王は見える王冠とともに不可視の永続的な王冠を授与される。「王冠は死なず」だ。「王冠は王の純粋に自然的な身体に何物かを付け加え、王の自然的身体以上のものが意味されている。他方、王冠は王国の純粋に領域的な意味合いを除去して、王国の政治的性格を明瞭にする」（下・八六頁）。王冠は「王朝の連続性と政治的身体の恒久性と同等のものである」。王国の基本的権利の譲渡不可能性を象徴的に表現するのが非人格的な王冠の観念である。

天皇の譲位の儀においては神器（剣璽）が受け渡されることが、ここで直ちに連想される。逆に神器なしで王が継体即位することの異例さは、後鳥羽天皇の場合の九条兼実の日記につぶさにうかがうことができる。先代の安徳天皇は平家と一緒に壇ノ浦に消えたが神器も同時に失われた。院を始めとして朝廷は後鳥羽の践祚と即位を急いだが、一人兼実は剣璽の帰還に最後まで固執した。その兼実だが、安徳天皇のゆくえについては終始一顧だにしていない。安徳の安否などもうどうでもよろしい。大切なのは文字通り「剣璽は死なず」であった。摂関期になると譲位儀も次第に簡素化して結局のところこの神器継承こそが残るのだという。「摂関政治の時代には誰が天皇になっても天皇を中心とする国制が過不足無く維持されるしくみ、天皇の制度化が達成されたのであるが、それと同時に、天皇にとって、神器を保持し、それをつつがなく次代に継承していくことが、最も重要な、しかも天皇にしかなしえない仕事となっていくのである」（佐々木恵介『天皇と摂政・関白』、講談社学術文庫、三一二頁）。摂関期の天皇のことは別項に記した。

もう一点注意しておきたい。王の二つの身体と言っても肉体（身柄）は一つである。だから「身体」という用語は魅力的だが、他方ではたんにレトリックとして受け取られがちである。それが王冠となればたんなる無機の物質であり、王の頭上の王冠は文字通りに王国の不死の象徴である。天皇の神器ももとより同じことである。

威厳は死なず

王の自然的身体の（世襲にもとづく）連続性と、王を頭とする全政治的身体の（王冠にもとづく）至上の諸権利の永遠性と、この両観念を結ぶ不可欠の第三の観念、それが王の威厳《ディグニタス》であったとカントーロヴィチは言う。王の身体の歴史的観念の追跡は、ここに来てようやく例のプラウドン判例集の王の二つの身体へ到達する。王の政治的身体は「身分と威厳を含んでいる」。「王とは人民の頭および統治者として常に存続すべき永続体を示す名である。そしてこの点に関して王は決して死ぬことはない」（下・一六九頁）。王の崩御に際して、威厳は次代の人間に受け渡され、威厳は常に存続する。

ここで威厳という観念は難しい。カントーロヴィチの説明もまた分かりにくい。王冠に対比して威厳は、擬制的人格としての王の政治的身体を具象的に表出することであり、王の肉体存在にそれだけに密着する。「威厳は王冠とは異なっている。それは主として、王の職務の特異性を示し、人民によって王に与えられ、個人としてのおのおのの王だけに存する至高性を意味する」

(下・一四一頁)。個々の王の肉体存在にそなわる特性であり、この点では王の権威とも違う。それでいて王冠とともに受け継がれて、「威厳は死なない」。

天皇の場合はその威厳は自明である。個々の王を越えて神の血脈が万世一系絶えることがなかった。王朝交代常なき西欧や中国とは違う。祖先神の血が代々王家の肉体に流れている。肉体という自然が同時に神聖を宿している。これが天皇の「威厳」、つまり国民が仰ぎ見る天皇の「尊厳」「御陵威」である。神器の継承とともに天皇のこの尊厳が、「天皇は死なず」をむしろ自明のこととしてきたのである。

分離できない天皇の身体

さて、カントーロヴィチの『王の二つの身体』はかくて結論として、フランシス・ベーコンに次のように語らせることになる。「王の中には、自然的身体だけが存在するのでも、また政治的身体だけが存在するのでもない。むしろ自然的身体と政治的身体が一緒に合わさって存在しているのである。自然的身体の中に団体的身体があり、団体的身体の中に自然的身体がある」(下・二〇五頁)。ことここに至る西欧の王権の歴史を、私はカントーロヴィチに従って辿ってきた。同時に、日本の天皇のこれとの異同についても短くコメントしてきた。王の二つの身体、それはまた昭和の天皇の在り方にも通じている。だがそれでいて、共通点の確認はまた、それをはみ出してしまう天皇と国体の観念をも示唆することとなった。短く指摘しておこう。

王の二つの身体という観念が成立したとされる一六世紀イングランド、そのチューダー朝の王たちは今日では個性的なドラマの主人公になる。王の自然的身体はそれぞれに特徴的なエピソードに彩られていたであろう。だが、中世以降の日本の天皇はドラマになりえない。個性を演じる天皇などはいなかった、というだけではない。昭和の観念によれば天皇は神であり、現に神として身体的存在だからだ。日本国がそもそも言葉を超えた国だと見なされている。別項でも引いたが、筧《かけい》克彦（東京帝大教授）の『神ながらの道』（一九二六年）にこうある。

皇国は神随らことあげせぬ国なりと申し伝えて居ります。其の意味は、素直にすらすらと成長しつつある国で、ひねくれて居る国でないと申すことにもなり、天然自然のままなる国で人為のからくりを超越して居ると申すことにもなります。言葉を更えて申上げますれば、神々の御要求其の儘を本質として成立発達しつつある国にて、大君は総ての本源たる大御神様の御延長に在わしまし、皇族より国民に至るまで一人残らず神様に外ならぬ国でございます。

天然自然のままの国柄、神ながらにことあげしないのがわが国体である。そこでは皇祖神を引き継ぐ天皇のみならず、国民の一人ひとりにいたるまで神の一族をなす。天然自然のまま皆が神様なのである。したがって、ここで神はそもそもが超越神ではありえない。天皇がこの国を統治すると言っても、絶対神からの聖別や恩寵による授権が根拠ではない。居ながらにして神なのである。現人神とはこのことである。文部省の「国体の本義」（昭和一二年）が教えている。

天皇は、皇祖皇宗の御心のまにまに我が国を統治し給ふ現御神であらせられる。この現御神（明神）或は現人神と申し奉るのは、所謂絶対神とか、全知全能の神とかいふが如き意味の神とは異なり、皇祖皇宗がその神裔であらせられる天皇に現れまし、天皇は皇祖皇宗と御一体であらせられ、永久に臣民・国土の生成発展の本源にましまし、限りなく尊く畏き御方であることを示すのである。

ここでも天皇は皇祖皇宗と一体であり、かつ国民・国土の生成発展そのものと言われる。天皇はだからそもそも一個の身体として自立できない。その自然的身体は現に天皇をかたどっているが、国土の天然自然と一体としてしかありえない。たしかに、明治憲法体制の成立とともに天皇の政治的身体はその身柄から分離されたかに見えた。政体運用の首長、団体つまり法人の頭とされた。だが、これにより天皇の肉体存在が政治体から解放されたかといえば、そうではない。天皇の自然的身体はそのままにわが国体に拡散融合して、国土の天然自然と一体化してしまう。国土と身体の一体化した国体が、絶えず立憲君主の足を引っ張らずにはいない。国体明徴運動であられもなく顕在化したことだ。天皇はいつまでも、その身柄を政治的身体に対比した自然的身体としてエピソード化できない。二つの身体という政治的形式の底に、未分化の天然自然がいつも底なし沼のようにわだかまっている。国体観念と一体化したこの天皇の在り方を何と呼ぶべきか。とりあえず、天皇の身柄に宿る歴史的自然と名付けるほかはない。

国家の危機に直面して、現人神天皇とその歴史的自然はあげて天皇の政治的身体に相剋する。西欧的な意味での「王の二つの身体」の相克ですらない。二つの身体がなお未分化のせいではないのだ。王の自然的身体が政治的身体に拮抗しながらやがて政治的意味を失うのとは違う。自然的身体を超えた歴史的自然の神性が、いつまでも政治的身体に端的に反立する。反政治的な観念として天皇の自然存在が現れ出る。これが天皇の不気味な威力となり、天皇主義の過激化の衝迫力になるのである。

祭祀天皇の威力

天皇の在り方が「王の二つの身体」になり切れない事情はこの通りだが、もう一つある。三島由紀夫が呼び出した「宮中賢所の奥深く、ただ斎き、ただ祈りてましますと」祭祀天皇の存在である。吉本隆明によれば、民の意向がどうであれそのいかんにかかわらず「オマエタチノタメニ祈禱スル」と応え、これを世襲する天皇制である。天皇は二つの身体どころかおよそ「人間」ではないのだ。この「観念上の非人間」の不気味な威力が、端的に政治に反立する。こんな風に観念された王など、西欧で経験されたことはないだろう。

さらにもう一つ、危機の青年たちによる恋闕としての天皇がいる。「恋して、恋して、恋して、恋狂ひに恋し奉ればよいのだ」と、三島由紀夫が二・二六叛乱の青年将校の亡霊に語らせている。彼らが恋狂いに迫るのは天皇の身体であるほかないが、それは現に昭和天皇の肉体ではありえない。肉体を通して現れ出るはずの国土の歴史であり自然のはずであった。同じく天皇の身体のことを、「女のひとに触りたい、けど怖い」と、吉本隆明が表現していた。これも性と血という自然のことであるとともに、身体という以上のわが国土の歴史的自然の神秘と不気味さを指していたであろう。

以上、カントーロヴィチならやれやれと嘆息するであろう日本の天皇の身体である。それでいて、王の二つの身体を二つながらはみ出てしまう天皇の観念が、昭和の危機の時代に跳梁して、青年たちに憑りついたことがあったのだ。機関説にたいしては天皇親政、御一身においては現人神である。私は本書でその経験をたどろうとしているのだが、その際のレファランスのスタンダードにもと『王の二つの身体』を紐解いてみたのである。近代日本の天皇は確かに王の二つの身体であった。とともに、国体上の天皇の観念がこの王のスキームを根底から突き崩すように働いたのだった。

第八章　青年将校たち　二・二六叛乱の四日間

日本には天皇陛下が居られるのでせうか。今はおられないのでせうか。私はこの疑問がどうしても解けません。（磯部浅一）

（一）日本の二月革命

二・二六事件は、北一輝の流れをくむ青年将校団がひきおこしたものだが、この事件の主役は、むしろ今上天皇自身だったという見方も成り立つ。けれども、これらはいずれも事態の一面の真実であるにすぎない。決起将校と今上天皇をいわば磁場の両極として事件の四日間を揺れ動き、みずからを鮮明に自覚形成しようとして、結局挫折したのは、じつは「日本国家」という「人格」であった。日本国家こそがまさにこの事件の主人公であった。

近代国家の政治的・階級的な性格は、権力の当事者にとっても大衆にとっても、いつもはっきり見えているわけではない。いや通常は、むしろそのほうが国家権力にとって有利である。みずから非政治的・非階級的と称することは、もっともありふれた「政治」なのだが、このからくりは、通常は大衆に「見えない」。そして、見えないものを見えるようにさせるのは、まさに革命という国家の分裂をおいてほかにない。

このことは、革命において国家権力にはむかう側の真実であるばかりでなく、当の国家それ自身にとっても同様だ。革命期には、大衆の運動がみずからを革命の階級に形成する過程に応じて、国家権力もまたみずからを（再）形成するのであり、これはいわば権力側における（反＝革命の）階級形成である。「なんじみずからを知れ」というが、人は真空の中で自分を知るのではない。いつも自分の「否定」を面前に見出すことを通じて、逆に、みずからを知るにいたるしかないのである。少数者の集団をもって革命を準備してきた者たちは、左右を問わず、みずからの集団の意識の純度を、最初から前提しうることをもって、彼らの敵・国家権力の側もまた同様なのだと錯覚する。けれども、彼らとてひとたび革命をひき起した後には、生き続けんとするかぎり、ただちにこの錯覚から醒めねばならない。

何しろ革命と云ふ奴には計画がないのだからね。計画も何もなく。自然に突発するのだから、どんな人だってあわてるよ。

北一輝は磯部浅一にこう語っている。革命という奴の「突発」にさいして、革命をひき起した者も革命をさしむげられた側もともに、革命の諸対立の過中にほんろうされ「あわてる」ことによってはじめて、双方がまさにまざまざと「国家」を見る。「国家」を鏡としてみずからを見るのである。ひとが「国家論」を書きうるのは、いつも革命から逆算してのことなのだ。

*

二・二六事件がある種の「革命」であった意味も、以上の点にある。たしかに「昭和維新」や「革命」は文字通り決起将校たちの合言葉だったし、のちに磯部は「日本の二月革命」(!)と名づけている。けれども、二・二六の「革命」は彼らの意図した意味での革命ではなかった。「革命の敗北」でも、いわんや「ファシズム革命」でもなかった。ただ、明治以降の日本国家の秘密を暴露すると同時に、それ以降の昭和ファシズム国家の形成をも決定したという意味で、二・二六事件は、この時期にぎりぎり革命に接近した、おそらく唯一の事件であった。

では、明治以降の「日本国家の秘密」とはなにか。戦後になって久野収氏(『現代日本の思想』)が簡潔にまとめたところを聴こう。――

「注目すべきは、天皇の権威と権力が、「顕教」と「密教」、通俗的と高等的の二様に解釈され、この二様の解釈の微妙な運営的調和の上に伊藤の作った明治日本の国家がなりたっていたことである。顕教とは、天皇を無限の権威と権力を持つ絶対君主とみる解釈のシステム、密教とは、天皇の権威と権力を憲法その他によって限界づけられた制限君主とみる解釈のシステムである。国民全体には、天皇を絶対君主として信奉させ、この国民のエネルギーを国政に動員した上で、国政を運営する秘訣としては、立憲君主説、すなわち天皇国家最高機関説を採用する。」

当時北一輝こそは、明治憲法を読みぬくことによって、この日本国家の秘密を破ったのだ、と久野収氏はいう。しかし実際には、明治以降の日本国家の「徴妙な運営的調和」は、まさに二・二六叛乱によって決定的な破綻を衆目に曝したのだった。逆にいえば、二・二六事件は、日本国家の統一が、もはや「運営の妙」では糊塗しえぬまでに、危機の瀬戸ぎわに立っていた事実をはっきりと暴露したのである　北一輝自身は、二・二六叛乱になんの直接関係もなかったけれども、しかしにもかかわらず、決起将校たちが大きく北一輝の流れをくむものといえるのも、彼らのしでかしたこのような「無作法」のゆえであった。決起将校たちが、北の『日本改造法案大綱』を「絶対の真理だ」（磯部）と信じていたか否かなどということと、これは別の問題であった。

このころには、天皇は二重の性格をもつてゐた。その第一は、政党・財閥・官僚・軍閥の頂点にあつて、機関説によつて、運営される、いはばイギリスの王のやうなものだつた。その第二は、御親政によって民に直結して平等な民族共同体の首長であるべきであり、国難を克服する、国家の一元的意志の体現者だつた。天皇の性格がこのやうに二重だつたから、その君臨の下に考へられてゐた体制も別だった。一つは旧来の元老・重臣、政党、財閥、官僚のヒエルアルヒーによる「天皇制」であり、これは汚職をしたり軍縮をしたりした。他は一君万民の軍国的社会主義的体制であり、これは社会的不正を攻撃したり外地侵略をしたりした。（竹山道雄『昭和の精神史』）

だとすれば、日本国家の秘密、その「微妙な調和」ということは、端的に「天皇」の一語のうちにこめられていたはずである。そして、やがてみるように、このような日本の天皇の性格――二重の天皇（制）――こそは、叛乱渦中の人びとをおしなべてきりきり舞いさせ、あげくのはてに叛乱将校たちのまえで「二人の天皇」が鋭く対立する有様をはっきりと露呈したのだった。

（二）　皇軍相撃がなんだ

それゆえ、「日本の二月革命」について本質的なことは、その「意図」や「結末」ではなく、事件の四日間に国家内部に生じた諸対立と混乱そのもののうちに見えている。ここで日本国家は、登場人物の相互関係のすべてを通じてその諸側面をまぎれもなく照射されたのである。ささいなエピソードの一つ一つが、それなりに「日本国家」という主人公の分身を演じた――明治維新以降の日本の革命史のうちでも、これは稀有のことだった。

たとえば、当時、決起将校にもその敵側にも、もっとも奇怪なエピソードと思われたものに、歩三（陸軍歩兵第一師団歩兵三連隊）の新井勲中尉の行動がある。彼は二八日の午後、叛乱軍にたいする警備位置を突如として離れ、指揮下の中隊をひきつれて靖国神社の参拝に出かけてしまった。新井といえば歩三の維新派将校の一人として知られていた。二・二六の決起にたいしては安藤輝三とともに自重派の中心だったが、二三日に安藤が参加を決めたため、いわばおいてきぼりを食った形で、この四日間は叛乱軍と対峙する位置におかれたのである。だが、叛乱した「元同志」との関係から、彼は叛乱渦中の決起将校とのさまざまな接触にあたっていたのであり、だから、二八日の戦線離脱行為は、中間主義者の動揺ともみられたろうし、とりわけ軍首脳部にとっては、叛乱側の陽動作戦のごとくに受けとられたのだった。

けれども、新井中尉の行為自体は、あくまで一つのエピソードにすぎなかった。彼自身はこのために禁錮六年の刑を食らうことになるが、彼の行動が事件の推移に与えた影響などはとるにたりない。このエピソードの重要性は、むしろ決定的に彼自身の内面にあった。つまり、新井にとってこの靖国参りは、「抗議デモ」として意図されていたのである。

> 軍隊は命令には服従する。命令とあれば如何なる命令にも服従する。事件勃発以来、随分おかしいとは思いながらも、連隊長も大隊長も「命令とあれば致し方ない」と服従してきた。これが不逞の徒をして増長させたのだ。軍隊の服従にも限度はある。われわれは何時迄も出鱈目な命令には服従して居れぬ。それを実際に目に見せてかれら〔軍首脳〕の反省を図らねばならぬ。ようやく決心がついたわたくしは、部隊を集め、靖国神社へ出発した。そしてそれは一種のデモの意味があるので、二十分程歩くと直ぐに休憩し大隊本部へ靖国神社へ赴く旨を報告したのである。

「事件勃発以来」の軍首脳部の対応がいかに「出鱈目」なものだったかは、いまではよく知られている。だが、叛乱した将校たちは別としても、事件渦中でこのでたらめさをはっきりと知り、このでたらめさそのものに抗議しようとした者がここにいたのである。自分の中隊の大部分を、かつての同志将校に連れだされたのを知った二六日の朝、軍が叛乱派に味方するにしろ敵にするにしろ、「中途半端」は最悪だとすでに新井は考えていた。「かれらが身命を賭し迫力によってせる以上、こちらもまた死生を度外視した迫力によらねばならぬ」、と。

是認するにも無理がある。陸軍は結束して国家を引摺らねばならぬから。それには中途半端であってはならない。少くとも決起将士同様の決意を固める必要がある。迫力と威嚇によっての対外闘争をもしなければならぬから――否認する、そこにも断乎たる決意がいる。迫力によって引摺らんとするかれらに、われらまた武力に訴えても否認するの迫力を示さればならぬから――。

わたくしはこの二つ以外、採るべき態度はないと信じた。

しかし事実は、新井の決意したラジカルな二分法に「軍」は従わなかった。事件に出くわした朝の「軍」の姿を、木戸幸一は次のように語る――

川島陸相は午前九時に参内して陛下に奏上した。下るさい、御殿の廊下で陛下のお部屋にいくぼくと出会った。川島は顔面蒼白で、足元がさだまらず、ふらりふらりと歩いていて、ぼくの顔を見ても、目がうつろでぼくが見えないようであった。これが陸軍大将で陸軍大臣かと思うと、情けないのをとおりこして怒りだけがのこった。

結局、事件の四日間を通じて、軍はこうしたていたらくをさらし続けることになるのだが、しかし四日間、「足元がさだまらずふらりふらり」と歩いたのは、たんに軍部中央ということであったろうか。むしろそれは、この時点での「日本国家」そのものの姿ではなかったか。国家は、身内から出た叛乱軍のラジカルな「否定」の鏡に自分を映して、動揺することによって、みずからを衆目にさらしたのだ。

新井中尉の行動もまた、その二者択一の問題設定によって、叛乱軍と同じように国家の「でたらめさ」を映しだした。のちに、磯部浅一もまた書いている――

吾人の行為が若し国賊反徒の行為ならば、その行動は最初から第一番に、直ちに叱らねばならぬ。認めてはならぬものだ。吾人を打ち殺さねばならぬものだ。直ちに大臣は全軍に告示して全軍の力により吾人を皆殺しすべきだ。大臣は陛下に奏上して討伐命令をうける可きではないか。間髪を入れず討つ可きではないか……

「やめよ、しからざれば討つ」という決意を表明する以外、鎮圧の方法はないとした新井は、磯部や栗原からすれば裏切り者だったろう。しかし、「かれらも決死の覚悟であればわれまた決死の覚悟で」という決意によって、新井もまた、まぎれもなく磯部らの運動の圏内にいたことを示しているのである。

＊

いままでは、事件渦中の軍首脳のでたらめさや卑劣さを非難する声は多い。この点で、大部分の評者は青年将校たちの倫理的な軍部非難に同調する。だが、軍もまた国家権力である以上、権力にたいする道徳的心情的批判は、それだけでは政治的には無意味である。権力は、そのでたらめさ自体をおのが力として生きつづける。

はたして、二・二六の叛乱に出くわした瞬間から、マキャベリズムとでたらめさとが混在した権力の対応が開始された。

蹶起の趣旨に就ては天聴に達せられあり。諸子の行動は国体顕現の至情に基くものと認む。之以外は一に大御心に俟つ。

これは二六日の午後出された、有名な「陸軍大臣告示」の一部である。字義通りに受けとれば、決起ははやくも「是認」されたことになり、事実、決起側もそのように受けとっている。

軍当局は吾人の行動を是認し、まさに維新に入らんとせり……

叛軍ならざる理由

（一）蹶起の趣旨に於て然り

（二）陸軍大臣告示は吾人の行動を是認せり……（安藤輝三）

二六日の早朝、「問題は箇短《ママ》です、我々のした事が義軍の行為であると云ふ事を認めさえすればいいのです」といっていた磯部たちにしてみれば、決起の目的が達成されたのだとすらいってよい。新井中尉が、「わたくしよりはやった人達の方が正しかった」と軍当局が判断したものだと思ったのも、このときである。

だが実際には「問題は箇短」にはいかなかった。軍の「ペテン」がすでにこの大臣告示からはじまっていた。実際、「一に大御心に俟つ」などといいながら、その「大御心」がすでに断固として「叛徒鎮圧」にきまっていることを軍首脳は知っていたのである。この日の午前、川島陸相が「ふらりふらりと」天皇のもとから下ってきたのも、まさに天皇のこの意志を知った結果にほかならなかった。

事件の朝、「とうとうやったか、お前達の心はヨオッわかっとる、ヨヲッーわかっとる」といいながら決起軍に乗り込んだ真崎大将は、決起を圧力とする一つの政治方針をただちに実行に移そうとした。彼の意を受けた川島陸相と伏見宮海軍軍令部総長の二人を、別々に宮中に送り込んで「強力内閣」構想を天皇におしつけることであった。力を背景として、これは典型的な宮廷革命の実行であり、しかも、川島と伏見宮といえば陸海軍の公式の意見というに等しい。だが、この強要は、立憲君主の習慣に反して、天皇自身によって断固として拒否される。

陸軍大臣は、内閣をつくることまでいわないでよかろう。それより叛徒をすみやかに鎮圧するほうが、先決ではないか。

それゆえ、かかる「大御心」を知りながら、しかも天皇が決起の趣旨を認めたかのようにいう陸軍大臣告示は、なによりも天皇の意志へのペテンであった。他方、二十六日の午後、告示をもって決起将校側と会見したとき、軍首脳部はこれによって「皇軍相撃」を防ぎ、叛乱軍の無事撤兵をはかろうとした。「強力内閣」の実現という目標で決起将校側と同調するかにみえた真崎将軍らの路線は、ここですでにあとかたもなくなっていたからである。実際、告示を伝えた山下奉文は、「吾々の行動が義軍の義挙だと認めるのか」と迫る磯部らにむかって、ただ告示を三度くりかえして朗読するだけであった。「反徒の行為ならば直ちに吾人を皆殺しすべきだ」、「かれらも決死われまた決死」という磯部や新井のリゴリズムからいえば、軍当局の対応はまさに最低の「中途半端」であった。

けれども、くりかえしいうが、でたらめさもまた権力の力である。叛乱にたいする軍当局の対応が、有効なマキャベリズムとして叛乱軍をペテンにかけ、腰くだけにすることであっても、国家権力にとってはなんの不思議もない。

だが、彼らが心底つかむことができなかったのは、青年将校運動こそはまさに時代の運命だったという事実である。五・一五事件は四年前のことだったが、たとえばあの程度の決起であれば、軍権力は手もなくこれをだますことができたであろう。五・一五は「君側の奸」を除いたのち、軍当局との交渉以前に当局に自首してきたのだった。

けれども、青年将校運動は、大川周明・軍幕僚派の運動から自立してすでに五年になっている。とりわけこの年月は、皇軍一体という伝統のなかで生れた革新運動を、ほかならぬ軍自体の分裂を賭ける地点にまで追い込んでいくものだった。

軍隊は国家権力の実体なり、故に、国家を分裂せしめんと欲せば軍隊を奪ふべく、軍隊の革命が国家其の者の革命なり。

すでに昭和二年、西田税はこのようにいっていたが、北・西田流の軍事クーデター路線はとらなかった青年将校たちも、その後、事実そのものの力に押されて、「国家を分裂せしめんと欲せば軍隊を分裂せしむべし」という地点に、いまや事実上立たされていた。

事件勃発とともに、大部分の軍人たちの合言葉となった「皇軍相撃の防止」というスローガンは、青年将校運動の歴史が煮つまった地点をはっきりと照射している。実際、この四日間に決起派にたえずつきまとってはなれなかったのも、みずから始めてしまった皇軍の分裂、かの「大権私議」にどう始末をつけるかという、さし迫った問いであった。そして、決起派のうち磯部浅一に代表される翼は、この「皇軍一体」の呪縛を破って、もっと先へ進もうとしてあがきつづけたのである。たとえば二七日朝、決起派内部の激論はこうだ。

村中「同志部隊を歩一に引揚げやう。皇軍相撃はなんと云っても出きぬ」

磯部「皇軍相撃がなんだ。相撃はむしろ革命の原則ではないか。若し同志が引揚げるならば、余は一人にても止りて死戦する」

こうして、国家＝軍の内部分裂・皇軍相撃を不可避とするような革新運動の歴史を、ぎりぎり背負って決起した者たちをまえにしては、大臣告示のペテンなどは、一片の空証文にすぎないものとなる。軍当局の得意とする「事をあらだてない」政治は、ここに通用しなくなる。

これが通常ならば、「国体顕現の至情に基くもの」という是認は、手もなく叛乱を散らすことができたであろう。だが、通常国家権力が事とするあらゆるマキャベリズムの政治、あるいは人脈にもとづくなあなあ主義のカセを振り切って、政治を日常とはまったく別の流れへ解放するものこそ、まさに革命である。二六日の朝、軍当局の手なれた政治が拒否されたとき、事態は新井のいう「かれらも決死、われらもまた決死」というラジカルな対立にむけて解き放たれたのであった。だから、ここから始まる軍当局の混乱と動揺も、革命にとってはきわめて「正常な」現象である。これは軍当局の無能や卑劣さを意味するのではなく、まさに「決死」の敵対者に直面して、「国家」が、動転しつつ再形成される過程を意味したのである。

日本国家を主人公とするドラマがこうして開幕する。

(三) 我々は戦争術の技師ではない

日本国家を主人公とするこのドラマの開幕劈頭、ほかならぬ今上天皇みずからが、「事件鎮圧」の意志を表明したことはすでに触れた。軍首脳部の動転ぶりやでたらめさを間において、決起将校の対極に天皇が立つことになったのだ。「否認する、そこにも断乎たる決意がいる」と新井中尉は考えたのだが、叛乱軍の「身命を賭した迫力」にも対応する「迫力」をもって、ただ一人、天皇だけが「否」と表明しつづけたということができる。

当時の侍従武官長本庄の日記は、次のような言葉を記録している。

朕が股肱の老臣を殺戮す、此の如き兇暴の将校等、其精神に於ても何の恕すべきものありや。朕が最も信頼せる老臣を悉く倒すは、真綿にて朕が首を締むるも等しき行為なり。朕自ら近衛師団を率ひ、此〔叛乱軍〕が鎮定に当らん。

いまでは、「叛徒鎮圧」の天皇の意志のことはよく知られている。だが、事件の渦中にある磯部たちや新井にとっては、これは四日間を通じて漠とした風聞以上のものではなかった。「天皇の意志」は、天皇その人から叛軍の観念する天皇像にいたる幅広いスペクトルを揺れ動くものとしてしか、見えてはこなかったのである。

それというのも、明治維新以来の重臣たちがこしらえた日本国家の歴史は、「万世一系の天皇これを統治す」という「たてまえ」の裏で、すでに幾重もの権力機構・統治機構を確立していた。戦後、天皇が語ったところによれば、これら機関の合法的な決定は、天皇の意志のいかんを問わず裁可すべきものであった。ファシズム国家の暴挙にたいしても、みずからが「余りに立憲的に処置」したために、介入することができなかったということになる。一口に立憲君主としての天皇であり、竹山道雄のいう「機関説的天皇制」であった。

それゆえ、叛乱の朝、川島陸相の意向を退けたとき、天皇は明治以来の日本国家の「運用の妙」を逸脱したのである。以降事件の四日間を通じて、「陛下はまたしばしば川島陸軍大臣を呼ばれて、「一時間の内に暴徒を鎮圧せよ」と言われ、一五分ばかり経つと、「もう撃ち始めたか」と仰せられて、終始武官長を見におやりになるという具合」であった。

これはまったくのところ、立憲君主としては出すぎた振舞いである。もしも通常のことであれば、つまり革命のような「非常時」に直面してのことでなければ、天皇その人のこの意志も焦慮も「機関説的天皇制」の分厚い壁にはばまれて、国家権力の政治的意志を形成することはなかったであろう。この意味で、青年将校たちの決起は、日本国家の「運用の妙」の奥底にあるもの、すなわち天皇その人へのはるかな挑発であった。

だから、明治以来の日本国家、「機関説天皇制」の担い手たちにとっては、まさに天皇と叛乱によって挟撃されたに等しい。だがむろん、機関説天皇制の国家権力はそれだけで一人だちしてきたのではない。天皇その人を「現人神」の観念にまつりあげ、「たてまえ」としてはあくまでかかる天皇を戴くことが国家権力にとって不可欠のことだった。この天皇は、「御親政によって民と直結して、平等な民族共同体の首長であるべきであり、国難を克服する、国家の一元的意志の体現者だった。」（竹山道雄）

そして、時代はまさに「国難」の時代だった。ほかならぬ軍当局の音頭で、かかる天皇をまつりあげる運動、「国体明徴運動」が全国を席巻してからまだ一年とたっていない。「国体は倫理的事実・歴史的事実にして憲法的制度にあらず」（美濃部達吉）という、明治国家の担い手たちに共通の了解事項、その「本音」は、「国体こそが一切の法、一切の制度組織法律典章が派生し発源する原理」だとするキャンペーンによって、徹底的にあばきたてられ、征伐された。事実、これは「たてまえ」による、「本音」にたいする「合法無血のクーデタ」であったかも知れぬ。

＊

二・二六事件の将校たちを育てた軍隊こそは、明治以降の日本国家のあり方・「二重の天皇制」のまさに軍隊版であった。当時の国家権力における「軍部」の比重からいえば、軍隊こそ日本国家の縮図だということができた。藩閥にとらわれず、陸大出の軍官僚（幕僚）による軍の統制と管理が確立されつつあり、これは、帝大出官僚による国家機構の掌握と対応する事実だった。

しかし他方で、幕僚機構が軍全体の統合のために、「皇軍」の観念で兵士たちを教育する必要もまた、他の国家機構の場合と同様であった。「教育勅語」に対応して、軍は独自に「軍人勅論」をもち、「天皇は陸海軍を統帥す」という憲法の規定のもとで、「世論に惑はず政治に拘らず只々一途に己が本分の忠節を守る」ことが要求されるのである。

「天皇は国家全体にむかってこそ、絶対的権威・絶対的主体としてあらわれ、初等・中等の国民教育、特に軍隊教育は、天皇のこの性格を国民の中に徹底してしみこませ、ほとんど国民の第二の天性に仕たてあげるほど強力に作用した」（久野収）。逆にいえばこの軍隊教育をになう隊付青年将校こそは、「天皇の赤子《せきし》」という信念を、文字通り「第二の天性」に仕立てあげられた者たちだったということができる。

それゆえ、軍部幕僚エリートは、事実上「機関説天皇制」の機構を運営しつつ、同時に、「皇軍一体」の神話でこれら青年将校たちの現人神信仰をも掌握していたのである。けれども、マキャベリズムをはっきりと意識して、天皇信仰が政治的に利用されていたわけではない。信仰とその政治的利用との間は、切れ目のない「皇軍一体」の意識でつながっていた。文字通り「微妙な運営的調和」だが、しかし、ごく少数の軍幕僚を除いては、軍における政治権力をみずから「運営」しているのだという意識を、大多数の軍部首脳は欠いていたのである。

叛乱の鎮圧ののちになって、軍部首脳は「大臣告示」は叛軍撤退を説得するための方便だったといいのがれたが、決起に直面した瞬間から、こんなマキャベリズムを彼らが使いこなせたはずはない。「諸子の行動は国体顕現の至情に基くものと認む」とは、多少とも彼ら自身の混濁した意識の所産であった。だから、新井たちが激昂した軍当局の対応の「でたらめさ」も、政治的ペテンのでたらめさではない。軍部はわが身が突然にバランスを失調したことに気づいて動転したのであり、「やめよ、しからざれば討つ」、などとはいかなかった道理である。

実際、決起が知れわたるや、「君等がやつたからには吾々もやるんだ」というぞうむぞうの幕僚たちの口説が、叛乱軍指導部に殺到し、磯部たちは応答にいとまのない有様だった。「今になって反省してみるに、革命暴動の指導的立場にあるものは種々雑多な面会者に会見する事は避くべきである」と、磯部はわざわざ遺言している。一般に、「陸軍の大官から幕僚に至るまで、「御苦労さん、御苦労さん、よくやった」とかれらを賞揚し、万歳迄唱えた人間もあるのだ。」(新井勲)

こうしたことはむろん、青年将校たちの運動が「皇軍」自身の身中から発生し、その微妙なバランスを大きく片側に傾けるものだったことに起因している。天皇の赤子という信念を「第二の天性」に仕立てあげられた隊付青年将校たちは、なによりもまず現人神信仰のたてまえを「本音」と信するところに革新運動を定礎させようとする。「所謂維新なるものの真髄は、先づ第一に我々が現人神陛下の子であり、赤子であると云ふ自覚、信仰であるといふ結論であります。」青年将校運動の草分けの一人、大岸頼好大尉がこう証言している。このような倫理主義のリゴリズムが、かえってそれを育んだ母胎、皇軍と日本国家を内部から喰い破って突出したところに、二・二六の決起があった。倫理主義的運動の極限として、これはすこしもめずらしいことではなかった。

だがそれだけではない。農業恐慌による未曾有の疲弊をまえにして、彼ら青年将校にとって、時代はまさに「国難」の時代と感得された。それに、大正から昭和にかけて一世を風靡したマルクス主義が、どのような形ではあれ、彼らに影響を与えなかったはずがない。「青年将校の下宿には一様に、○○社会主義理論と云った様な、洋とじの本が書棚をかざつてゐたものです」と磯部が書いている。「世論に惑はず政治に拘らず」という「軍人勅諭」の倫理主義を極端化した現人神信仰が、同時に、端的な政治的ラジカリズムと同居していても不思議はない。そして、プロシヤの青年将校とは異り、彼ら自身が「百姓の伜」であり、彼らが教育を担当する兵士たちも、疲弊せる農村から徴用された文字通りに「軍服を着た農民」であった。事件直前になされた青年将校へのインタビューの一節が、次のようにいっている——

問　青年将校などには、世間的接触がないために、民衆の生活感情を無視した点がずい分あるやうだ。

答　世間的に最も多く信ぜられてゐる考へだが、事実はこれと反対である。我々将校程世間的接触の多いものはない。論より証拠に、我々が毎年十万以上の壮丁を入れてそれを直接教育する。彼らは世間の総ての職業を網羅して居る。我々軍人は戦争術の技師ではない。だから兵隊に軍隊の技術を教へる為めの将校ではない。それに兵隊の凡ゆる階級の者が持つ思想、信念、境遇を体得しなければ理想的な教育が出来ぬ。況んや我々青年将校が此の一般社会から入って来る兵卒の演習場に於ても共に露営し、共に同じ飯を食ひ、泥まみれになって居る中に、彼等の思想感情を知り、彼等の悩を感得、苦しみを知る訳だ。従って民衆の生活感情や思想内容に対する知識といふものは非常に強いものだ。国民総てを指導しなければならぬ確信をもって、ものを非常に研究して居り、却って世間一般の人よりも色々知って居る。

こうして、幕僚エリートたちが「皇軍一体」の神話でこれら青年将校の運動をも掌握することには、かえって無理が目立ってくる。「兵隊に戦争の技術を教へる為めの将校ではない」と公言するような青年将校たちの運動が、皇軍一体の呪縛を次第に逸脱していくからだ。いわゆる皇道派と統制派の対立の基底に暗流するものは、軍部のみならず日本国家にとって本質的な対立であり、これは、二・二六事件にむけて、にわかに表面に現われ出ようとしていた。

それゆえ、軍隊こそは時の日本国家の縮図だったというのは、明治国家の支配機構が、軍部のうちで典型的に貫徹したということだけのことではない。明治以来の日本国家の「二重の天皇制」が、その微妙なバランスを失いつつあったとすれば、それはとりわけ「皇軍」内部においてそうであった。軍は日本国家の「危機」の縮図でもあったのだ

本来なら、国家の危機を「革命的に切開する」べき左翼の革命運動は、この時期までに国家権力によって徹底的に狩り出され、しらみつぶしにつぶされていた。また、本来、国民に密着してその力によって、明治国家のバランスシートに結着をつけるべき政党デモクラシーも、すでにろくな有様も見せられずに自滅してしまっていた。だとすれば、軍内にあってなおかつ「戦争術の技師ではない」と称する青年将校の革新運動は、好むと否とにかかわりなく明治以来の日本国家に「下から」結着をつけるという途方もない仕事を、いまや事実上一身に負わされるようになっていたのである。カテゴリー的にいえば、これはまさに「近代革命」――(「日本の二月革命!」)

——完成の課題にほかならないのであり、磯部ら青年将校にとっては、まったくのところ逆説的なことに、「問題は簡短」どころではなかったのだ。そして、叛乱にたいして彼らの対極に立つたかに見えた天皇その人も、このカテゴリー的な課題の実現という点では、じつは、意外に磯部らの近くにいたのである！　二・二六事件の四日間は、いままさに始まったばかりだが、そのドラマは両者の近親憎悪に似た関係をただちに展開していくであろう。

（四）　なにが大権私議だ

日本国家の「二重の天皇制」のからくりについては、伊藤博文以降の官僚エリートをはじめ北一輝など、当時もすくなからぬ者たちがこれを知っていただろう。だが、事実の力をもってこの秘密を暴露したのは、くりかえすが二・二六事件のなりゆきであった。

決起した青年将校たちにしてみれば、たしかにこんなことを願ったのではなかった！

維新と言ひ革新と言ふ。吾人の希ふ所、啻《ただ》に社会機構の改造に非ずして、日本国民の根本的精神革新を以て第一義とす。（安田優）

このようないい方は、決起将校のほとんど全員からくりかえしくりかえし聴くことができる。

その彼らがみずからひき起した、権力中枢部の未曾有の混乱と対立を背景にしてこうした言葉を聴くとき、それは奇怪な呪文とも精神主義まるだしの観念的作文のようにも思えてくるほどである。

もとよりあれだけのことをしでかした彼らに、戦略・戦術的な思考がなかったはずがないと誰しも考える。この国の国家主義運動が昭和のはじめに北一輝から西田税にひきつがれたとき、青年トルコ党式のクーデターの政治戦略はたしかに明瞭に存在した。また、決起が「軍部を被帽した」革命であることを、磯部浅一は目論んでいた。けれども当時、青年将校の革新運動は、かつて西田の願った「クーデッタ!!」の道から全体としてはずれてきていた。「皇軍」という倫理的共同体の内部に根づいた彼らの運動は、たによりも倫理的な批判のラジカリズムに凝り固まるようになっていた。ほんの一年前、軍首脳のお声がかりで全国を席巻した「国体明徴運動」にも、その政治臭を嫌ってか、ほとんど青年将校たちの影はみられない。こうした彼らの反政治の倫理主義からすれば、次のような発言も文字通りのものと受けとってよいであろう。

問　神兵隊〔事件〕については、特に何を考へるか。

答　あれはファッショだ。日本の国体観念を錯覚した欧化思想である。その改造の方法に国家に攪乱を起して戒厳令を敷かさうとした如き思想は以ての外だと思ふ。即ちファッショの下に国民暴動を煽動して戒厳令を奏請すると云ふことは陛下をだまし奉る遣り方だ。大権強要に属する。むしろ自分がやるだけの事をやって、陛下の前にひれふすと言ふ態度でなければならないと思ふ。

けれども、叛乱が国家権力のふところ深く切り込めばそれだけに、「やるだけの事をやって陛下の前にひれふすという態度」の非現実性は目にみえてくる。国家権力にたいする倫理的批判の徹底は、本人たちの意識を超えて政治的意味をおびるようにたってしまう。倫理と政治の混淆は時代の運命だったからだ。

とりわけ、大岸ら地方の将校とちがって、「士官学校事件」以降「皇軍相撃」の暗闘をくりひろげてきた磯部たちにとっては、政治（反倫理）と倫理（反政治）のたんに外在的な対立として、敵味方を区分することなどできない。倫理と政治の相剋は、なによりも倫理的なものと思いこんできたみずからの運動内部に、思いもかけず発見されることになる。

五・一五事件以来の、いわゆる「君側の奸を切る」という行動様式は、彼ら内部の政治と倫理の相剋に、いわば順序をつけて解決を与える方式のように思われた。つまり、まず政治権力の象徴として「君側の奸」を切るという政治行為をおこない、かくして天皇や国体と純粋に倫理的な対面（「直参」！）をとげることができるのだと、彼らは信じた。政治行為は、倫理への出陣の儀式だった。

こうして、磯部らも、伊藤博文以来「政治」を担ってきた者の系列を、まず切った。決起の被害者リストは「元老・重臣」の系譜に集中しており、彼らは「君側の奸」を、いわば象徴的に切ったのである。

だが、日本国家はすでに、「君側の奸」という「政治」を切除することで天皇の身体と直接対面できる、などという段階をはるかに超えていた。「君側の奸」を切った瞬間から、磯部らが対応に忙殺されたのも、いかなる意味でも天皇などではなく、天皇の機関を担ってきたあらゆるスペクトルのうぞうむぞうたちであった。「重臣」を切ることで彼らは「政治」を、国家権力を取り除けたかに思ったのだが、じつはこうしてはじめて、彼らは「国家権力」そのものに対面することになったのである。だから、磯部らが一片の大臣告示を超えてもっと先まで進もうとして、二六日夜、「軍部」と対面したとき、彼ら自身の政治と倫理の位置づけが瞬時に逆転するようなことが起るのだ。

荒木　「大権を私議する様な事を君等が云ふならば、吾輩は断然意見を異にする。お上がどれだけ、御軫念になつているか考へてみよ」

磯部　「何が大権私議だ、この国家重大の時局に、国家の為に此の人の出馬を希望すると云ふ赤誠国民の希望が、なぜ大権私議か。君国の為に真人物を推す事は赤子の道ではないか」

ここでは、「やるだけの事をやつて陛下の前にひれふす」ことを主張するのが、逆に「軍部」の側となっている。まさに、「頭から陛下をカブつて大上段で打ち下すやうな態度」をとったのは荒木のほうであり、逆に磯部は、事実上「大権強要」の位置におしやられる――「なにが大権私議だ。」

おそらく、叛乱冒頭から、「軍部」がこのように「大権私議」をふりかざして、「やめよ、しからざれば討つ」という態度で決起将校に臨んだのであれば、「皇軍一体」神話のうちにくすぶりつづけてきた「皇軍相撃」の運命を、叛乱は一挙に鮮明にしたはずだ。それが結果として、瞬時に「陛下の前にひれふす」ことに終るか、一転して「クーデッタ!!」に進むかは別としても、日本国家はみずからを正真正銘の権力と自覚して磯部らの前に立って結着を迫ったろう。

しかし、事実は逆に、「軍部」はなおみずからを隠すナニワブシで対応しようとする。荒木は、「大権」がすでに決定的に「叛徒鎮圧」であり、磯部らの「大権私議」は疑いようのないことをよく知っていた。にもかかわらず、彼はこの事実をはっきりと口にだすことができない。これまで、陰に陽に青年将校たちを煽動するようなことをしてきたのが、荒木らだったからだ。「大臣告示」にしても、そのペテンを真に受ける下地が、軍の中央にも現に存在していた。「本来、自分は彼らの行動を必ずしも否認せざるものなり」と、戒厳令司令官からして公言していたのである。

しかしさりとて、自分と軍部のために叛乱の既成事実を利用して、あくまで「大権私議」を押し通そうという胆力は、荒木たちにはない。二六日の早朝、強力内閣案を天皇に拒否されたとき、そんなものは瞬時に霧散してしまっていた。

だから、こうしてみずからの「大権私議」に挫折して、決起側との会見に帰ってきた真崎・荒木らは、すでに政治的にはまったくの無でしかなかったのである。荒木にむかって、「何が大権私議だ」と磯部が叫んだとき、彼は、古い国家革新運動の亡霊に呼びかけていたのである。荒木にしてみれば、磯部の叫びは、まさについ先刻までのみずからの姿勢にほかならなかった。「われわれ軍事参議官は、お上のご諮詢ありてはじめて働くものにして他に職権なし。ただ軍の長老として座視するに忍びず道徳的に働くのみ」という真崎の発言も、つい先刻までの自分自身に投げつけられたものだった。

　これら長老たちに、「ダニの如くに喰ひついて、強迫、煽動、如何なる手段をとつてもいいから、之と離れねばよかつたのだ」とのちに磯部はくやんだけれども、それはできたとしても、昨日の形骸に喰いつくことにすぎなかったであろう。磯部はまた、荒木ら居並ぶ大将連が「すつかり吾人の国体信念にまいった様子が見えた」と書くけれども、彼らが「まいった」のはまったく別のもの、磯部らの国体信念がいだく「天皇」とは別の、もう一つの「天皇」にたいしてであった。

　政治では、つい先刻も遠い昔も、ともに等しく過去であり、過ぎてしまった事柄に属する。旧来の青年将校運動からすれば、叛乱はこの瞬間に終ったともいえようが、しかし、彼らが思いこんでいたのとは別の叛乱が、ここからまさに解禁されたのだということもできる。「何が大権私議だ」「皇軍相撃がなんだ」という磯部の突出は、たによりも倫理的な運動だと思いこんできた「革命」が、それ自体のうちで逆転されたことを象徴的に示すものであった。だから、真崎・荒木らに「善処」を要求しつづける決起将校たちは、実際には、決定的な「否！」を軍部にいわせようと恐迫していたに等しい。軍にこれをはっきりといわせるためにのみ、叛乱の四日間は費やされたようなものであった。

しかし、これもまた、革命にとってはきわめて「正常な」、事のなりゆきである。国家に権力として真実口を割らせるのに、四日間はむしろ短かすぎるほどだとすら、いわねばならない。

＊　＊

こうして、事態はひとまず典型的に「猶余」の構図に落ち着くことになる。叛乱軍は、その占拠位殷をそのままにして正式に第一師団隷下に編入され、この位置づけは戒厳令が布告されても変らなかった。「命令」は次のようにいう。

歩兵第三連隊長は本朝来行動しある部隊を併せ指揮し、担任警備地区を整備し、治安維持に任ずべし。（「師戦警第一号」二六日）

二十六日朝出動せし将校以下は第一師団麴町地区警備隊長小藤大佐の指揮下に在りて行動すべし。（「戒作命第七号」、二七日午後七時）

二七日といえばすでにこの朝、占拠部隊への天皇の撤退命令（「奉勅命令」）が、「陛下には至極御満足」のうちに裁下されていた。だから、叛乱部隊を「治安維持」に任ずるというのは文字通り奇怪な命令であったが、これもまた「口実」と意識されていたわけではない。「赤色分子等の盲動」を未然に防ぐためと理屈づけられたのみか、第一師団から叛乱軍へ食糧薪炭が補給され、歩三では機関銃隊の一部を送って決起部隊の増強までやっている。「今や決起将士を目する連隊一般の態度は、英雄のそれにも近かった。」（新井勲）

しかし、現実には両者は対峙して布陣しているのだから、これらの構図は、新井のようなリゴリストには我慢のならぬものにみえたのは当然であった。

説得もできなければ、激励もできない。お互いが守備位置で頑張るだけなのである。食糧薪炭を補給しながら、同じ部隊同士が睨み合っているのである。世の中にこんな不合理が何処にあるか。

新井のいう「こんな不合理」は、むろん叛乱将校側にとっても、日を追うごとに濃厚にたちこめてきたと感じられた。行動が是認されたかにみえながら、「然し、何だか変な空気がどこからともかくただよつてゐるらしい事には、しきりに吾が隊の撤退を勧告する事だ。」「何が何だか、サッパリわけがわからなくなる」等と、磯部はくりかえし記している。

みずからの決起が、なによりも倫理的突出だと考えてきた青年将校運動は、暗黙のうちに、真崎らがこれを政治的に「善処」してくれるものと期待していたといってよい。二八日にも、あらためて「事態の収拾を真崎将軍に御願ひ」することが、軍事参議官たちに提案された。だが、「道徳的に働くのみ」とみずからいうように、真崎らはすでに政治的には無でしかなかったのだから、ひたすら「やるだけのことをやって陛下の前にひれふそう」と考えてきた青年将校運動は、やるだけのことをやった瞬間に、はたと立ちすくまざるをえない。みずからを形成し駆動してきた倫理主義が、いまや彼らを金縛りにしたかに思われた。

それゆえ、「世の中にこんな不合理が何処にあるか」とみえた事態も、叛乱突出後にもたらされた一種の無権力状態を意味していた。無重力状況にも似た叛乱の舞台で、人びとは無秩序に動転した。叛乱将校集団の内部が、とりわけそうであった。

（五）　軍部をたおせ

「いまから思ふと、あれは、いはば天皇が天皇にむかつて叛乱したやうな事件だつた。」

竹山道雄がこのように回想している。けれどもこれは「いまから思ふと」そうだということであって、事件の主役たちは、四日間をほんろうされあがきまわることを通じて、次第にこの核心を探りあてていったのである。

青年将校運動の歴史はその共同観念からいえば、「現人神陛下の子であり赤子であると云ふ自覚・信仰」を凝縮していく過程であったが、ここで彼らにとって「天皇」とは、決してシンボルではなく肉体をもった天皇その人を不可欠とする観念であった。「天皇大権は玉体と不二一体のもの」（磯部）だ。「国家改造と云ふ事は、臣下として申上ぐべき事ではなく、一に上御一人の御事に掛って居る」（大岸頼好）と考えられるような「上御一人」であった。これに反して天皇をたんに国の統一、国体のシンボルとするのはまさに「重臣、軍閥、……」等の「君側の奸」のほうだと考えられた。
だから、事件の四日間に天皇自身の意志をもれ伝えられても、これを「君側の奸」の陰謀と受けとる素地が青年将校たちにはあったのである。いくら彼らとても、「大臣告示」などで決起が是認されたのだと信じつづけたのではない。天皇の意志が彼らの「赤誠」を否認することなど、あろうはずがないと観念されてきたために、彼らは現にそう信じたかったのである。「叛軍撤退」の奉勅命令が出されたことが確実となった時点でも、栗原はなお、彼らの天皇にすがりつこうとする。

統帥系統を通じてもう一度御上に御伺ひ申上げやうではないか。奉勅命令が出るとか出ないとか云ふが、いつこうわけがわがらん、御伺ひ申上げた上で我々の進退を決しやう。若し死を賜ると云ふことにでもなれば、将校だけは自決しやう。自決する時には勅使の御差遣位ひを仰ぐ様にでもなれば幸せではないか。

だが、青年将校たちがこのようなまでに観念した天皇その人は、現実にはまさに似て非なる存在であった。まったくのところそれは別人であった。「生物学などなさるべきではない」と三島由紀夫が書いたが、天皇は西欧流の合理主義、すくなくとも立憲君主を範として育てられた。これは今上天皇の個性によるものではなく、明治以来天皇の政治をつかさどってきた「元老、重臣」のいわば方針として、天皇はかく育てられてきたのである。彼ら「君側の奸」を切除することが赤誠の道だと青年将校は信じたが、じつは二・二六の決起に天皇がなによりも激怒したのは、「朕が最も信頼せる老臣を悉く倒」されたがためであった。だから勅使の差遣による自決をという栗原らの願いにたいしても、天皇の返答は露骨だった。

自殺するならば勝手に為すべく、此の如きものに勅使など、以っての外なり。

まさに、「陛下のわれらへのおん憎しみは限りがなかった。」（三島由紀夫『英霊の声』）現人神陛下の赤子として、天皇に「直参」せんとしてきた青年将校運動であったが、そのどんづまりでかえって、彼ら赤子にたいする天皇のこの上ない憎悪にぶつかったことは、この運動にとって真に逆説的なことだった。「日本もロシヤの様になりましたね」という天皇の感慨を獄中で仄聞した磯部が、「私は数日間気が狂ひました」というほど、「怒髪天をつくの怒に」とらわれたのも道理だった。

朕は汝等を股肱と頼み、汝等は朕を頭首と仰ぎてぞ、其の親は特に深かるべき。

明治一五年の「軍人勅諭」がこう述べている。村中孝次もまた次のように書いた。「全日本国民は、一路平等に天皇に直通直参し、天皇の赤子として奉公翼賛に当り、真に天皇を中心生命とする渾一的生命体の完成に進まざるべからず。」

だが、天皇へのこのような「親しさ」は、現実には「官僚、軍閥、政党、重臣……」の壁によって幾重にも分断されてしまっていると、青年将校たちには感じられた。安藤大尉が兵隊教育のためにやった紙芝居は、大内山に黒雲がたちこめており、この妖雲が青年将校と兵の剣で切り散らされ、太陽輝く宮城の風景が現われる、というものだったという。高橋太郎も、占拠した陸相官邸の一室で坂井直と交わした会話を記録している。

「坂井さん、大内山の上が段々明るくなりますよ」

「噫《ああ》、将《まさ》に大内山の暗雲一掃瑞光みなぎらんとすか」

だが、こうして文字通り身命を賭して、親しく「天皇」そのものにたどりつこうとした彼らだったが、しかしそこにおぼろげながら見出しえたのは、まるで別人の「天皇」であった。実際、高橋たちが「瑞光みなぎらんとす」と仰ぎ見た大内山の一角、振天府裏には、その同じ朝、叛徒鎮圧戦を督戦せんとして陸軍大元帥の軍服に軍刀をおびて、天皇その人が立っていたのである。

こうして、磯部浅一の悲痛な独白が聴こえてくる――

日本には天皇陛下が居られるのでせうか。今はおられないのでせうか。私はこの疑問がどうしても解けません。

たしかに、これこそ悲喜劇というしかない。しかし、このようなどんでん返しは手品の種明しとはわけがちがう。天皇のもとに一体たるは、日本国家の、また皇軍の本義とされてきたのだが、彼らがこの天皇を再発見すべく決起したとき、それは似て非なる二つの天皇のラジカルな分裂を同時に発見することでしかありえなかったのである。叛乱の頂点で現出した二つの天皇は、互いに相手のなかに自己の徹底的な「否定」を見た。叛乱し、憎悪しあう、天皇の二つの分身である。

こうした事態は、「陛下の赤子」の名において「皇軍相撃がなんだ」といって頑張ったとき磯部たちみずからがひき起したことだったが、しかしむろんたんに彼らの一人芝居の顚末を意味したのではない。それこそまさに「日本国家」そのものの顚末であった。だから、軍首脳部のでたらめさをふり切って、決起将校と天皇とが互いに反対方向から見出したのも、まさしく分裂せる「天皇の国家」「天皇の軍隊」、さらに「天皇の国民」であった。

こうしてこの分裂の狭間で、叛乱軍将校たちのたえまない動転が開始される。天皇その人の意志も、真崎らの工作の挫折についても、しかとは知らされぬまま、ただあの手この手の「説得」に包囲されて、「撤兵」と「決戦」の間を揺れ動いたのが彼らの実情だったが、しかしその本質において、これは、ラジカルに分裂対立した「天皇」の二極をめぐる「日本国家」の動転を意味していた。それはもはや彼らの根性の弱さのゆえでもなければ、また叛乱の戦略・戦術の問題でもない。日本国家の原理上の問題であった。

「やるだけのことをやって陛下の前にひれふそう」という一方の極は、「皇軍相撃がなんだ」、「何か大権私議だ」というもう一方の極にたえず反転される。決起将校のうち、ほとんど一人「軍部を被帽した革命」にまで突き進もうと決意していた磯部は、「死戦の覚悟を定め」、戒厳司令部の占領や偕行社、軍人会館の襲撃をつぎつぎに思案する。「軍部をたほせ、軍閥をたほせ、軍閥幕僚を皆殺しにせよ」と磯部は獄中で絶叫しているが、追いつめられた果てに安藤をはじめ強硬派が共通して立たされた場所がここにあった。

真崎ら「皇道派」長老の「善処」に期待するところは、もはやなにもない。代って、磯部たちの面前にますますはっきりと敵対してきたのは、まさに彼らを育てた軍そのものであった。例によって極端な磯部は書いている——

世をあげて軍部礼讃の時代に「軍部をたほせ、軍部は維新の最後の敵だ、青年将校は軍部の青年将校たるべからず、士官候補生は軍の士官候補生たる勿れ、革命将校たれ、革命武学生たれ、革命とは軍閥を討幕することとなり、上官にそむけ、軍規を乱せ、たとひ軍旗の前に於てもひるむなかれ」と云ひて戦ひつづけたのだ。

そして、彼のこうしたラジカリズムは、ただちに自分の陣営内部にもむけられる。「この次に来る敵は今の同志の中にゐるぞ、油断するな」——。これはまったくのところ、「革命」にとって典型的なことだった。

同じことは天皇に「死を賜る」件についてもひき起こされた。「自決」を天皇の意志に委ねようという栗原の提案は、多数の廊下トンビたちを含めて感涙をもって受け入れられるが、しかしただちに、「自決して兵を返せば元も子もなくなる、生きて生きぬけ」という反極が頭をもたげる。二十九日朝叛乱軍が総崩れとなったとき、陸相官邸では手まわしよく自決用の白木綿などが用意されたが、「死なぬ、俺は死なんぞ」(磯部)「決起の精神をこの目で確かめたい」(村中)という声によって、自決の線は一瞬のうちに崩れてしまう。

「死」もまた「死を賜る」という線をはるかに超えていた。「憲兵及他の部隊をもって拳銃、銃剣を擬せしめ山下少将、石原大佐等は自決を強要せり、一同はそのやり方のあまりに甚しきに憤慨し自決を肯んぜず」(安藤)というのが実情だった。だから、死もまた瞬時に転倒される。「逆賊の汚名の下に虐殺され「精神は生きる」とか何とかごまかされて断じて死する能はず」(同)、と。

決起将校たちは、軍首脳部のでたらめさを怒ったけれども、他方、戒厳司令官がのちに述懐したように、軍のお歴々のほうが彼らにだまされたというのも多少とも真実であった。事前に彼らの目論んだ叛乱は決起の劈頭ですでに終っており、無自覚ながらそれとは別の叛乱が始められていたからである。そして、個々の軍首脳や叛乱将校の信義や心情を超え、対立する天皇の二極をめぐって動揺する「皇軍」そのもの、「日本国家」そのものが、舞台の前景にせりでてこようとしていたからだ。

かくて、新井中尉の描く次のような場面は、ほとんどこの叛乱すべての縮図のように見えた昨夜安藤と会ったあの応接室には、十数名の将校が集っていた。安藤も坂井も都築もいた。勿論見馴れぬ将校もいた。わたくしがそこに這入って行くや、忽ち数名の者から、

「何うだ、何うだ」と、質問の矢を浴びてしまった。これは余り様子が違う。

「奉勅命令が出たんです。お帰りになるんでしょう」

わたくしは慰撫的にそう云った。これはかれらには意外だったらしい。

「何が残念だ、奉勅命令が何うしたと云うのだ、余りくだらんことを云うな」

香田大尉がこう叫んだ。かれらはまだ自分に都合のよい大詔の喚発を期待しているのだ。奉勅命令については全然知らない。わたくしは茫然立っているだけであった。この時紺の背広の渋川が熱狂的に叫んだ。

「幕僚が悪いんです。幕僚を殺るんです」

一同は怒号の嵐に包まれた。何時の間にか野中が帰ってきた。かれは決起将校の中の一番先輩である。

「野中さん、何うです」

誰かが認めて駈け寄った。それは緊張の一瞬であった。

「委せて帰ることにした」野中は落着いて話した。

「何うしてです」渋川が鋭く質問した。

「兵隊が可哀想だから――」

野中の声は低かった。

「兵隊が可哀想ですって――。全国の農民が可哀想ではないんですか」渋川の声は噛みつくようであった。

「そうか、俺が悪かった」

野中は沈痛な顔をして呟くように云った。一座は再び怒号の巷と化した。坂井の説得など最早問題ではなかった。渋川は頻りに幕僚を殺れと叫び続けていた。事件はこれで結着と思って来たのに、この様は何としたことか。全ては虚偽であった。そこを立去るわたくしの顔面も蒼白であったに違いない。幸楽の門を出ようとすると、村中が軍服姿で「戦争だ、戦争だ」と叫んで駈込んで来た。しかしわたくしは物を云う元気もなかった。

（六）万斛の恨を呑む

余輩その死につくや従容たるものあり、世人或はこれを目して天命を知りて刑に服せしと為さん。断じて然らざる也。

余万斛《ばんこく》の怨みを呑み、怒りを含んで斃れたり、我魂魄この地に止まりて悪魔羅刹となり我敵を憑殺せんと欲す。陰雨至れば或は鬼哭啾々として陰火燃えん。これ余の悪霊なり。余は断じて成仏せざるなり、断じて刑に服せしに非る也。余は虐殺せられたり。余は斬首せられたるなり。
（栗原安秀）

まったく同様な遺書を、安藤も磯部も書き遺している。心情的には、これは「万斛ノ恨ヲ呑ム」（安藤）ということだったろうが、また、「二人の天皇」の張りめぐらす緊張を彼らも突破しえなかったことへの無念とも読みとれる。「陸軍省をやき、参謀本部を爆破し、中央部軍人を皆殺しにしたら、賊と云はれても満足して死ねるのだったに、奉勅命令に抗して決死決戦したのなら、大命に抗したと云はれても平気で笑って死ねるのだったが……」と磯部も悔んでいる。

実際、「幕僚ヲ惨殺セヨ」（栗原）という命題を実行に移すことが必要だった。しかしそれは、時の日本国家というものを突破するという途方もない仕事を意味していたのであった。

所謂『国体論』の中の天皇とは土人部落の土偶にして却て現天皇を敵としつゝあるものなり。

かつて、北一輝はこのように口をきわめて、「国体論の復古的革命主義」を論難した。だが、「国体論中の天皇」という土偶による「現天皇」（戦関説天皇）の征伐戦を、究極のところまでおしすすめたのは、ほかならぬ北の弟子たちであった。それは北が反対した「復古的革命主義」にもとづくものだったが、しかし天皇による天皇への叛乱にまでつきつめられることによって、かえって、かつて北自身の描いた革命へ接近するものとなった。

叛乱を是認するにしろ、いずれも「死生を度外視した迫力によらねばならぬ」と新井中尉は最初から決意した。この迫力を欠いた軍当局のでたらめさを、叛乱将校が四日間あのように身をさいなんだ根源だとして、新井のように憎むことはできる。だが、いずれにしてもリゴリズムは避けようとするのが権力の身の処し方である。この事実を思い知らされたところに、新井のエピソードの悲劇があったし、権力の身の処し方を、革命の権力問題へと解体するまさにとば口で崩れたところに、叛乱本隊の悲劇もあった。

だが、権力がみずからを欺瞞なく表明しようとするかすかな流れも、たしかにあることはあった。新井が、「若し鎮圧せんとするならこうでなければならぬ」とした、石原大佐や片倉少佐らの動きである。これは叛乱とそもそものはじめから、はっきりした敵対関係をつくりだした。

* *

石原は、事件の朝いつのまに来たのか、陸相官邸の「広間の椅子に傲然と坐している」。栗原が「どうしませうか」と言って、磯部をふりむいてピストルを石原につきつけるが、石原は、「云ふことをきかねば軍旗をもって来て討つ」と断言する。「石原なんか叩ッ斬っちまえ」という声が廊下で起った。他方、片倉は、決起部隊の警備線を強行突破しようとして、磯部にコメカミを撃たれて倒れたのである。

もともと、彼ら参謀本部の者たちが最初から「断乎討伐」の方針をとったのも、叛乱が統帥系統を乱したからにほかならない。天皇の名において兵を動やすのが彼らの権力であり、叛乱は公然とこれを犯したのである。だから石原ら「機関説天皇」の執行者は、磯部らによる天皇の「私有」を撃つべき位置に本来あった。だからまた逆に、叛乱冒頭に磯部に撃たれることにもなったのである。片倉は倒れながら「やるなら天皇陛下の命令でやれ」と怒号したが、ここでいう天皇が磯部の天皇と別人だったことはいうまでもない。

だから、天皇と天皇の対決は、そのラジカルな構図を叛乱劈頭のこの一瞬に目にみえるものとした。だが、大部分の軍首脳による同情とペテンのいり混じった雑踏が、たちまちこの敵対を呑みこんでしまった。

もとより結局は、石原路戦が軍を討伐の方針にまでもっていくのだが、しかしそれは叛乱当初とはちがい、なによりも「陛下」その人の意志に押され、責任もこの人に転化した形でおこなわれたものであった。二九日付の陸軍省「事件処理要綱」は、「叛乱者に対する処理」とともに「事件関係者責任者の断乎たる処分」を明記しているが、こんなことは実行されなかった。「殊に山下少将自身調査部長にてあり乍ら参議官会議に列席し、又文書〔陸軍大臣告示〕を添削せりとのことは、即時免官の要あるものと確信致候。新閣議に見るに、彼は空々しくも組閣にまで口を出せるが如し」。片倉少佐の意見具申もこういっているが、これは獄中から山下らを「青年将校と同罪」として告発した磯部の焦慮と期せずして一致するのである。

事件最初の日の朝、「大佐殿の考へと私共の考へは根本的にちがふ様に思ふが、維新に対して何如なる考へをお待ちですか」と栗原につめよられたとき、石原はいっている。「僕はよくわからん、ぼくのは軍備を充実すれば昭和維新になると云ふのだ」、と。つまり、幕僚による明確な計画・統制にもとづく国家の改造である。事実、二・二六事件の後、この叛乱鎮圧の主役と認められた石原は、一時期「軍を一人でしょって立っている」かにみえるような位置に立つことになる。

もとよりこれとて、安藤のいうように、「吾人を犠牲となし、吾人を虐殺して而も吾人の行へる結果を利用して、軍部独裁のファッショ的改革を試みんとなしあり」にはちがいない。だが、二・二六叛乱をなしくずしにつぶしたのと同じ勢力が、今度は石原のラディカリズムをも食いつぶし、追放せずにはいなかった。こうなれば、明治以来の日本国家がみせた一瞬の裂け目は、あたかも何もなかったかのようにとりつくろわれ、しかしそれゆえに、一個の膨大な「無責任の体系」として、国家は生きつづけねばならぬであろう。

昭和超国家主義の廃墟のなかで形成される、かの「日本型ファシズム国家」である。

（付記　使用した資料はすべて市販されているものなので、とくにことわらない。また、叛乱将校の発言は、すべて河野司編『二・二六事件　獄中手記遺書』によった。）

注記　本章は私の旧著『超国家主義の政治倫理』（一九七七年、田端書店）からの再録である。

第九章　天皇信仰の永続革命

三島由紀夫

日本天皇制における永久革命的性格を担ふものこそ、天皇信仰なのである。
（「道義的革命の論理」、一九六七年）

（一）天皇

五・一五から二・二六へ

五・一五事件の被告たちの国体論は多かれ少なかれ里見岸雄の二冊の著書、『国体に対する疑惑』と『天皇とプロレタリア』の一大センセーションに影響を受けていた。被告たちの国体論はむろんその天皇論と切り離せないものであり、この点では国体イコール天皇という「国民の通念」と異なるところはなかった。だから、分かりやすく「青年の至情」だとして国民の同情を集めることもできた。けれども、国体論の天皇が現人神でありかつ現に昭和天皇という国家の主権者であることがはらむ矛盾はなお表面化していない。彼らの天皇像は国体イコール国家の影に隠されている。直接行動の蹶起がクーデタに波及することはなく、天皇親政の樹立といったプログラムが（もしあったとしても）、天皇その人に決断を強要するまでに現実化することなく終わっている。むしろ、前年に発覚した三月事件や十月事件の欲求不満が五・一五の直接行動を引き起こした。そう見ていいかもしれない。

この四年後の二・二六事件では、しかしながら、事態はかかる限界を超えて進行した。焦点が、行動の上でも概念的にも、天皇の存在論に及ぶのをもう回避できない。実は昔のことになるが、私はこんな風に二・二六叛乱に関心を寄せて一連の論考をまとめたことがある（『超国家主義の政治倫理』）。ルソーと北一輝の国体論から始めて、蹶起した青年将校たちの心情と行動とが事件の四日間を通じて揺れ動き、引き裂かれていく様を思想ドキュメント風に綴ったのである（本書第八章に再録）。これはまた彼らの蹶起が巻き添えにした時の日本の国家権力、つまり政治と軍と天皇側近の混乱と右往左往の露呈でもあった。国体が政治的概念として露呈し、したがって天皇と日本国家をも巻き添えにした四日間だった。これはまた前年の国体明徴運動と呼応した国体論の帰結でもあったろうが、二・二六叛乱に至って、いわば「天皇の二つの身体」が、「二人の天皇」として蹶起将校たちと天皇その人との間で尖鋭な対決の構図を現出させることになった。

ただし私の前著は五・一五事件と国体明徴運動は考慮に入れていない。今回は昭和に入っての国体概念の変転をテーマにしてここまで来たのだが、二・二六事件については前著のスタイルを繰り返すことは避けたい。事件の四日間の推移や被告たちの振舞いについては、本書第八章の

「青年将校たち」を参照していただきたい。今回は国体論という日本の政治神学の行き着くところ、二・二六叛乱の蹶起に、天皇の存在論の特異性が極点に達すること、そのロジックの機微を追っていこうと思う。そして、ロジックという点で尖鋭で典型的なのは、私の見るところ事後的ながら三島由紀夫の二・二六叛乱論である。三島の叛乱論から戦前昭和の国体論の極端に逆照射を当ててみたい。

天皇制下の直接民主主義

「十一歳のとき起きたあの事件は、私にはたいへん大きな精神的影響を与へた」。三島由紀夫はこう述べている（「三島由紀夫氏の〝人間天皇〟批判」、一九六六年、新潮社全集24巻）。実際、この事件を典型例とした戦前昭和の国体と叛乱について、三島はいくつもの論評を書いている。いずれも一九六〇年代後半、七〇年の防衛庁東部方面総監室の占拠と自決に至る時期のものである。評論だけではなかった。『英霊の声』が一九六六年、また「豊饒の海」第二巻の『奔馬』が六九年であり、いずれもこの間に発表された小説である。時あたかも三島が呪詛して止まなかった戦後社会が、高度経済成長と大衆消費社会の頂点を迎えていた。「天皇が自ら人間宣言をなされてから、日本の国体は崩壊してしまつた」。「近代的工業主義へ、そしていきつくところは、人生の絶望的状態である完全福祉国家とならざるをえない趨勢だ」。三島晩年の述懐である。

しかしこうした世の中にあっても、「二・二六事件は、無意識と意識の間を往復しつつ、この三十年間、たえず私と共にあつた」。「私は徐々にこの悲劇の本質を理解しつつあるやうに感じた」（「二・二六事件と私」、一九六六年、全集34巻）。では、二・二六事件が三島に与えた精神的影響とは何だったのだろう。突飛な言い方になるが、「天皇信仰の永続革命」なるロジックである。これが私の受け取り方だが、三島由紀夫のこの奇怪な叛乱論を把握するには、革命主体の衝動と天皇の存在論の双方から幾筋かのアプローチをたどることが必要だ。まずは三島叛乱論の総括的な言い分を引いておきたい。

すなわち自分の純粋行為と右側の価値の根拠である天皇の純粋性とを直結して、その間のものをすべて不順と考へ、天皇親政の実を上げることによつて、そこにいたる過程的、中間的なものをすべて無視し、いはば天皇制下の直接民主主義形態に似たものを過激に追い求めることであった。一つの行為を道徳の最終価値と直結させること、その直結方式こそは左翼革命との相違点と考へられたから、左翼革命の過程的、戦術的方法からなるたけ違ふものが求められねばならなかった。（「北一輝論」）

これには幾筋もの論点が詰め込まれているが、まずは自分の純粋行為と純粋天皇とを直結して「天皇制下の直接民主主義形態に似たものを過激に追い求めること」に着目してみる。二・二六叛乱の陸軍青年将校が天皇を自分たちから隔てている「君側の奸」を断固芟除せんと、まずは重臣たちのテロに走ったことはよく知られている。これをいわば通過儀礼として天皇その人ににじり寄ろうとしたのだった。天皇の下での直接民主主義を追い求める過激な行動だと、三島がこれを言い換えたのである。直接民主主義といっても、左翼と違って天皇との直結方式だと。だが、この天皇親政の過激派とは誰のことなのか。青年将校団が蹶起して玉を握るありふれたクーデタと何が違うのか。三島の言う直接民主主議形態とは、叛乱将校団をはるかに超えて、背後の民衆が天皇の御元に馳せ参じる絵図であったはずだ。「天皇親政の実を上げる」とはこのことである。

一路平等に直参せよ

そして実際、二・二六の叛乱将校たちにはこうした民衆動員のイメージがあったと見ることが出来よう。次は事件後の村中孝二の獄中手記である。村中は磯部浅一とともに二・二六事件の青年将校たちの代表格であるが、とかく極端な磯部と比べればより全体の公約数を体現していた人物である。

全国民は国体に対する大自覚、大覚醒を以て其の官民たると職の貴賤、社会的国家的階級の高下なるとを問わず、一路平等に天皇に直参し、天皇の赤子として奉公翼賛に当たり、真に天皇を中心生命とする渾一生命体の完成に進まざるべからず。故に不肖は、日本全国民は須らく眼を国家の大極に注ぎ、国家百年の為に自主的活動をなす自主的人格国民ならざるべからざることを主張するものなり。（「続丹心録」）

見られるとおり、ここでは一路平等に天皇に直参すべきは全国民である。国民は眼を覚まして国家百年のために決起する自主的人格国民であらねばならない。日本国体の神髄は「天皇を中心生命とした渾一生命体」にあるのだからだ。村中は続いて要求する。「生命体の生命的発展は自治と統一とにあり、日本国家の生々躍々たる生命的発展は、自主的自覚国民の自治と、然り而してこの自覚国民が一路平等に至尊に直参する精神的結合によりて発揮せらるる真の統一性によりてのみ期待し得べし、天皇と国民を分断する一切は断固排除せざれば日本の不幸なり、国体危うし」。

こうなれば、自分たち革新青年将校団の「独断専行」の蹶起はクーデタではないし、逆に五・一五事件のようにたんなる「捨て石」ではすまない。背後に国民参与の力学を想定せざるをえない。今様に言えば、先駆的闘いであり前段階蜂起なのであった。だからこうもアピールされた。

青年将校の運動にては維新は来らず。

不肖等今回の挙は青年将校運動より全国民運動への転換を成し得たるを信じあり。(「同志に告ぐ」)

「吾人は国民運動の前衛戦を敢行したるに留る」とも自認されている(「丹心録」)。別に右翼と左翼とを問わず檄文のありふれたスタイルだと評することもできよう。ただ、左翼の前段階蜂起の背後にはプロレタリア階級の決起が続くと想定されていたように、村中の「国民的運動」の前提には独自の共同体論があった。それが「天皇を中心とした渾一的生命体」の自治と統一である。村中の国体の理念がこれであったが、通念のごとくに天皇とその赤子による君臣一家論とは違う。かかる家族国家論を無化して、国民を天皇に向ってにわかに動き出させる力学を内包した生命体である。以上の村中の言葉遣いにかの里見岸雄の国体論の影響があるのは明らかなことであった。

さて三島のまとめ、つまり自分の行為と天皇とを直結して「天皇制下の直接民主主義形態に似たものを過激に追い求めること」、これを二・二六事件の主役の理念にもとづいて以上に拡張してみた。村中孝二は吾人を超えて国民の自治共同体の過激にまで事寄せていたのだった。

ついでながら想起しておこう。天皇が神である理由は、国民各自がその人格的理想の極致を天皇に見出し、これを生ける神とする民族心理の要求によるのだ。こう里見岸雄が書いていた(『国体に対する疑惑』、二一頁)。たんに過去からの伝承と感情を以て天皇神聖だとするのは観念論者共通の大誤謬だ。天皇神聖は現に刻々変化する新社会において不断無窮の天業恢弘を実証しなければならない。ここでも、民族の行動と心理が要求する理想の極致こそが天皇を天皇たらしめている。

輪中意識の激発

ところで、革新派の陸軍青年将校の中心の一人に大岸頼好がいた。彼らは大雑把な意味で西田税と大岸のグループに分かれていたが、別に派閥というわけでもまして分派をなしていたのでもない（末松太平『私の昭和史』）。ただ、大岸自身を北一輝－西田の線から分かっていた要因に大岸の共同体論があった。私は前著『超国家主義の政治倫理』で北と大岸の理論的相違を論じているが、ここでの関心は大岸共同体論と三島由紀夫の叛乱論との関連である。昭和四年の大岸の輪中論に寄り道してみる。輪中とは美濃地方の低地で独特の堤防に囲まれた集落、一種の水防共同体である。この輪中の農民共同体が昭和三年、犀川の切り落としに反対して暴動を起こした。警察では鎮圧できずについに軍隊の出動を見たのである（犀川事件）。大岸が書いている。

岐阜県犀川事件は、全日本人に或る重要で強力な印象を刻む。茲に朗かな、輪中意識の激発を見る。輪中意識は農民の意識である。横には地理的に、縦には歴史的に自然発生的に流れてゐる一つの団結的精神である。愛郷心である。種族の本能に根ざす。時ありては即ち英雄的に激発する農民の精神である。断じて所謂都市的国際的精神ではない。（「全日本的輪中意識」、月刊『日本』昭和四年九月号）

時ありてはすなわち英雄的に激発する団結的精神。自治的な農民共同体のこの過激が全日本的輪中意識のものであるとしたら、大岸のこの認識は村中の自主的自覚国民の自治と通底することであったろう。実際、「今や、鬱然たる日本主義運動の勃興は、全日本的輪中意識の再燃、否、白熱にほかならない。吾等は、全日本的輪中意識の炬火を掲げて正義を現世に樹立する」。これが大岸頼好のアジテーションであった。もちろん二・二六の蹶起は一部軍隊だけだったが、大岸らの観測はたんなる現状分析ではなかったろう。昭和恐慌下での農村の疲弊が部下の兵士たちを通じて、青年将校らの精神を直接に圧迫していたはずである。

では、大岸の全日本的輪中意識にとって天皇はどうなるのか。天皇はその「中枢」だというのがこの時期の大岸の捉え方だったが、村中の「渾一的生命体の中心生命」とて同じことであったろう。そしてまた、村中の「自覚国民が一路平等に至尊に直参する」運動が、大岸の「鬱勃たる日本主義運動の勃興」に対応するだろう。だが、まさにここのところで、天皇の存在論が動き出すのである。天皇は国体の中心だとか、一君万民とか、国民通念のいささか予定調和的な天皇像が、全日本的輪中意識の白熱に押しまくられるようにして、見も知らぬロジックをにわかに宿すかもしれないのだ。そしてまさにこのロジックにおいて、天皇もまた天皇その人から民族の集合表象として立ち現れねばならない。

けれども実はここのところで、大岸には微妙な回心が起きたよう見える。北一輝・西田税から磯部・村中につながる線から、大岸がわれ知らずはずれていく契機もここ天皇論にあったのだろう。二・二六事件前年の大岸の発言を聞いておこう（以下、カナを平仮名に改めた）。

私は見習士官頃から中尉の初頃は専ら、国家本位の改造運動を考へて居りました。中尉の初頃から所謂単なる経済、政治、社会機構第一主義の改造が外来性のものであると云ふ感じが起きて参りました。

神仏と云ふ霊的な考に捉はれまして、遂に現人神陛下がましますと云ふ信仰に、到達いたしました。之が在来の単なる所謂政治、社会、経済機構第一主義の考へ方に、決定的な判決を与へました。此の判決と申しますのは、いわゆる維新なるものの真髄は、先ず第一に我々が現人神陛下の子であり、赤子であると云ふ自覚、信仰であると云ふ結論であります。（相沢事件予審尋問調書）

何よりも「民族の団体的精神の激発」を展望していた大岸らしからぬ、これは国民通念の天皇信仰の述懐であるかに見える。裁判という場所のせいか、それとも、青年将校の内でももっともマルクス主義の影響を受けていた大岸の転向表明であったかもしれない。大岸が二・二六叛乱に加わることはなかった。

だが、大岸の告白する「現人神陛下がましますという信仰」とは、その内に永続革命のダイナミズムを孕むものだ。三島由紀夫ならそう切り返していくだろう。どういうことだろうか。

天皇のザインとゾルレン

ここで自治的共同体精神の激発（村中）あるいは鬱勃たる日本主義運動の勃興（大岸）のただ中に、天皇その人を据えてみる。すると、三島由紀夫の天皇の存在論はどんなロジックを動かし始めるだろうか。天皇は「右側の価値の根拠」とも「道徳の最高価値」とも先には言われていた。

だが、なぜこれが永続革命のダイナミックな論理に結び付くのか。三島はさらに踏み込んでザインとゾルレンという天皇存在の二重性を指摘する。そして、これを社会にまで拡張する。

天皇は、いまそこにをられる現実所与の存在としての天皇なしには観念的なゾルレンとしての天皇もありえない、（その逆もしかり）、といふふしぎな二重構造を持ってゐる。

この天皇の二重構造が何を意味するかといふと、現実所与としての天皇をいかに否定しても、ゾルレンとしての、観念的な、理想的な天皇像といふものは歴史と伝統によって存続し得るし、またその観念的、連続的、理念的な天皇をいかに否定しても、そこにまた現在のやうな現実所与の存在としてのザインとしての天皇が残るといふことの相互の繰り返しを日本の歴史が繰り返してきたと私は考へる。（「砂漠の住民への論理的弔辞」、一九六八年、全集35巻）

回りくどい文章だ。この論説が書かれたのは一九六八年、かの叛乱学生たち（東大教養学部全共闘）との対話集会の直後のことである。時代が時代である。「週刊誌天皇制」が云々されているように、この一文にいうザインとしての天皇とは現に在る天皇その人の在り方である。かつて戦前昭和にあっても、天皇その人は誰よりも立憲主義的存在であった。御本人は生物学などに親しんでいた。そしてゾルレンとしての「観念的、伝統的、理念的」天皇と言われるのは、もとよりかって国体論のなかに思い抱かれたごとき天皇である。端的に、現人神天皇の観念である。ここでとりあえず天皇のゾルレンとは「右側の価値の根拠」「道徳の最高価値」すなわち国体論の天皇であり、他方で天皇のザインはかつては立憲君主（機関説天皇）であり今日では「国民の天皇」として存在する。このようにイメージしておこう。

すると、三島の先の文章では、日本の歴史を通してザインとゾルレンの天皇が繰り返されて来たかに述べられている。現今の週刊誌天皇とてこと到れば、というニュアンスである。そうだとすればこれも天皇の不思議な二重性格の現れには違いない。だが、三島由紀夫の永続革命説のロジックの核心は、こういうことではない。昭和天皇ならその同じ昭和天皇の身柄が宿している天皇その人の二重構造にポイントがある。一身にして二人の天皇を宿す存在である。戦前はゾルレンで今やたんなるザインの天皇となり果てているが、歴史的に両者は転換し合うのだ、という以上のことがここで指摘されている。国体の天皇であろうが現に週刊誌天皇であろうとも、天皇とはそもそも現にそこに存在する一人の人間であり、かつ観念的非人間なのだ。両者が同じ天皇の身柄の内にそれこそ二つの身体として存して、また互いに反転するということが起きる。西洋の「王の二つの身体」をさらに重層化する「天皇の二つの身体」として、先に第七章で見た天皇の存在論のことを想起してほしい。

そして、天皇のゾルレン（価値）としての性格こそが現社会のゾルレンを喚起して、社会に天皇信仰と国体論の革命を呼び起こす。これが三島由紀夫による天皇の存在論と二・二六叛乱のロジックになる。「天皇といふものが現実の社会体制や政治体制のザインに対してゾルレンとしての価値を持つことによつて、いつもその社会のゾルレンとしての要素に対して刺激的な力になり、その刺激的な力が変革を促して天皇の名における革命を成就させる」。先の全共闘との討論の感想で三島はこのようにも述べているが、ここに天皇の存在論が革命を刺激し天皇の名による革命を成就させるロジックの論拠がある。天皇と革命とがかくして連結するのである。

だが、もっと重要なことは天皇と革命の逆方向の関係である。「天皇制下の直接民主主義形態に似たものを過激に追い求める」天皇信仰の蹶起の圧迫こそが、ザインとしてまどろむ天皇の身体に先鋭にゾルレンとしての身体を目覚めさせる。だから、別の個所でこういわれている。「国体論における天皇信仰がたえずザインをゾルレンへ転化せる永続革命を宿していた」、「日本天皇制における永久革命的性格を担ふものこそ、天皇信仰なのである」（「道義的革命の論理」、一九六七年）。

かくて、三島由紀夫にとって革命とは天皇の存在と天皇信仰の蹶起との絶えざる反転の劇となる。革命はまた永続革命でなければならない。けれども、言うまでもなくこのロジックは天皇の存在論にとっても、かつまた天皇信仰の叛乱にとっても、荒唐無稽、そうでなくとも容易ならざる性格のものであるほかない。そして実際、二・二六叛乱こそがこのロジックを宿しかつ身に蒙った革命であった。私はそう思っているが、なお解きほぐしていくべき事柄がいくつか残されている。

二人の天皇

全共闘の学生たちとの討論では、以上のロジックを学生たちに納得させようとしたがうまくいかなかったと、三島は感想を付け加えている。そうだったであろう。天皇信仰の永続革命という三島のロジックにさらに立ち入る前に、ここではやや政治的に王の二つの身体論からのアプローチに触れておこう。

かつて竹山道雄がこう書いていた、――「このころには、天皇は二重の性格をもつてゐた」。一つは「政党・財閥・官僚・軍閥の頂点にあつて、機関説によつて、運営される」。その第二は、「御親政によって民に直結して、平等な民族共同体の首長であるべきであり、国難を克服する、国家の一元的意志の体現者だつた」(『昭和の精神』)。前者を機関説天皇、後者を国体天皇(天皇信仰)と呼んでみよう。すると、昭和の維新行動においてはじめて、二つの天皇の「微妙な運営的調和」(久野収)が破れて、二つの天皇の矛盾対立が露呈する。天皇の二重性を露呈させる力こそ、過ぐる国体明徴運動の総括として検察当局が指摘した現状維持と現状打破の一大闘争であった。そして二・二六事件とは現状維持派にたいする革新派の叛乱だとすれば、まさしく「いまから思ふと、あれは、いはば天皇が天皇にむかつて叛乱したような事件だつた」(竹山道雄)ということになろう。

機関説天皇と国体天皇のそれぞれが二派の天皇と対応し、機関説天皇・現状維持派にたいして国体天皇・革新派が叛乱するというのが以上の政治構図である。だがむろん、天皇は御一人であるほかない。一人の天皇の身柄の内にその二重性が露呈するのであって、二重性を顕在化させるのが時代の政治対立だとするのである。三島天皇のザインとゾルレンの存在論とは竹山の天皇の二重性格のことになる。だが、この構図からする天皇の天皇にたいする叛乱が、なぜ永続革命と見なされねばならないのか。国体明徴運動のように「両派の一大闘争」として終始すればそれでいいではないか。

　三島のいう天皇信仰の永続革命とは天皇の存在論のロジックであって、直ちに時代の政治構図のことではない。大体、三島のロジックにとって契機となるのは国論の分裂そのものではない。村中や大岸が展望した国民精神の激発だけが眼目であって、この衝迫力こそが天皇の存在論の矛盾を呼び起こす。呼び起こされたこの論理矛盾の在り方は、したがってまた竹山の天皇の二重性格はもとより、三島自身のザインとゾルレンの転換劇とも違ったものであるはずだ。ここがロジックの微妙な点になる。

　大体が、二重性格であれ論理矛盾であれ、そんな難題を押し付けられる天皇ご自身はどうしたらいいのだ。ここで視点を政治構図から天皇その人の存在に転換してみなければならない。昭和天皇自身は自覚的に機関説天皇であったが、この現実はひとまずわきにおいて現人神であるべき天皇の存在のことである。そもそも時代の政治対立から切断された現人神天皇の存在とは何であったか。明治憲法体制が政治対立から強いて免責せんとした「神聖にして侵すべからず」の天皇とは誰のことか。「優温閑雅なる詩人として、政権争奪の外に隔たりて傍観者たりし」とは北一輝の言葉である（『国体論及び純正社会主義』、三二五頁）。あるいは三島が『英霊の声』で求めたように、「祭服に玉体を包み、昼夜おぼろげに、宮中賢所のなほ奥深く、ただ斎き、ただ祈りてましますし」祭祀天皇、あるいは「文化概念としての天皇」であろうか。「観念的非人間」（吉本隆明）としての現人神であったろうか。

だがいずれにしても、危機の近代日本国家においてこんな天皇がそのままに存在することなど許されるはずもない。そうでなくとも近代では王とは立憲君主その人でなければならない。すでに第七章で扱ったことだが、西洋の王権では死すべき自然身体と、代々君主に化身して継承される政治的身体と、「王の二つの身体」が指摘されている（カントーロヴィチ）。後者はやがて一三世紀イングランドでは議会の枠内の王、いわば抽象的身体へと変貌して、王の自然的身体から超越していく。なるほど血統によって政治的身体には威厳が備わるものとされるが、威厳は王の個性としてでなく代々に受け渡し可能な抽象的身体である。いずれにしても、王の政治的身体の自立と継承の下で、王の自然的身体（身柄）のほうはただの偶然扱いになっていくだろう。王の人格や個性の差に付随するエピソードにすぎない。カントーロヴィチの著書でも王の政治的身体に比べて自然存在の方は徐々に政治的関心が低下し、やがて考察の対象から放置されていくように思われる。

ところが、急激な欧化と近代化を急いだ極東の島国のことだ。その国家が危機に立たされている。政治的身体（機関説天皇）はそれとして、天皇は自然的身体のままで現人神であり、といっても超越神ではなくどこまでも身体存在でなければならない。現にその身体に皇祖皇宗が顕現して皇祖皇宗と一体でなければならないのである。天皇の自然身体に我が国体という集合観念が宿らなければ天皇たりえない。自然的身体はやがて政治の外部に引き退いてはくれない。これに対比して特徴的なことに、西洋の王の二つの身体では自然的身体の考察はいつもないがしろにされ、やがてスクリーンから消えていくべき存在として扱われる。王それぞれに個性的な歴史物語が残る。これに対比して天皇に個性やエピソードは要らない。天皇がたんに神聖であるのでなく、その一身において現人神として存在したことが、戦前昭和の日本国家の秘密の鍵だとみなければならない。天皇を国体に従属させる傾向の里見岸雄に希薄なのもこの点にある。里見の戦後の天皇論でもそうだ。「大君は神にしませば」などの古い観念にこじつけて、「天皇は神様である」として国民大衆を言語の魔術にひっかけたのが「過去の歴史」だと述べるだけで、戦前昭和の問題を素通りしている。

現人神

さてこうして、天皇の身体は同時に現人神でなければならない。村中や大岸にとって、いやとりわけ三島由紀夫のロジックでは天皇はかかる存在でなければならない。では改めて現人神とは何か、そもそもが永続革命の震源地になるような存在なのか。現人神の定義の一つを再度確認しておこう。

天皇は、皇祖皇宗の御心のまにまに我が国を統治し給ふ現御神《あきつみかみ》であらせられる。この現御神（明神）或は現人神と申し奉るのは、所謂絶対神とか、全知全能の神とかいふが如き意味の神とは異なり、皇祖皇宗がその神裔《しんえい》であらせられる天皇に現れまし、天皇は皇祖皇宗と御一体であらせられ、永久に臣民・国土の生成発展の本源にましまし、限りなく尊く畏《かしこ》き御方であることを示すのである。

国体を明徴すべく文部省が発した「国体の本義」(昭和一二年)による現人神の顕彰である。祖先神とその歴史的事蹟とが天皇の身体に凝縮して現れているところの、限りなく尊い御方として存在している。ここに政治的ゾルレンあるいはザインとしての天皇はいない。二・二六叛乱のスピリットに相呼応すべき論理的契機などはどこにも見出せない。昭和も戦後になればなおのこと、現人神天皇のザインもゾルレンもただの神がかりの幻想にすぎない。繰り返すが、戦後の時勢のせいなのでなく、現人神天皇とはそもそもが政治とは関係を持たない国体のシンボルたるべき身体の観念であった。

だが、だからこそ、それゆえにこそ、天皇の存在は反転しうる。ザインとゾルレンの論理的対立をはらむ身体として顕現しうる存在なのだ。そして、天皇信仰の蹶起こそがこの論理矛盾を天皇自身のうちに覚醒させることができる。ただの自然的身体(ザイン)が理念的天皇(ゾルレン)に転化する。だから蹶起を天皇は御嘉納できる。これが三島由紀夫のこしらえたロジックであった。現状維持か革新かの政治対立、自覚的に立憲君主である天皇御本人と現人神信仰の乖離、週刊誌天皇のザインと天皇信仰のゾルレンの対照の著しさ、こうした現実を三島は強いて論理矛盾として、天皇の身体そのものに埋め込もうとしたのである。論理矛盾である限り、論理の反転は常に可能だ。永続革命である。昭和天皇その人にとっては論理のはなはだしい暴力だというほかない。

では、かつて二・二六叛乱において、また週刊誌天皇の戦後社会で、天皇の身体に論理矛盾を覚醒させ展開させて、天皇のもとでの直接民主主義を可能にする蹶起の衝迫力とは何か。そこに論理のアクロバットを演じさせるのが、三島の『英霊の声』（一九六六年）にほかならない。

（二）蹶起

英霊の声

『英霊の声』では盲目の青年に憑依して二・二六事件の首謀者たち、次いで戦争末期の特攻隊の霊が呼び出されて、最後には両者の大合唱が演じられる。ただ、作者自身が「二・二六事件のスピリット」を作品化したものだと認めているように、力点はこの事件で処刑された青年将校たちの霊の訴えにおかれている。だが舞台は六〇年代末の現在である。霊たちはこの世を激しく呪う合唱を綿々と連ねるのだった。切れ切れに引いてみる。

もはや戦ひを欲せざる者は卑劣をも愛し、
邪なる戦のみ陰にはびこり……
なべてに痴呆の笑ひは浸潤し
魂の死は行人の額に透かし見られ、……

烈しきもの、雄々しき魂は地を払ふ。
血潮はことごとく汚れて平和に澱み
ほとばしる清き血潮は涸れ果てぬ。
天翔けるものは翼を折られ
不朽の栄光をば白蟻どもは嘲笑ふ。
かかる日に、
などてすめろぎは人間《ひと》となりたまひし

「などてすめろぎは人間となりたまひし」とは、この作品全体を通して繰り返される英霊たちの天皇呪詛の言葉である。敗戦後の占領下で、昭和天皇が現人神を止めにして早々と人間宣言を発した。英霊たちはこのことを以て天皇の裏切りと見なして呪いの言葉を浴びせている。英霊の声についての、これが分かりやすく俗受けする解釈である。だが、これは一九六六年の作品である。先の安保闘争に国民と知識人が勝利し、これを通過儀礼として高度大衆消費社会が全土に行き渡る時期のことである。日本社会も国民も、そして天皇も、六〇年までの戦後から大きく変貌していた。人間宣言の衝撃も薄れて天皇は「国民の天皇」になりおおせていたし、「週刊誌天皇制」が取りざたされる。敗戦による現人神の裏切りなど皆が忘れたふりをすることができた。それが「かかる日」の有様だと呪詛されている。

三島由紀夫はたしかに天皇の人間宣言を、以降も一貫して許せないものと思い続けて来ただろう。しかし、一九七〇年にこう書いている。「二五年まえに私が憎んだものは、多少形を変えはしたが、今もあいかわらずしぶとく生き永らえている。生き永らえているどころか、驚くべき繁殖力で日本中に完全に浸透してしまった」。生き永らえているのは人間天皇だけではない。六〇年代に入ってからの戦後社会の変貌に三島が気づかなかったはずはない。だから続けて書いている、「それは戦後民主主義とそこから生ずる偽善というおそるべきバチルスである」(「私の中の二五年」)。

ここは三島由紀夫の戦後を論じる場所ではないが、六〇年代の日本社会のなかでこそ、三島は二・二六叛乱のスピリットを呼び起こそうとしたことに、あらかじめ注意しておきたい。事件関係資料が読めるようになるのもこの時期になってのことだった。そして、言うところのスピリットなるものとこの社会との極端な隔絶、そのはなはだしさがかえって三島に事件のことに思い致させるとともに、そのスピリットもさなきだに論理に走った性格のものとして構想するほかはなかったのだ。

恋狂いに恋して

「などてすめろぎは人間となりたまひし」と亡霊たちが天皇を叱責する。では人間でなく、現に天皇はどんな在り方をすべきだというのか。

祭服に玉体を包み、昼夜おぼろげに
宮中賢所のなほ奥深く
皇祖皇宗のおんみたまの前にぬかづき、
神のおんために死したる者らの霊を祀りて
ただ斎き、ただ祈りてましませば、
何ほどか尊かりしならん。

天皇のこのような在り方を祭祀天皇あるいは文化概念としての天皇と呼ぶとして、これはもういわゆるザインとしての天皇をはるかに超出している。機関説天皇ではない。週刊誌天皇を今日の非政治的天皇だとすれば、これらにラジカルに背反する反時代的で反政治的な存在だといわねばならない。叛乱将校たちはここではかかる反政治的存在たれと、天皇に迫っている。吉本隆明の言う「観念上の〈非人間〉」としての天皇である。

しかもそうだとすれば、かかる反政治的天皇こそが叛乱のスピリットにとっては同時に天皇の根源的価値でもなければならない。反政治と政治の極点が現人神の自然身体の内に覚醒して、対立と反転の関係を顕現しなければならない。天皇のザインとゾルレンの区別や相互転換でなく、一個の天皇の身体の内に政治と反政治がせめぎ合うという奇態な三極構造が思い見られている。反政治的な天皇が自ら身をよじって政治の巷に反転してくることなど、実際には途方もないことに思われよう。

しかしそれでいて、亡霊たちの目には今も天皇は馬上の大元帥の姿で焼き付いている。「大演習の黄塵のかなた、天皇旗のひらめく下に、白馬に跨られた大元帥陛下の御姿は、遠く小さく、われらがそのために死すべき現人神のおん形として、われらが心に焼きつけられた。神は遠く、小さく、美しく、清らかに光ってゐた」。天皇は絶望的に遠く、かつ近い。なぜならわれらは天皇の姿に遠くから激しく恋していたからだ。

「しかしまず、われらは恋について語るだろう。あの恋のはげしさと、あの恋の至純について語るだろう」と、亡霊たちが語り出す。現実には彼らは千余の兵士を率いて天皇に迫ったはずだが、『英霊の声』ではあえてこれを恋と呼んでいるのである。

「恋して、恋して、恋して、恋狂いに恋し奉ればよいのだ。どのやうな一方的な恋も、その至純、その純度にいつわりがなければ、必ず陛下は御嘉納あらせられる。陛下はかくもおん憐れみ深く、かくも寛仁に、かくもたおやかにましますからだ。それこそはすめろぎの神にまします所以だ」

われらはさう信じた。

現実にはもちろん、彼らは私に軍隊を率いて天皇に迫ったはずだが、『英霊の声』はこれを恋狂いに恋して天皇の御元ににじり寄る行動に仮託している。メタファーには違いないがまた「恋闕の情」ということが当時語られてもいたのである。闕とは九重の彼方に「醜き怪獣どもに幽閉されておわします、清らにも淋しい囚はれの御身」のことであった。しかしそれにしても、二・二六の叛乱を天皇への恋のメタファーで語るとは少なからず突飛の感を抱かされる。ただ、私の関心はこの恋物語の作品としての達成いかんというのとは少し違う。恋狂いに恋する相手は当然ながら天皇の身体である。身体の自然性を抜きに恋はありえない。「女のひとに触りたい、けど怖い」。天皇にたいする気持ちをこのように表現したのは吉本隆明だった。であれば、恋の成就とはおのれの死の瞬間であるほかない。同じく王の二つの身体といっても、西洋の王の身体について、こんな事態はありえない。「臣民・国土の生成化育の本源」としてのこの国の現人神天皇、しかしその身体存在の自然性が天皇の存在論には必須なのだ。この存在論はまた同時に、恋する者の反政治的な自然性でなければならない。恋狂いに恋する身体である。

こうして、二・二六叛乱の亡霊たちにとって恋の成就とは蹶起と天皇親政の御嘉納であったが、それはすなわちおのれの死としてしかありえない。むしろ、相手から死を賜るのだ。霊たちが思い描く絵図の中で、天皇が命じる。


その方たちの志はよくわかった。

そのほうたちの誠忠をうれしく思ふ。

今日よりは朕の親政によつて民意を安らかしめ、必ずその方たちの赤心を生かすであらう。

心安く死ね。その方たちはただちに死なねばならぬ。

実際にはむろん、天皇による蹶起の御嘉納は得られなかった。「自殺するならば勝手に自殺せよ。そのために勅使などだせぬ」というのが天皇の宣告である。「陛下のわれらへのおん憎しみは限りがなかった」。だが、同じ天皇とはいえ蹶起を拒絶するこのお方はどの天皇なのか。神でなく人間としての天皇のほうなのだと、「裏切られた者たちの霊」は万斛の怨みを呑むのだった。

このいと醇乎たる荒魂より
人として陛下は面をそむけ玉ひぬ。
などてすめろぎは人間となりたまひし。
……

『英霊の声』はこの先で特攻隊兵士の霊と一緒に「などてすめろぎは…」の大合唱を連呼して終わっている。遠い奥津城で君側の奸に取り囲まれた人間天皇、その身柄の内で反政治的祭祀天皇が蹶起を御嘉納する政治的存在へと反転する契機が、こうして決定的に失われた。

右往左往する日本国家

さて、三島由紀夫による二・二六叛乱の論理を追って、やっとここまで来た。まとめに入る前に、三島のロジックの裏書になるような叛乱の四日間の推移を、天皇との関係に注目して短くたどっておきたい。

蹶起将校とその率いる部隊は二月二六日未明に「君側の奸」を襲撃し、帰還して首相官邸や陸軍省などの官衙を占領する。だが、この事態にたいする天皇の態度は初めから断固鎮圧である。「朕が股肱の老臣を殺戮す、此の如き凶暴の将校等、其精神に於ても何の恕すべきものありや」(本庄日記)。天皇の意思は陸軍統帥部(参謀本部)の幕僚によって、布告あるいは勅命として叛乱軍に小出しに告知された。メルクマールは次の三つである。

第一にすでに二六日朝九時半、拝謁した川島陸相に「速やかに鎮圧せよ」と天皇は下命した。次は翌二七日未明二時四〇分、枢密院会議で戒厳令が議決され直ちに裁可され、午前八時に勅命とし布告された。天皇の意図はもちろん叛乱軍を鎮圧するための戒厳令である。そして第三に早くも二八日午前五時に、以下の奉勅命令が下達された。「戒厳司令官は三宅坂付近を占拠しある将校以下を以て速やかに現姿勢を撤し各所属部隊の隷下に復帰せしむべし。奉勅　参謀総長」。

このように天皇の意志も御聖断も初めから明白であった。軍首脳に叛乱征圧の催促を繰り返し、「朕自ら近衛部隊を率いこれが鎮圧に当らん」と切迫するまでになっていた。すでに二七日中には蹶起部隊は叛徒とされたのだった。これだけを見れば叛乱は典型的で単純な軍事クーデタとして鎮圧されるはずであった。

けれども周知のように、天皇の命令は軍首脳によってごまかされ、実行がサボタージュされた。あろうことか天皇大権にたいする軍の不服従である。第一に、二六日早朝には天皇の意志が明白に示されたにもかかわらず、その反対と取れるような陸軍大臣告示が戒厳令司令部を通じて蹶起部隊に示された。「蹶起の趣旨に就いては天聴に達せられあり。諸子の行動は国体顕現の至情に基づくものと認む」。蹶起将校にして見れば、部隊を勝手に動かしての今朝の君側の奸斐除を含めて、蹶起の行動は天皇に御嘉納されたのである。第二に、戒厳令布告は叛徒にたいする警備でなく、「赤系分子等の妄動を未然に防遏の目的」のためであり、「本朝来行動しある部隊を併せ指揮し担任警備地区を整備し、治安維持に任ずべし」というのだった。蹶起将校らにとっては、天皇に御嘉納された蹶起部隊が当然のこと戒厳部隊に編入されたのである。「赤系分子等の妄動」を未然に防ぐためである。食料薪炭などが第一師団から叛乱軍に補給された。そして第三、原隊復帰を命じる奉勅命令はついに蹶起部隊に「下達されなかった」。戒厳司令部が蹶起を叛乱と認定してこれが鎮圧を命じたのは、やっと二八日夜一一時のことだった。「叛乱部隊は遂に大命に服せず、依て断乎武力を以て当面の治安を恢復せんとす」。

要するに、磯部浅一ら青年将校たちに言わせれば蹶起部隊はその行動が是認され、勅命による戒厳部隊の一部に編成され、かつ原隊復帰の奉勅命令は下達されずということになる。軍法会議において以上三点を軍参事官ら当事者に証言させて、軍首脳部の出鱈目とペテンを暴くべしというのが磯部の獄中の叫びであった。たしかに、軍首脳の出鱈目が蹶起の四日間を通じて磯部たちを引き回し引き裂いた。だが、軍首脳にしてもこれは意図したペテンではなかった。彼ら自身が蹶起部隊と天皇の間を右往左往していたのである。「強力内閣」を天皇に求めた謁見からの帰途、川島陸軍大臣は「顔面蒼白で、足元が定まらず、ふらりふらりと歩いていた」と木戸幸一が記録しているが、ふらりふらり歩いていたのはこの時の日本国家そのものだった。

総じて、時の日本国家というものが自らを決めかねて動転し続ける四日間だった。その対極に天皇その人がいた。蹶起将校としては蹶起の挫折が避けられなくなっても、最後には天皇より死を賜りたい。だが、「自殺するならば勝手に為すべく、此の如きものに勅使など、以つての外なり」というのが天皇の応答だった。三島の言葉ではないが、「陛下のわれらへのおん憎しみは限りがなかった」。だから、蹶起将校たちはみな「万斛の怨みを呑んで」、ただ死んでいった。結果から見て、叛乱における天皇とわれらの論理のせめぎ合いに、一方的で見事な決着がつけられたのである。

蹶起の四日間

では四日間を通じて、蹶起部隊の指導部たる青年将校たちは何を考え、何をしていたのか。実はほとんど何もしていないのである。彼らは一人ひとりばらばらであり、統一指導部の体などなしていない。遠くに天皇の意向を忖度しながら、軍首脳部の動揺に合わせて狐疑逡巡し、右往左往を繰り返した。たしかに天皇親政の名による政治と軍の革新を求めて、軍首脳部にその斡旋実現を期待しました強要せんとしていたかもしれない。だが、期待の軍幹部は天皇の決断を前にして早々と腰砕け、蹶起将校たちもまた首脳たちが演じる欺瞞に翻弄されて揺れ動いた。何が大権私議だ、皇軍相撃が何だと徹底抗戦を叫ぶ者から、叛乱軍の本隊復帰と自身の自決を表明する者まで、対処方針もバラバラである。軍事クーデタならぬ「大衆叛乱」として、無方針と政治的無能振りを露呈したのだった。

村中孝二「同志部隊を歩一に引揚げやう。皇軍相撃はなんと云つても出きぬ」
磯部浅一「皇軍相撃がなんだ。相撃はむしろ革命の原則ではないか。若し同志が引揚げるならば、余は一人にても止まりて死戦する」

軍事クーデタの見本と対比して、お粗末というほかはない。だが、彼ら叛乱将校団もまたその動転振りを通じて、軍首脳とともに時の日本国家を演じたのである。かつて私が「青年将校たち・日本国家物語」でつぶさに見たとおりであったろう。「決起将校と今上天皇をいわば両極として事件の四日間を揺れ動き、みずからを鮮明に自覚形成しようとして、結局挫折したのは、じつは「日本国家」という「人格」であった。日本国家こそがまさにこの事件の主人公であった」。

（三）待つ

待つことの衝迫力

それでは、彼ら叛乱軍の四日間とは何だったのか。ただの日和見主義ではなかったのかどうか。まさにここのところでまた、三島由紀夫の論理が思いがけぬ方向から割り込んでくるのである。蹶起の四日間を彼らはただ「待つていた」のである。国民精神の激発、というより天皇の身体における永続革命の胎動を。

三島由紀夫が「道義的革命の論理」に書いている。

二・二六叛乱は「待つ行為それ自体に重きを置いた革命だった」。「信じられないやうな「待つこと」のロスの裡に、おそらく二・二六事件の本質が横たはってゐる」。（一九六七年、全集34巻）

これもまた奇想天外な言いがかりのように思える。事件はわが国では驚天動地の軍事クーデタだったのであり、短くも激烈な四日間であったはずだ。それなのに、この叛乱はそもそもが「待つ行為それ自体に重きを置いた革命だった」と三島が断言する。事件の主役たちは四日間を通してただ待っていたのだと三島が言う。では、蹶起将校たちは何を待っていたというのか。待つことはただの時間のロスでも待機でもない。実際、陸軍大臣告示も蹶起が御嘉納されたかに述べて、すぐにこう付け加えていた。「之以外は一に大御心に俟つ」。蹶起部隊は大御心の決断を待って（俟って）いたのである。そして、ここで大御心とはただに天皇その人の意向のことではない。三島由紀夫とて昭和天皇が非常時に親政の決断を下しうる英雄的人物だなどと、実際に期待していたはずはない。

先に『英霊の声』が告げんとした真実によれば、蹶起に直面して天皇はただの自然的身体ではもはやありえない。祭祀天皇（あるいは文化天皇）という端的に反政治的な観念と、政治的な決断を迫られる天皇とが、昭和天皇その人の身柄において先鋭に分岐対立して相互に反転しようとする。蹶起部隊が遠く天皇の身体ににじり寄りつつ待つ、待つことの衝迫力によって天皇その人のうちにかかる矛盾の分裂を喚起するのだ。三島由紀夫が構想した二・二六事件の本質とは、まさにかようにして大御心の決断を待つことであったに違いない。これがかの「大権強要」のロジックであった。

私は先に叛乱将校たちの蹶起の背に張り付いている国民の団結的精神の激発という幻想を指摘した。この激発に迫られて、天皇自身の決断もまた天皇信仰の集合観念に促されるものでなければならない。事態は叛乱軍と天皇の対決の構図を出現させたが、その背後から国民のゾルレンと皇道との対峙が後戻りを許さない衝迫として働いていた。そうでなければならない。天皇と蹶起部隊双方での二極構造が相克して二・二六叛乱の奇態なダイナミズムとなっていた。

なぜ人間などになられたのかと、英霊の声が天皇をなじる。だからといって、叛乱将校たちにあってはただ斎きただ祈る天皇が尊いのだ、などということはない。だが逆に、北一輝流儀で、天皇は政治へと決断すべきカリスマや革命の大首領だということにはならない。いや、まずは反政治と政治との端的な矛盾を、蹶起は天皇の身体において呼び起こさねばならない。二つの天皇の矛盾がぎりぎりに対立することがなければ、一方の極端が他方へ反転することはありえないからだ。これが三島由紀夫のロジックであった。「天皇その御方が不断に問われてきた論理的矛盾」を問い詰めること（「橋川文三氏への公開状」）、これが蹶起の衝迫力でなければならない。「自分がやるだけのことをやつて、陛下の前にひれふすと言ふ態度でなければならない」。過日このように語っていた彼らだったが、天皇の兵士たちを勝手に連れ出して蹶起した今ここで、ただひれ伏して漫然と待つことなどありえない。自分たちの蹶起の迫力が天皇の身柄に端的な矛盾を呼び覚ますこと、その時熟を「待つ」のだ。「待つとは何か？　それが道義的革命の限定性である」。「われわれは四年待った。最後の一年は熱烈に待った」。これは三島由紀夫自身の蹶起（一九七〇年）における檄文の言葉である。むろん同じ「待つ」でもこちらの方は、二・二六叛乱が御聖断を待ったのとは事情がまるで違う。それでも三島がこの文句を使った時、かつて青年将校たちに見ようとしたロジックが脳裏をかすめなかったはずはない。待つということの論理は、青年将校たちの心情や行動形態、さらには彼らにたいする三島のシンパシーなど具体的事情をはるかに超えて、論理自体が暴走している。やるだけのことをやってあとは待つ、待つことの迫力が二人の天皇の葛藤を呼び起こすこと、むしろこれ自体が眼目であって、御聖断がどう出ようと結果などは超越している。三島は論理に淫している、とでも評したくなる。かつても今も、私はそう思う。

しかしそれにしても、現実の天皇その人にとっては、叛乱の蹶起にこのように迫られたとしてもそれは論理の暴力というほかはない。実際にもはた迷惑なことであった。時の天皇自身がすでに十分に「人間となりたまう」ていた。英国流儀の立憲君主に育てられ帝国憲法のもとに行動するただの「人間《ひと》」であった。やや前のことになるが、御本人が本庄繁侍従長に吐露している。「自分の位は別なりとするも、肉体的には武官長等と変わる所なきはずなり、従って機関説を排撃せんが為め自分をして動きのとれないものとする事は精神的にも身体的にも迷惑の次第なり」。決起将校たちの直参、むしろ三島由紀夫による論理の押し付けなど、端的に有難迷惑なのだ。実際、天皇の決断は叛乱の初めから断乎として否であり、動揺の兆しさえなかった。

論理が天皇その人を「動きのとれないもの」にした。だがそれでも、これが論理であるがために、そこにおよそ天皇という存在の持つ奇怪な性格が露呈されていると見ることができる。現に天皇はただの人間、「侍従長等と変わる所なき」自然人として存在している。その自然人の肉体のうちに政治と反政治の二つの論理が分離して相克する。それが現人神としての本質でなければならない。西洋でも王権は確かに神からの授かりものと考えられた。期間の長短はあれ代々の血統が現に王という存在に尊厳と威厳とを付与している。王は固有の自然存在であるとともに、この自然身体において同時に政治的な身体でなければならない。王のこの二つの身体は当初はキリスト教神学における父と子の関係になぞらえられたが、やがて立憲王政とともに政治的な身体が次第に王の身柄から離れて自立し継承されていく。この歴史を追いかけたのがカントーロヴィチの『王の二つの身体』であった。

この伝でいけば、王の政治的身体が身柄から自立する近代史のどん詰まりに、政治と反政治のカテゴリーがまさに先鋭な論理的矛盾として天皇その人の身柄に懐胎され、覚醒し、相克し、その挙句に御聖断として炸裂する。西洋の歴史と違って、王の二つの身体は重点の推移でなく同時矛盾として、天皇の身柄の内でせめぎ合う。天皇それ自体が一個の論理矛盾であるような天皇である。現人神という存在について、これが三島由紀夫のロジックだったといえようか。「昭和の歴史でただ二度だけ、陛下は神であらせられるべきだった」とは『英霊の声』である。ただ二度とは終戦の御聖断、それに二・二六事件でのことだった。この時、昭和天皇は人間天皇であることを端的に逸脱しなければならない。そのはずであった。

逆に、かかる現人神天皇に御聖断を迫るのであればこそ、蹶起主体の側もまたただに政治的圧力としてでなく、まさにしく「恋闕」と呼ばれるような身体的衝迫力を以て陛下ににじり寄り、そして待たねばならない。西洋の王の身体がこんな奇怪な立ち位置に置かれたことはない。我が国だってそうだった。「幕末の国学以来、天皇を追いかけて追いかけていって、又スルリと逃げられて、なお追いかけて行って、「もうこれ以上は」という地点」を設定しなければならない。三島はこう述べているが(「橋川文三への公開状」)、天皇をかくして追い詰めた地点が、政治的かつ身体的なロジックの極点なのだった。そして振り返れば、昭和の治安維持法に規定されたような国体が一方的に臣民に指令する観念であったとすれば、五・一五の蹶起がこの方向を逆転させ、さらに三島の二・二六事件のスピリットではこれが「一方的な恋」にまで極まったのだと言えようか。

蹶起将校たちとて天皇の御嘉納を無邪気に信じていたはずはない。天皇の威力ということ、その威力にこちら側の衝迫力を以て対抗する。天皇の威力なるものがただに皇孫の身体にそなわる神秘としてでなく、あくまで天皇の身体ににじり寄るわれらの圧力によって引き出すのだ。三島の論理の核心がここにある。こうなればもう天皇親政の実現を求めることすらも超え出てしまう。たしかに、天皇の身体における政治と反政治の葛藤が、天皇を身動きの取れない地点に追い込む。この暴力の迷惑から逃れんとして、天皇はザインの旧態に後退しようとするだろう。だがそこにまた、われらの蹶起の衝迫力が持続して、天皇を決断の矛盾に追い込んでいく。この悪夢幻的循環が天皇信仰の永続革命にほかならない。三島が認めるように、確かに現存国家権力の打倒を追い求める左翼の永続革命、その過程的・戦術的な方法とは大いに違う。「国体論における天皇信仰がたえずザインをゾルレンへ転化せる永続革命を宿していた」のであり、「日本天皇制における永久革命的性格を担ふものこそ、天皇信仰なのである」。革命はひたすら天皇の決断を待って永遠に動かない。

死を賜わる

さて、二・二六叛乱と国体論のことだ。この叛乱と五・一五事件の国体論を比べれば、天皇の位置づけが大きく転位していることが分かる。いわば国体論と天皇論の比重が逆転している。天皇は国民の代表という政治的位置付けから、天皇その人と天皇の赤子との直接の関係に移されている。三島の言葉では、国体という倫理的共同体の価値の源泉たる天皇と国民が、直接民主主義的に直結する。だから天皇の前にひれ伏すことはたんに政治的な企図ではなく、身体的存在としての直接の関係の達成でなければならない。恋狂いに恋して、赤子が御親の前にひれ伏してその一言を待つのである。君側の奸を芟除する出陣式まではともかくとして、その後はもっぱら天皇との直接対峙だけが問題なのであった。そして繰り返すが、両者の対峙はまた日本国家と民衆運動の対決でなければならない。

蹶起主体は天皇に自己矛盾の覚醒と決断を強要する。ではしかし、当人たちはいかなる自己犠牲を支払ってこの無礼乱暴を償おうとするのか。宸襟を脅迫する「大権私議」「大権強要」はいかに正当化されるのか、いや贖われるべきか。ここに「道義的革命」という叛乱の倫理的概念が登場する。端的に主体は自らの死をもって天皇への無作法を贖うべきなのだった。だから、結果として天皇の御嘉納が蹶起の政治的成果につながるかどうかなど、道義的革命の本質には属さない。御嘉納とは端的に陛下による死の御下命、死を賜ることでなければならない。「心安く死ね。その方たちはただちに死なねばならぬ」、これが『英霊の声』である。遺作「豊饒の海」第二巻の『奔馬』からも同様なやり取りを拾うことが出来る。

天皇への「大権私議」はこのように蹶起主体の倫理的決済によって贖われねばならない。軍隊の叛乱など典型的な政治的行為でありながら、三島由紀夫がそこに見た論理はすっきりと政治に沿うものではありえなかった。政治と反政治の矛盾、恋闕、それに死の自己処罰といい、革命には天皇の身体といういわば絶対的な枷が科せられている。いかにも身動きが取れない地点に行為を追い込むような三島の論理であった。五・一五事件とは対照的に、三島の論理はもっぱら天皇にだけ迫っており、国体論つまりは日本国家を捉えることが逆に希薄になっていると言うこともできる。この地点での蹶起主体と天皇の対峙のダイナミクスにこそ、三島の考える永続革命の論理があった。

「私は政治のダイナミズムとは、政治的権威と道徳的権威の闘争だと考へるものです」(「士道について」)。三島はこうも述べているが、政治権力と倫理的叛乱との闘争ということではない。天皇の身柄における政治と反政治、恋闕の情と叛乱、そして蹶起の御嘉納と自己処罰。私はこれまで両者とその関係における論理的対決を追ってきたのだが、この論理はまた天皇その人と叛乱者個人を道徳的決断に追い込むものであった。これは同時に各人を超えた国体と国民との倫理的対峙に促されたことだというべきであろう。かかる個人道徳と倫理の葛藤を三島は道義的革命と呼んだ。天皇その人と蹶起主体のその双方における、そして同時に両者の間での「政治と道徳の闘争」だと三島由紀夫は述べているが、ここで道徳とは狭く個人道徳のことではない。天皇の身体は蹶起を前にしてその「本質」を覚醒され、自らが政治と道徳との葛藤状態に入る。そしてこの天皇の「矛盾」は蹶起主体にいわば外化され、天皇は蹶起行為のうちに、自らの内的葛藤の苦痛を認める、――天皇が蹶起を御嘉納するとはこのことである。他方主体の側では、天皇の矛盾のうちに自らが宿した政治と道徳とのダイナミズムの外化を想定して、自らの苦痛を天皇の苦悩として読む、——蹶起によって天皇に迫るとはこのことだ。政治と道徳の矛盾がこのように天皇と蹶起主体の相互の間に外化しあうダイナミクスが、三島の言う道義的革命において「待つ」ということであったろう。

やれやれと嘆息するほかないロジックに思える。しかし実際、三島の天皇論のロジックから逆照射して、二・二六叛乱の右往左往の四日間を腑分けすることができると私は考えてきた。四日間を通じて引き裂かれ揺れ動いた蹶起将校たちの心情と行動、それればかりか政府と軍閥と宮中を巻き込んで、つまりは時の日本国家それ自身を揺り動かした有様をつぶさに見る視点を三島は提供することができた。

(四) 国家

動揺するブルジョアジー

さて、最後にいったん三島由紀夫を離れよう。というのも、三島の用いた永続革命という言葉はもとよりマルクス(主義)のものであった。とりわけ青年マルクスが直面した一八四八年の「世界革命」が、当人にとって永続革命たるべき事件であった。片や没落しつつある封建勢力と他方で勃興するプロレタリアートとの対決にあって、ヘゲモニーが前者から後者へ移行していく力学が永続革命だと呼ばれた。とりわけ鍵になるのが、両者に挟まれて国家を支配するブルジョア階級の動向だ。革命のどちら側につくのか、ブルジョア階級はあちこちと動揺する。特に当時のドイツのような「みじめな後進国」では、国家の舵を取っているのに「目もなく、耳もなく、歯もなく、なにもない、いまわしい老いぼれ」(エンゲルス)がブルジョア階級だ。この階級の右往左往からブルジョア国家権力の確立、そしてこの過程の延長上に革命はプロレタリートの権力へと永続する。

なるほど、三島由紀夫の言う通り「待つこと」の道義的革命に比べて、左翼の革命は過程的で戦術的だ。ところで突飛ながら、ここで話題をカール・シュミットにずらしたい。同じ一八四八年の革命に直面して、マルクスのちょうど反対側で、カトリック反革命主義者(ドノソ・コルテスなど)がブルジョアジーの不決断をなじっていた。今回私はシュミットの『政治神学』を再読して、以前は読み飛ばしていたこの個所に関心を持ったのである。西欧では啓蒙主義以来の立憲政治、法治国家が理念としてはすでに定着している。だがそこに一八四八年の「世界革命」が襲来する。政治神学が例外時に直面したのである。この時にかの反革命家たちが標的にしたのが「決定できないブルジョアジー」であったという。これはしかし、わが昭和国家のビヘイビアそのものではないか。

ブルジョアジーとは決断し決着をつける代わりに、新聞と議会において「論議する階級」である。「神を世界から締め出しながら、しかも、その存在に固執するという理神論の犯すのと同一の論理的矛盾」を犯している。「神を欲する。ただし、その神は、活動することができてはならない」。「君主を欲する。ただし君主は無力であるべきだ」。

ブルジョアジー非難はまだ続く。「教養と財産」がこの階級に貧乏人を抑圧する権利を与える。血統と家系による貴族政を廃棄しながら、金権貴族の恥知らずな支配を容認する。国王という人格的な国家権力を欲しながら、他方、国王をたんなる執行機関に仕立て、国王の行為の一々を内閣の道に依存させる。国王の人格を不可侵と言明しながらしかも憲法に誓約をさせる。ブルジョアジーは王政・貴族政と過激民主派の双方に脅かされてあちこちするばかり、議会で果てしなく討論して事態を先延ばしするだけなのだ。ついでながら、この観点では社会民主主義者とても同列である、と。

例外状況

以上は一体、いつどこの国の話なのだ。シュミットが引くカトリック反動によるブルジョア国家権力批判はいちいち、まるでわがことのように響く。国王は機関説天皇であり、この天皇は立憲君主でなければならない。現人神の神は神聖だが神は活動することがあってはならない。そしてブルジョアジーは議論を続けるばかりで決断しない。教養と財産にもとづいてのし上がり、貧乏人と血統貴族の両方を抑圧しながら、恥知らずにも金権貴族を容認している。昭和の青年将校など国体論過激派が君側の奸だとしてその抹殺を公言したところの、かの財閥、軍閥、宮中、元老、政党、特権階級、などなどの支配層である。戦前昭和の支配層はとかく一枚岩の軍国主義者に見られがちだが、そんなことはなかった。最近の歴史研究があちこちで明らかにしているように、政党はもとより財閥も軍閥等々もそれ自体で分裂していた。宇垣一成の言う「小キザミの争い」である。内外の危機にもかかわらず、支配の総体の不統一が日本国家を決断不能に追い込んでいた。少なくとも二・二六事件まではそうだったのであり、事件の四日間があぶり出したのもこうした日本国家の動転振りであった。

百年も前のカトリック反動によるブルジョアジー非難の言葉を長々と引用しながら、シュミットは明らかに同様の論難を時のドイツ・ブルジョアジーに込めている。ブルジョアジーこそ決断する主権者の概念、神学におけるかの奇跡の主体を抹消している。法治国家がその法律的表現にほかならない。こう指摘しながら、シュミットはまた一八四八年革命の左からの過激派に言及せずにはいられない。マルクス派というより、プルードンとりわけバクーニンの無政府主義だ。その対極にあるカトリック反動は、無政府主義者を不倶戴天の敵としながら同時にこれに尊敬心すら懐いている。無政府主義が民衆の正義を絶対視するのと同じく、カトリックにとって神の教会的秩序は無謬であり、これは国家秩序における主権と完全に同義なのである。だから左であれ右であれ、問題は何がいかに決定されるかでなく、決定それ自体が価値をもつのだ。理論付けるでも論議するでもなく、正当化するでもない。主権とは「無から作りだされる絶対的決定」でなければならない。

いまシュミットのこんな議論を援用できるとすれば、かつてカトリック反革命が神を呼び出したように、昭和の国体論過激派は現人神とその決断を追い求めたと言えようか。君側の奸を始めとするあらゆる中間物を排除して、現人神に直参する。三島由紀夫の見る天皇の下での直接民主主義あるいは天皇制アナキズムである。そして当時のブルジョアジーがボリシェヴィズムの脅威を過大視して、切迫した左からの圧力にさらされていたことは言うまでもない。左右過激派と両者に挟まれた国家のこの分裂状態がマルクスの意味で永続革命の階級的基盤であるとすれば、二・二六叛乱に関する三島の手の込んだロジックは、期せずして現実を映すことになっていたのかもしれない。

それでは、国体論過激派にとって時代は例外状況であり、現人神天皇は例外状況で決断を下す主権者たるべきであったろうか。あるいは、三島由紀夫の永続革命のロジックが追い詰めた天皇その人が、蹶起を御嘉納し彼らに死を賜る決断をすべきだろうか。

主権者の決断

すでにカール・シュミットに言及した以上、ここで例外状況とか決断する主権者とか、シュミットの用語に戻っておくことが必要だろう。ドイツ・ワイマール共和国時代の著書『政治神学』(一九二二年、田中浩他訳)から、以下にさわりを引用する。

主権者とは、例外状況にかんして決定をくだす者をいう。/この主権者は、現に極度の窮迫状態であるかいなかを決定すると同時に、これを除去するためになにをなすべきかをも決定するのである。/主権者は平時の現行法秩序の外にありながら、しかも、憲法が一括停止されうるかいなかを決定する権限をもつがゆえに、現行法秩序の内にある。／例外状態は、法律学にとって、神学にとっての奇跡と類似の意味をもつ。

国の内外を問わず、集団的対立が高じて闘争状態が現出する。極限的には戦争あるいは内戦に直面する。現行の法秩序あるいは国民の生命が国家に賭けられた状態が現出する。例外状況である。ちょうど神学にとって奇跡が自然法則の中断であるように、例外状況は法秩序の停止状態である。敵味方の峻別という固有に政治的なものがここに初めて露出する。この時主権者とは、事態が例外状況にあると判断（決定）し、国家存続のためにこの状況を除去すべく決断を下す者でなければならない。革命そして戦争という例外状況において、敵味方を峻別して宣戦布告し、同時に味方の結束をはかる。それが主権者である。主権者が奇跡を呼び込む。例外状況における国家では現行法秩序が停止されているとはいえ、カオスとアナーキーに解消されるのではなく、かえって国家が政治的概念として露呈するのである。

シュミットのこのような定義を聞いて直ちに連想するのは、例えば北一輝の『日本国家改造法案』冒頭の次の宣言である。「天皇は全国民とともに、国家改造の根基を定めんが為に、天皇大権の発動によりて三年間憲法を停止し、両院を解散し、全国に戒厳令を布く」。例外状態を判断し憲法停止を決断する主権者は、正しく憲法上の天皇である。シュミットによれば主権者は平時の現行法秩序の外にありながら、しかも、憲法が一括停止されうるかいなかを決定する権限をもつがゆえに、現行法秩序の内にある。北一輝がこの改造法案を書いた時の現天皇は大正天皇であったが、彼にとっては「革命の大首領」たる明治天皇がモデルとされていたのは明らかなことだ。例外状況における決断者、主権者とはまさしくかかる天皇その人でなければならない。日本の改造は「聖天子が改造を御断行遊ばすべき大御心の御決定を致しますれば、即時出来る事であります」（北一輝、全集第三巻四六二頁）。

決断する天皇

例外時に国家改造を決断し断行する天皇、主権者としての天皇を追い求めたのは二・二六叛乱将校たちとて同断であったろう。これに先立つ五・一五事件では、彼らは自ら捨て石として蹶起して、後は国民の一大覚醒に期待した。自らが主権者に、言い換えれば政治的な概念にたどり着くことはない。これにたいして二・二六叛乱では天皇の判断と決断とを迫って四日間を待った。現天皇の身体に現人神が顕現し、主権者として御聖断を下すことを待った。まさしく、神による「奇跡」としての決断である。天皇は決断した。だが知られる通り、主権者の決断は叛乱の即時鎮圧であった。蹶起は端的に天皇に裏切られて敗北した。しかも、現人神としての決断であるどころか機関説天皇の決断であった。三島由紀夫ふうに言えば、蹶起は天皇の身体の論理矛盾に迫ろうとして「人間《ひと》」としての天皇の壁にはじき返されてしまった。現人神信仰が著しければそれだけに、この裏切りは蹶起の悲劇性あるいは荒唐無稽を際立たすように思われるのだ。敗北は過酷で惨憺たるものだった。いやそうではない、そう考えた三島由紀夫が、蹶起のスピリットだとしていかにもねじくれた革命のロジックを構築しなければならなかった。すでに見てきた通りである。

総じて、政治的にはお粗末なクーデタの実際だった。たしかに、青年将校たちのなかにはこうした事態を予測していた者がいた。たとえば、「国家改造法案を教典とせる実行の劔」だと自認する西田税の天劔党によれば、決断と断行は天皇の任であってはならない。吾党による「クーデッタ!!」でなければならないのだった。

要は我党革命精神を以て国民を誘導指揮して、実に超法律的運動を以て国家と国民とを彼等(一部特権階級、閥族)より解放し――彼等が私用妄便する憲法を停止せしめ、議会を解散せしめ、吾党化したる軍隊を以て全国を戒厳し、何人にも寸毫の抵抗背反を容(許)さざる吾党の正義専制の下に新国家を建設するにあり。吾党同志は徒に坐して大命の降下を待つ如き迷蒙に堕つべからず。(『現代史資料4』、三六頁)

見られるとおり、ここでは北の改造法案の天皇が吾党に置き換えられている。二・二六叛乱に蹶起した将校たちはどうか。たしかに、日本改造法案大綱を「絶対の真理」だとして「一点一画も修正することなく完全に実現する」と叫んだ者もいたが(磯部浅一)、彼らの大部分はこれをクーデタ、ファッショ、大権私議、大権強要だとして嫌った。当然予想すべき蹶起の政治判断を回避して、「坐して大命の降下を待った」。決断を天皇に預けた。天皇はただ二度だけ神であらせらるべきだったと「英霊の声」は悔やむのだったが、その一度つまりは二・二六の蹶起に際して果断な決定（奇跡）を下したのは、神でなくまさに人間としての天皇であった。

主権者の定義に続いてシュミットが述べているが、ケルゼンなど近代法律学と法治国家体制においては、例外時の決定者がいない。例外時こそは主権の主体、つまり誰が決定するのかという問題が顕在化するはずなのに、すでにボダンが設定していたように、例外時に決断する者はいない。「王侯が、あらかじめ、元老ないし領民の意向を問わなければならないとするならば、王侯は臣下によって無用化されざるをえまい。かくて主権は、両者間を転々とするものとなろう」。主権者は神であろうと皇帝であろうと、また人民であろうが、問題は常に主体の概念に関わっている。動揺する憲法体制の下で、昭和の天皇は明治以降初めて主権者として決定を下したのである。国体論過激派にしてみれば、まさにさかしまの決断であったが、天皇が決断するそのことが本質なのだと切り返したのが三島由紀夫だった。だが、主権者としての天皇の決断は、その後終戦の御聖断に至るまで二度と行使されることはなかった。その間、日本国家はまさしく例外状況に置かれていたのだったが、主権者はいない。

国体論なるものは曖昧模糊、一億国民の心の一つ一つに国体がある。こういう感想を述べたのは三島由紀夫だったが、それでいて万世一系の天皇のお姿こそ一にして多、多にして一、「しかも誰の目にも明々白々のものだった」。いや、天皇のお姿を明々白々にする契機こそ国体の例外状態だ。国体はその時法秩序の根源を露呈して、一個の政治的概念となって国民に死を要求する。国体の政治神学が過激化して「奇跡」を要求する。国体は政治的観念として国民を超越し、しかも一個の人格のごとくに跳梁して人びとを翻弄する。三島由紀夫は二・二六事件のスピリットに道義的革命、つまりは倫理的なものの跳梁を見たが、同じことはまた政治的なものの露呈でもあった。政治的なものが現人神として青年将校たちの四日間に憑りついて離れることはなかったのである。国体がシュミット的な意味で政治的決断を問われる、例外的な歴史となった。

それでいて、決断は天皇その人に仮託するばかり、日本国家は国家たりえない。

国家たりえず

「現代国家論の重要概念は、すべて世俗化された神学概念である。たとえば、全能なる神が万能の立法者に転化したように、諸概念が神学から国家理論に導入された」。これもシュミットの言葉である。国体神学の不可欠な根拠をなす建国神話にあっては、天皇は日本国の統治を神からゆだねられる。天照大神の勅語にこうある通りだ。「葦原の千五百秋《ちいほあき》の瑞穂の国は是れ吾が子孫の王たるべきの地なり。宜しく爾《なんじ》皇孫就《つい》て治らすべし。行けや、宝祚《ほうそ》の隆えまさんこと当に天壌と窮り無かるべし」。初代の神武天皇がこれに応える、「上は則ち乾霊国《あまつかみくに》を授けたまふの徳に答へ、下は則ち皇孫正しきを養ふの心を弘め、然る後六合を兼ねて都を開き八紘を掩ふて宇と為さんこと可《よ》からずや」。

里見岸雄はこれに続いて歴代天皇の勅語を連ねて、日本国体がずっと万世一系の天皇の統治のもとにあることを示そうとしている（『天皇とプロレタリア』第三章）。といっても中世以降の天皇はスキップせざるをえないのだから、飛んで明治天皇になる。「ちよろづの民とともにも楽しむに　ますたのしみはあらじとぞ思ふ」、これがその御製である。千万の民ことごとくを赤子とみそなわす。「この大御心を吾等はいかにして現代社会に実現するか、その実践が即ち吾等の社会生活の最大のテーマでなければならぬ」と里見は強調した。

要するところ、全能の神が転化して天皇は万能の立法者であり、そうであらねばならない。その立法者がいま財閥・政党・特権階級の向こう側で立ちすくんでおられる。このままでは日本国体が失われる。大御心をいかにして実現するべきか。シュミットが先の引用に続いて述べているではないか、「例外状況は、法律学にとって、神学にとっての奇跡と類似の意味をもつ」。現代の奇跡が、つまりは例外状況の出現がなければならない。例外状況において決定をくだす主権者、つまりは万能の立法者として、現人神天皇自身が立ち現れることが必須ではないか。「大日本帝国は万世一系の天皇之を統治す」(憲法第一条)。それゆえにわれらは蹶起した。こうした奇跡の現出こそが、各人各様曖昧模糊の国体神学のもやもやを吹き飛ばすはずであった。

「天皇は神聖にして侵すべからず」。帝国憲法のこの第三条はもともと西洋君主国の憲法から引き写したものであった。一九世紀以降、日本を含めて一五か国の憲法に見られる条文だと、里見岸雄が国名を列挙している(『天皇とは何か』、七五頁)。そしてそのいずれの場合も、この規定は君主の無答責(法的無責任)をうたう条項なのである。「天皇は神様だ」などという「頓馬な寝言ではない」とは里見の戦後の発言である。実際、明治国家の設計者たちの意図でも、「君主は固より法律を敬重せざるべからず而して法律は君主を責問する力を有せず」(伊藤博文『帝国憲法義解』）とされた。また「帝室は政治社外のものなり」（福沢諭吉「帝室論」）と、天皇を政治から遠ざける保証になるはずのものだった。統治などという神聖ならざる政治の実際（国家権力、政体）は政府と議会がこれを行う。憲法のこの理念からいえば、日本国家も西欧の立憲君主国家と同類のものとして定着するはずであった。実際、昭和に入っても天皇に政治の累が及ぶことを回避せんとする勢力が、政党はもとより政府でも重臣や宮中の天皇側近においてもなお力を失ってはいなかった。

ところが、時代は大都市の大衆社会である。それこそ天皇が「宮中賢所のなお奥深く、ただ斎きただ祈りてましますというわけにはいかなくなる。とりわけ、昭和天皇の皇太子時代、欧州外遊からの帰国歓迎式典が決定的だった。加えて、即位礼における大衆的熱狂が演出され、昭和天皇は今や「国民と共に」あるのだと宣明するに至る。そして、昭和一〇年の機関説排撃運動を契機にして、記紀神話にもとづく神権的天皇として天皇の神聖を解釈することがとめどなく浸透していく。加えて、明治憲法体制の抜け穴というべき陸海軍統帥権の独立である。これもともとは軍隊の政治不関与と抱き合わせることにより、天皇を政治から遠ざける保証たるべきものであったろう。だが、統帥権を天皇への兵の直参と見なせば、そこに昭和維新の青年将校のモデルが生きる。軍人勅諭は天皇その人の署名により兵士たちに下されたものであり、それ以降兵は天皇との排他的な共同体思想によって教育されてきたのだ。この観念が肥大化し、現人神信仰と相まって、ついには憲法体制を食い破ることになった。ボリシェヴィキの脅威の下に、逆説的にもかえって、五・一五そして二・二六の蹶起がその転機となる。

日本国家の迷走はなお続く。

自滅

二・二六事件の四日前の総選挙で反軍・反ファッショの勢力（民政党など）が圧勝した。この不思議な現象のことは前に触れた。では事件の後になれば、国体論が何であれ決断する日本国家を生みだしたかといえば、それは違う。事件の翌年には宣戦布告もなしに日中戦争にはまり込んで、結局これは足掛け五年にも及んだ。その果てが日米開戦に至るのだが、その間の近衛新体制のことを少しばかり思い起こしてみる（有馬学『日本の歴史23　帝国の昭和』）。第二次近衛内閣が大政翼賛会を結成したのが日米開戦の前年、昭和一五年のことだった。「万民翼賛、一億一心、職分奉公の国民組織」を目指したのである。旧政党人、右傾諸団体、社会大衆党までがこれに参集した。だがもともと、この構想は「一国一党」の強力内閣を目論むものであった。戦時体制の国内改革推進のために、統制派の流れをくむ軍官僚、いわゆる革新官僚、そして近衛ブレーンの知識人たちが、この構想の下に近衛文麿を担ぎ出した。暗黙のモデルはヒトラー＝ムソリーニのファッショにあったであろう。

だから、一国一党構想はただちに広範な反対勢力を刺激した。反対派は今さらながらに憲法第四条をもちだした。天皇の統治権すら憲法の条規に従うとされているのに、万民翼賛の「大政」は憲法外の統治権を行使するつもりか。憲法違反の「幕府」だ。軍事一党独裁への警戒感が噴出した。これにたいして、大政翼賛がファッショをモデルにするのなら、憲法を停止し大衆運動の力を以て反対派のあれこれを鎮圧すべきはずであった。北一輝が想定したように天皇が憲法を停止するのでないとしたら、つまりは近衛文麿が、非常時における主権者としてこれを決断しなければならない。だが、一国一党のためには団結した「党」を欠いている。そもそも近衛新体制は固有の武力をもたない。翼賛体制も雑多な勢力が流入しただけで一党独裁からほど遠い。その意志もない。地方に組織した「翼賛青年団」を強化して、これを根こそぎ動員することなどできもしない。私がこれまで追ってきた国体論の「小キザミ分裂」の帰結が、とこここに到っても大政翼賛運動の内実であったろう。天皇親政などどこへやら、国体論の国家はない。万民翼賛のスローガンのもとに、旧来の政治・思想諸団体の自由を封じる体制ができただけであった。国体論はここに実質終わりを告げた。

日本国家は世界大戦にのめり込んでいく。

エピローグ　みやびとテロ、そして日本の平和

合わせ鏡

「きくが、……もしもだ、もし陛下がお前らの精神あるいは行動を御嘉納にならなかった場合は、どうするつもりか」
「はい、神風連のように、すぐ腹を切ります」
「それならばだ、もし御嘉納になったらどうする」
「はい、その場合も直ちに腹を切ります」

これは昭和七年、蹶起を目指す一九歳の学生飯沼勲と皇族の洞院宮治典《はるのり》王殿下との会話である。三島由紀夫の連作『豊饒の海』第二巻『奔馬』の一場面だ。同様な問答は昭和維新の青年将校たちの場合も、内心であるいは相互の間で繰り返されたことであった。自分たちは天皇の軍隊を勝手に動かし、陛下の股肱の重臣を殺戮してここに蹶起したのである。非は自らの死を以て贖われ

なければならない。

たしかに二・二六蹶起では、われらの「蹶起の趣旨」は天聴に達せられ、われらの「行動」は認められた。陸軍大臣告示が告げるところだ。しかし、軍首脳の言動がどうもおかしい。疑念は蹶起将校の内でも当初から拭いようもなかった。無意識の出鱈目やペテンもまた権力というもののビヘイビアだからだ。実際、陛下に「死を賜る」という願望が蹶起の内外で頭をもたげてくる。蹶起も四日目に入ると陸相官邸では自決用の白木綿などが手回しよく用意された。

これにたいして、『奔馬』における少年たちの蹶起は未遂のままあっさりと潰えた。陛下の御嘉納いかんの遥か手前で、ことは尽きた。だがにもかかわらず、飯沼勲だけはただ一人で財界の大物を刺しに行き、その足で自決する。三島がそのように描いている。昭和七年はもちろん五・一五事件の年である。私が以上に述べてきた昭和維新の直接行動のロジックが、もしかしたらこの小説にドラマ化されているかもしれない。そんな魂胆もあって、文字通り今さらながら、私は『豊饒の海』全四巻を読み通してみた。

だが、話は全く違っていた。

『豊饒の海』は昭和四〇年（一九六五年）から雑誌連載が開始され、最終巻が脱稿されたのが七〇年の一一月二五日のことだったという。まさに同日、三島由紀夫は楯の会の若者とともに陸上自衛隊東部方面軍総監室を占拠し、その挙句に自刃を遂げた。この六〇年代後半はまた、すでに言及してきたように三島が「二・二六事件のスピリット」を立て続けに論評する年月であった。なるほど小説は創作でありこれとは話が違うのは当然だともいえるだろう。けれどもちょうど合わせ鏡のように、道義的革命の論理と同時並行して、これをまったく裏切るかの日本社会のありようが『豊饒の海』四部作として書かれていたのである。その両者の執筆活動の背景に、日本の一九六〇年代という時代があった。そのことに思い当たらざるをえない。
以下、この観点で『豊饒の海』全四巻の筋書きを追ってみたい。

みやび　春の雪

時代は明治末年から大正三年、松枝《まつがえ》侯爵家の嫡子清顕と綾倉伯爵家の令嬢聡子の悲劇的なロマンスである。松枝家は祖父が明治維新の功臣であり、東京は渋谷に一万坪の邸宅を構えている。他方、綾倉家は堂上貴族である。ロマンスはしたがって雅びでなければならず、悲劇は家柄からくる禁忌を破るものでなければならない。実際、聡子は皇族洞院宮との婚約が調い勅許まで得ている。二人の禁じられた恋はしたがって破局へと突き進んでいく。時代と舞台が昔のこととはいえ、『春の海』は今にこんな恋物語を典雅絢爛と描いていく。読者が舞台に乗ってくれなければ、大時代的で絵空事のこしらえものに受け取られかねない。それを承知の上で、作者はこれまた優雅豪奢な文体で物語を展開していく。任意に一文を引くが、二人がはじめて結ばれる場面である。

雨の音がきびしくなった。清顕は女の体を抱きながら、その堅固を目で測った。夏薊《なつあざみ》の縫取のある半襟の、きちんとした襟の合わせ目は、肌のわずかな逆山形をのこして、神殿の扉のように正《ただ》しく閉ざされ、胸高に〆めた冷たく固い丸帯の中央に、金の帯留めを釘隠しの鋲のように光らせていた。しかし彼女の八つ口や袖口からは、肉の熱い微風がさまよい出ているのが感じられた。その微風は清顕の頰にかかった。

物語がこしらえものであるばかりか、何よりも、文章が堅固で絢爛たる象嵌のごとくにはめ込まれている。一九六〇年代の後半に作者はこんな文章を作っていたのだ。七〇年の作者の自決から見て『豊饒の海』四部作は文字通り遺作であるが、この時期に作者がかかる文体を彫り刻み物語にはめ込んでいたかと思うと、やはり驚かされる。作者の作為とたくらみを思わずにはすまされない。大時代的であることによって思い切り反時代的な物語をこしらえようと。これは四部作を通して言えることだが、作者は物語に時代背景を添えることをほとんどまったくしていない。ロマンスを年代記にはめ込むことを拒んでいる。

主人公清顕は二〇歳で死去し、聡子は奈良の門跡寺院で出家して物語は終わる。だが、清顕は死なない。全巻を通じて死しては輪廻転生していく。この間に聡子は門跡を継いで最終巻、一九七〇年代に入るまで長寿を保つことになる。

テロ　奔馬

松枝清顕の生まれ変わりと目される少年、飯沼勲が主人公である。時代は昭和七年、五・一五事件直後のことである。神風連に心酔している勲は少年仲間と維新の蹶起を企てる。突き放してみれば観念遊戯のごとき企てである。父親などの善意の密告によって蹶起は事前にあえなく潰えてしまう。五・一五事件の裁判のごとく、またかつて清顕の友人だった本多繁邦が裁判官の地位を投げうって弁護した甲斐もあって、昭和の神風連の被告たちは刑を免除されて全員が釈放された。刑法第二百一条殺人予備罪の但書、すなわち情状酌量によるものだった。しかし釈放された飯沼勲は一人で、かねて目標とした財界大物の蔵原武介を刺しに行き、その足で海を臨む崖の上に出て、深夜自決して果てる。ここに名高い一文が出る。

正に刀を腹へ突き立てた瞬間、日輪は瞼の裏に赫奕《かくやく》と昇った。

筋書きをこんな風に要約してみれば、いかにも観念少年の一人一殺の政治テロ物語に見えよう。そうには違いないのだが、しかし例えば同年の血盟団のスピリットを物語にしたようには受け取れない。テロを駆動した時代背景はこの巻でも一切無視されている。裁判の模様は描かれているがリアルとは別のことである。ひたすら神風連の蹶起と悲劇をなぞる少年の行状が綴られている。それに集団の蹶起とその裁判などという散文的な場面に、こしらえ上げたような文章はいささか浮き上がってしまう。任意の一文を引いてみる。昨年、主人公は奈良の三輪大神で三枝祭に参加した。その笹百合が、獄中に差し入れられた場面である。

百合はその記憶の紋章であり、やがて決意の紋どころになった。それからの彼の熱情、誓い、不安、夢想、死への期待、栄光への憧れ、すべての中心にはこの百合があった。

時代は満州事変からいくつかの未遂のクーデタ、満州国建国、国際聯盟からの脱退、そして五・一五事件から二・二六事件へと激動していく。この推移を暗黙の了解事項に設定して、物語は故意に少年の蹶起の観念だけを展開する。観念とは純粋さのことと要約される。その観念がドラマの切実さと緊迫感を生み出さねばならない。これは難しい。三島の文体がかえって妨げになっているようだ。事件は避けがたく現実と交差しなければならないが、そこに現実を飲み尽くす思想のアクションドラマがなければならない。この期待はかなえられず、物語が政治に接近することはない。少年の自滅の物語に収斂していく。

俗悪　暁の寺

本巻からは松枝清顕の友人で弁護士の本多繁邦が主人公になる。理知の人、あくまで見る人であるという本多である。昭和維新のころから大東亜戦争の敗戦までの時期、本多はたまたまタイとインドを訪れる。タイでは松枝清顕と飯沼勲の転生かと思わせる王室の幼い姫君ジン・ジャンに出会う。そしてインドはベナレス、そこで出会った光景が本多に深い衝撃を与えた。本多が思考しなれた現実と理性との二分法、そんなものを根底から無にしてしまうようなベナレスの光景であった。
地平線上に暁の光が裂けて出ると、みるみるガートの情景は輪郭と色彩を得、女たちのサリーの色、その肌の色、花々、白髪、疥癬、真鍮の聖具は、あたかも色彩の喚声をあげはじめるかのようだった。悩める朝雲は徐々に形を変え、拡散する光に席を譲った。ついに朝日の真紅の尖端が、低い叢林の上に現れたとき、本多と肩を摩するほどに押し合っていた群衆の口からは、一せいに敬虔な吐息が洩れ、そのまま膝を屈して、地に跪く者もあった。

以上が本巻の第一部をなす。この間に大東亜戦争が始まり、そして敗戦に至るのだが、物語はしかしこの時期の日本をほぼ素通りしている。次いで本巻第二部、時代は昭和二七年、本多もすでに五八歳になっている。占領状態は終了して、日本社会も戦後復興に差し掛かる。物語もまた転換を見せねばならない。裁判がらみで思いがけぬ大金が転がり込んで、本多は今や大金持ちである。御殿場にプール付きの別荘を建て、そこに戦後日本の諸人士を招いてパーティーを開いている。元男爵の新河が陰口をきく。

パーティーの途中でも、時折妻の袖を引いて、耳もとで囁いた。
「何と垢抜けないおぞましい連中だろう。いちばん下品なことをいちばん上品に言いまわすというコツを知らんのだ。日本人の醜さもここまで来れば大したもんだね。でも、われわれがそう思っているということを、決して相手に気取られてはいけませんよ」。新河はふと炉の焰に目を霞めて、四十年もむかしの松枝侯爵邸の遊園会を思い出し、あそこでも亦、自分は蔑みの気持ちを以て列席していたことを矜らしく思った。

この第二部でも戦後の世相があからさまに取り上げられてはいない。それでも作者三島由紀夫の憎んだ戦後である。本多を含めて登場人物は皆が俗物である。読んでいて退屈だし、むしろ不快感が募る。この不快を鮮烈に切り裂くはずのシャムの姫君も、成人して日本に留学に来ているのだが、一向に活躍しない。後に昭和四七年に本多が聞いたところでは、帰国した姫はコブラに嚙まれて急死したという。二〇歳になっていた。

この『暁の寺』は昭和四三年から五年にかけて雑誌に連載された。作者が自刃したのは連載の終わった年の一一月だった。連載を終えて「実に実に実に不快だったのである」と三島自身が述懐している。従来から創作を現実世界に対立させてきた作者の緊張が、これで無に帰したということであるらしい。三島はこの連載が始まる四三年にインドを一カ月ほど訪問している。その時のベナレス経験が第一部に取り入れられている。ベナレスは知識人本多のみならず、小説家の緊張をもなしにするほどの圧倒的な無意味の存在であったということか。戦後の日本など批評するにも当たらない。転生の次の主人公は海外に見つけるほかはないし、そのジン・ジャンにも立つ瀬もない。思えば松枝清顕の後、三代に渡るその転生の物語とは、昭和天皇その人への当てつけであったかもしれない。であれば、『豊饒の海』四部作はこの転結部ですでに失敗作と化していたのだろう。

悪意　天人五衰

時代は昭和四五年、一九七〇年、本多繁邦は七六歳になっている。たまたま一六歳の少年透を見つけ出し、タイのジン・ジャン姫の転生になるべく少年を養子にする。以降四年間、少年の成長と相渉っていくことになる。その四年間が描かれた作品がこの『天人五衰』であるが、両者の交渉は憎悪と裏切りの酷薄で醜いものであった。当然である。作者はさりげなく時代を七〇年代以降に、つまり自身の自刃以降にずらしている。日本社会の将来のことである。すでに三島の蹶起も割腹自殺も、その背景をなしたという六八年の街頭の争乱も、そろって終わっている。何もないポストモダンが始まる。作者はそこに、四代にわたる輪廻転生の物語を投げ込んで、その一切を徒労にしている。無と化している。第一代の松枝清顕の恋愛相手でその後奈良の月修寺門跡となっている聡子を、本多は最後に訪問する。門跡の返答がこうだ。

「松枝清顕さんという方は、お名前をきいたこともありません。そんなお方は、もともとあらしゃらなかったのと違いますか？　何やら本多さんが、あるように思うてあらしゃって、実ははじめから、どこにもおられなんだ、ということではありませんか？」

本多が終生こっていた仏教的な空の教理をここに認めることはできよう。しかしそれよりも、日本近代史全体を、あえて言えば昭和天皇という存在を、作者は葬ったのだとみることもできるだろう。「もともとあらしゃらなかったのと違いますか」。この第四巻を三島が編集者に届けたのが昭和四五年一一月二五日のことである。蹶起のぎりぎりまで作者はこんなものを創作していたのだと、やはり驚きを禁じ得ない。今となればやれやれと、苦笑いと嘆息とを捧げるほかない。日本の平和にたいする作者の悪意の産物である。

日本の平和

私はたまたま戦前昭和の国体論と天皇のことを書いていて、参考にもと、今回三島由紀夫の四部作を読んだのである。こんな魂胆は見事に裏切られた。歴史的現実と観念との緊迫したドラマはここにはない。作者はいささかの悪意を込めて作品をこしらえているのである。悪意にからめとられるようにしながら、私が全巻を通じて気に留めたのは、やはり文体である。王朝物語風の作文があり、また何でもない戦後社会の風景の描写にまで、文章が一々こっている。ここでも任意の一文を引いてみる。

海は再び白光を滑らかに宿して、南西の風の命ずるままに、無数の海驢《あしか》の背のような波影を、東北へ東北へと移している。尽きることのないその水の群れの大移動が、何ほども陸に溢れるわけではなく、氾濫は遠き月の力でしっかりと制御されている。
雲は鰯雲になって、空の半ばを覆うた。日はその上方に、静かに白く破裂している。

（『天人五衰』）

読み流しても意味は通じる。しかし、ちょうど文章の要所に傍線を引くようにして文飾が気になれば、そこを呑み込もうとして読みがとどこおる。「日はその上方に、静かに白く破裂している」、静かに白く破裂しているとはどんな光景のことか、と。全編に修飾をモザイクのように刻み込んだこんな文章がこしらえられている。文章の一つひとつにどれだけの辛苦が注ぎ込まれたのかと気にもかかるのだが、作者は恐らく流れるようにこれを綴っていたのだろう。

私は昔ドストエフスキーの小説を思想のアクションドラマと呼んだことがある。三島の四部作は繰り返すが日本近代史の要所要所を踏んでいる。同じようなアクションドラマを予想しなくはなかったのだが、やはり別者だったという読後感である。トーマス・マンと比較すべきだろうか。それにしては三島は戦後作家である。大衆消費社会が喧しく浸透して来る一九六〇年代の後半に、作者がこの大作を書き続けたこと、時代にたいするこの作品の尖鋭な無関係のことを、やはり指摘せずにはいられない。同時代を生きた青年としての感想である。

むすびに代えて

本書のタイトルにある「天皇の二つの身体」、その意味するところはこれまでの諸章で具体的に指摘してきたのだが、国体観念の差異に対応して錯綜した様相を呈していた。ここにきていささか図式的に整理しておきたい。まずはこれを天皇についての二つの解釈と捉えることである。「天皇の二様の解釈システム」すなわち顕教と密教（久野収）、あるいは「天皇の二重の性格」つまり機関説天皇と民族共同体を親政すべき首長（竹山道雄）である。これら解釈の「微妙な運営的調和」のうえに明治以降の日本国家が成り立ってきたとするのであった。そして戦前昭和の国体観念となれば、解釈のバランスが微妙に傾いていく。実際、本書がフォローするところでも、五・一五事件から国体明徴運動そして二・二六叛乱へと、国体における天皇の観念が一方つまり顕教と親政のほうへと急転していくのだった。かつて私はこれを「二人の天皇」の対立対決として理解しようとしていた。本書第七章に再録した二・二六叛乱のドキュメントがこれである。蹶起した青年将校たちの抱く天皇像が著しく「渾一的生命体の首長」であったとすれば、彼らが直参せんとした天皇はまったくのところ機関説天皇としてこれを拒絶し鎮圧する天皇であった。

しかしながら、以上の二人の天皇というのは二様の観念と運用のことであって、二つの「身体」ではない。これでは天皇その人の存在論に届かないうらみがある。かつても私は三島由紀夫の天皇論のロジックをもって天皇の身体に迫ろうとしたのだが、加えて今回は西欧モデルの『王の二つの身体』(カントーロヴィチ)がこのことに気づかせてくれた。「天皇の二つの身体」は「二人の天皇」と何が違うのか。また、西欧流儀の「王の二つの身体」とどこが違うのか。カントーロヴィチによれば王には自然的身体と政治的身体の二つがある。両者は同じ一個の肉体のうちに共生するとともに、西欧の歴史では国家の自立とともに次第に政治的身体が分離し優越するようになる。政治的身体は次代に受け渡され、王は死なない。近代の立憲君主制の成立であり、こうなれば王の自然身体のほうはたんに一代のエピソードとなる。同じことは天皇親政についても言える。親政する天皇とその下での天皇個人の肉体である。

けれども、天皇は現人神として存在する。天皇は君民一体の民族共同体の元首であるばかりか、その身体には天壌無窮の神孫の時間が凝縮している。この意味で天皇は死なない、死ねない。国体明徴運動があらためて天皇のこの存在を前面に押し出す事件になった。普通の人と何ら変わりなきはずのこの肉体を身動きのならぬものに追い詰める、はなはだ迷惑だと天皇自身が述べるような事態である。立憲君主、機関説天皇としての身体にその自然身体が絡みついて離れない。だから自然身体といっても、ここでは昭和天皇その人の個性やエピソードや暮らしぶりではありえない。生物学への関心など関係ない。これは天皇の身体に宿る自然神なのであった。天皇の自然身体を西欧流儀で捉えることが、どうしてもできない。国民の国体精神が天皇の身体にこれを強制してやまない。

するとどういうことになろうか。立憲君主の務めも趣味の生物学も、つまりは西欧流儀の天皇の二つの身体などは視野の外に放り出されて、国体精神は天皇の存在をひたすら現人神の身体へと追い込んでいく。だが、現人神は全能の超越神とは全然違う。すると、現人神としての天皇のうちで、人間の身体と神の身体とが分離不可能にせめぎあうことになるだろう。西欧流の政治身体と自然身体の区別、これに加えて、その自然身体のうちで神と人との相克の下に天皇は立たされる。天皇自身にとってはまことにはた迷惑な暴力であったろう。「天皇の二つの身体」とは二×二の二重の意味で捉えないわけにはいかない。西洋流儀の政治身体と自然身体、これに重ねて自然身体における神と人として、天皇は存在した。この二重の包摂・拘束のコンプレックスが時の国家をなしていたのであり、戦前昭和の日本国家の強さと脆さの秘密であった。

だが、この錯綜こそ天皇の存在がもともと宿している論理的矛盾なのだ。こう切り返したのが三島由紀夫の二・二六叛乱論のロジックだった。天皇自身はお気づきでなかったかもしれない。

叛乱将校らが蹶起の四日間を通じて天皇ににじり寄ろうとしたとき、天皇の身体にこの論理矛盾を覚醒させ、矛盾を炸裂させせんとしたのである。この時こそ、天皇は人間《ひと》でなく神で在らせられるべきであった。いや、神と人とが相克して、天皇の身体のうちに反政治と政治の極端が目覚めて反転しあう。その表れとして、天皇が蹶起をご嘉納になりかつ蹶起に死を賜うのだ。かくのごとき蹶起がなければ、機関説と親政の「二人の天皇」の対立も日本国家を揺るがしはしない。そして同じロジックが、蹶起の四日間に青年たちを切りもみさせた当の力でもあった。いや、蹶起が当人たちだけでなく天皇自身に押し付けた論理の暴力だった。三島由紀夫の「天皇信仰の永続革命」を私はこう読み取った。

今から思えば二・二六事件は「天皇が天皇に向かつて叛乱したような事件だつた」。こう述べたのは竹山道雄だったが、竹山の言う天皇の二重性格が観念として外化して敵対したと見たのだった。二人の天皇の闘争というこの見方は分かりやすいと思うが、事件渦中の天皇その人の存在、これと蹶起将校たちの言動、その双方に迫る道筋をかえって見えなくしてしまう。久野収の顕教・密教論も同じことだ。そしてこれは国体と叛乱に関する昭和史の大方の見方でもあるだろう。二人の天皇のバランスを失調させた戦前昭和の超国家主義運動というわけである。私はしかし、国体論過激派の主体性にもう少し密着したアプローチをしたい。フーコーではないが、どんな愚行にも闘いのとどろきを聞き取ること。左派の過激についても同断である。

長崎浩（ながさき　ひろし）

一九三七年生まれ。一九六〇年、東京大学理学部卒業。大学院数物系中退。六三年から七〇年まで、東京大学物性研究所助手。以降、東北大学医学部、東京都老人総合研究所、東北文化学園大学に勤務。第一次共産主義者同盟で活動、東大全共闘運動に助手共闘として参加。

著書

『叛乱論』合同出版、一九六九年、［新版］、彩流社、一九九一年
『結社と技術――長崎浩政治論集』情況出版、一九七一年
『政治の現象学あるいはアジテーターの遍歴史』田畑書店、一九七七年、［新装版］、世界書院、二〇一九年
『超国家主義の政治倫理』田畑書店、一九七七年
『革命の問いとマルクス主義――階級、自然、国家そしてコミューン』エスエル出版会、一九八四年
『七〇年代を過る――長崎浩対談集』エスエル出版会、一九八八年
『日本の過激派――スタイルの系譜』海燕書房、一九八八年
『1960年代――ひとつの精神史』作品社、一九八八年
『世紀末の社会主義――変革の底流を読む』筑摩書房、一九九〇年
『日本人のニヒリズム』作品社、一九九二年
『からだの自由と不自由』中公新書、一九九七年
『技術は地球を救えるか――環境問題とテクノロジー』作品社、一九九九年
『思想としての地球――地球環境論講義』太田出版、二〇〇一年
『動作の意味論――歩きながら考える』雲母書房、二〇〇四年
『叛乱の六〇年代――安保闘争と全共闘運動』論創社、二〇一〇年
『共同体の救済と病理』作品社、二〇一一年
『革命の哲学――1968叛乱への胎動』作品社、二〇一二年
『リアルの行方』海鳥社、二〇一四年
『乱世の政治論――愚管抄を読む』平凡社、二〇一六年
『摂政九条兼実の乱世――『玉葉』をよむ』平凡社、二〇一八年
『幕末未完の革命――水戸藩の叛乱と内戦』作品社、二〇一九年
『叛乱を解放する――体験と普遍史』月曜社、二〇二一年
ほか多数

国体《こくたい》と天皇《てんのう》の二《ふた》つの身体《しんたい》　未完《みかん》の日本国家物語《にほんこっかものがたり》

著者　長崎浩《ながさきひろし》

二〇二二年五月二〇日　第一刷発行

発行所　有限会社月曜社
発行者　神林豊
〒一八二－〇〇〇六　東京都調布市西つつじヶ丘四－四七－三
電話〇三－三九三五－〇五一五（営業）／〇四二－四八一－二五五七（編集）
ファクス〇四二－四八一－二五六一
http://getsuyosha.jp/

編集　阿部晴政
装幀　中島浩
印刷・製本　モリモト印刷株式会社

ISBN978-4-86503-135-5

月曜社の本

叛乱を解放する
体験と普遍史
長崎浩＝著

「叛乱論」の著者が、自身の政治的軌跡――60年安保、セクト、学生叛乱、共同体、内ゲバ……――を振り返りながら、世界史的経験としての日本の1968を省察する。内ゲバ論・党派論（書き下ろし）、ブント秘史、社会を震撼させた伝説の「三里塚、対政府交渉報告」など、新左翼運動の深層から現在を問う論考群。　本体価格3,200円

連合赤軍
鈴木創士［編］

事件後50年、12名の論者が「革命」の不可能性を問い直す
連合赤軍事件が投げかけた「問題」は汲みつくされてはいない。あの悲劇によって何が終わり何がはじまったのか。「事件は歴史によって裁かれるのではない、裁かれるのは我々の世界である」（編者）。
本体価格2,700円

災厄と性愛／闘争と統治
小泉義之政治論集成　I／II

つねに生と死の倫理に立ち返りながら、左右の言説を根底から検証・批判する。震災、大事故、疫病と向き合い、〈政治〉を問い直す災厄論、マジョリティを批判し、生と性と人類を問い直す、原理的にしてラディカルな性／生殖論へ。根源的にして戦闘的な哲学者による政治社会論。
〈全二巻〉本体価格 各2,600円